결국 잘되는
사람들의 태도

GET OUT OF MY HEAD

결국 잘되는 사람들의 태도

2300년 이어 온 철학에서 배우다

앤드루 매코널 지음 | 안종설 옮김

메이븐
MAVEN

문제는 다른 사람이 아니라,
나 자신이었다

살다 보면 뒤통수를 한 대 세게 얻어맞은 듯 예상치 못한 방식으로 따끔하게 인생의 교훈을 얻을 때가 있다. 그 가르침은 너무 얼얼해서 그런 말로부터 도망치거나 그것을 무시하기도 하고, 애꿎은 상대에게 벌컥 화를 내기도 한다. 하지만 마음의 저항을 누르고 곰곰 되새기면 그때부터 인생은 180도 달라진다. 이 책의 저자가 들려준 경험처럼 말이다.

그에게 가르침은 사회 초년생 시절에 찾아왔다. 그는 세계적인 컨설팅 회사 맥킨지에서 본격적인 사회생활을 시작했는데, 그때 그는 열심히 일했다는 말로는 부족할 만큼 모든 것을 바쳐서 일만 했다. 밤새 일하고 잠깐 눈을 붙였다가, 해 뜨기 전에 사무실로 출근하는 날이 반복됐다. 유독 일 욕심이 많아서가 아니었다. 맥킨지에서는 모두가 그렇게 일했다. 고액의 컨설팅 비용을 청구하는 회사에서 일하는 직원들이라면 하루도 빠짐없이 자신의 가치를 입증해야 한다고 생각했기 때문이다.

결국 육체적, 정신적 건강이 한계에 이르렀다. 돈과 명예도 치러야 하는 희생에 비하면 보잘것없이 느껴졌다. 그는 훨씬 먼저 입사한 선배를 찾아가 고민을 털어놓았다. 그를 옥죄는 피로, 좌절감, 당혹감 더 나아가 회사를 그만두는 문제와 이직에 대한 고민까지 솔직히 이야기했다. 그런데 가만히 듣고 있던 선배는 흔해 빠진 위로나 한탄을 덧붙이는 대신 잊지 못할 통찰을 보여 주었다.

"여기서 일하는 사람들은 끊임없이 열심히 일하고 불가능해 보이는 일까지 해치우지만, 절대 이만하면 됐다고 생각하는 법이 없는 이들이지. 항상 더 오래, 더 열심히, 더 죽어라 일하는 사람들이라는 말이야.

문제는 업무량이 많다는 이유로, 업무 시간이 길다는 이유로, 집에 가서도 일 생각을 멈출 수 없다는 이유로 맥킨지를 떠나는 사람은 어디를 가도 바뀌지 않는다는 점이야.

문제는 맥킨지가 아니야. 다른 데도 다 마찬가지고. 문제는 '그들'이야. 그들을 그런 식으로 일하게 만드는 사람은 다른 누구도 아닌 그들 자신이거든. 일하는 장소를 바꾼다고 일하는 방식이 바뀌지는 않아."

그날 이후로 저자는 문제를 바라보는 초점을 바꾸었다. 결국 문제는 회사가 아니었다. 그렇게 일하는 자기 자신을 바꾸지 않는 이상, 이직을 하고 만나는 사람을 바꾼들 비슷한 문제가 반복될 뿐이었다. 더 나쁜 점은 환경을 탓하고 다른 사람을 원망하는 동안, 스스로 바뀔 가능성은 점점 줄어든다는 점이었다. 만일 그럴 시간에 자기 자신을 돌봤다면, 정말로 원하는 인생을 살고 있지 않았을까.

우리도 주변에서 같은 환경에 있지만 다르게 반응해서 전혀 다른 성과를 내는 사람들을 심심치 않게 발견한다. 어떤 사람들은 문제의 원인으로 상황이나 타인을 지목하고 그것들을 낱낱이 분석하지만, 결국 자기 자신만은 그대로 둔다. 반면 어떤 사람들은 어쩔 수 없는 요인을 탓하기를 멈추고, 자기가 바꿀 수 있는 것부터 차근차근 바꾸어 나간다. 그들이 일으키는 변화의 물결은 점점 거대해진다.

환경을 탓하기보다 나 자신을 바꾸는 것, 이것은 2300년 전에 시작된 스토아 철학의 핵심 메시지다. 스토아 철학자들은 노예가 아니라 주인의 삶을 살라고 끊임없이 강조한다. 그들이 말하는 노예의 삶은 육체적 자유가 제한된 삶만이 아니다. 스스로 통제할 수 없는 것에 마음을 주고 그에 의존하다가 휘둘리고 마는, 정신적으로 제한된 삶이다. 반대로 주인의 삶이란 통제할 수 없는 것에 대한 집착을 거두고 스스로 통제할 수 있는 일에 초점을 맞추어 그에 전력을 기울이는 삶이다. 주인의 삶을 사는 사람만이 굴곡 많은 인생길을 크게 휘청이지 않고, 꿋꿋하게 버티며 걸어갈 수 있다.

주인의 태도는 회사 생활이나 비즈니스에만 효과가 있는 게 아니다. 일상에서 마주하는 갈등 상황마다 '내가 지금 정말 할 수 있는 일은 무엇일까?'를 떠올리면 쓸데없는 일에 시간과 에너지를 낭비하지 않고 원하는 방향으로 인생을 이끌어갈 수 있다. 물론 할 수 있는 일이 별로 없다고 느낄 수도 있다. 그러나 이 책에 등장하는 여러 인물이 최악의 순간에도 눈을 크게 뜨고 찾아보면 할 수 있는 일이 많다는 사실을 증명한다. 또 통제할 수 있는 일에 최선을 다하면 결과에 대한 후회가 적을 뿐만 아니라, 그런 노력이 쌓여 가져오는 변화는 기대 이상이다.

우리에게는 모두 마음을 어디에 둘지 스스로 결정할 권한이 있다. 마음을 다른 사람을 부러워하고, 상황이 좋아지길 마냥 기다리고, 과거를 후회하고 미래를 걱정하는 데 쓸 것인가. 아니면 남 탓과 변명을 집어치우고 정말로 자신과 인생을 바꾸는 데 사용할 것인가. 스토아 철학자 중 한 사람인 에픽테토스는 이렇게 말했다.

"어떤 일들은 우리가 통제할 수 있고, 또 어떤 일들은 그렇지 않다. 이런 기본적인 원칙, 그리고 통제할 수 있는 일과 그렇지 않은 일을 구분하는 방법을 확실히 배운 뒤에야 내적인 평온과 외적인 효율성을 누릴 수 있다."

우리가 통제할 수 있는 일에 집중해야 하는 이유는 바로 그것이 정말 효율적이기 때문이기도 하다. 그리고 이 책에 내적 평온과 외적 효율을 동시에 얻는 지혜가 담겨 있다. 이제는 정말 달라져야 할 시간이다.

2025년 1월
안종설

CONTENTS

PART 1 ✦ ────────────────────

내가 바뀌지 않으면 인생은 절대로 달라지지 않는다

: 결국 잘되는 사람들의 생각

PART 3 ✦ ─────────────────────────────

일단 시작하라, 잘하는 방법은
그다음에 고민해도 충분하다

: 결국 잘되는 사람들의 선택과 집중의 기술

5000만 달러보다
값진 태도의 철학

2009년 10월의 어느 화창한 가을날, 애틀랜타에서 소프트웨어 회사를 운영하는 데이비드 커밍스^{David Cummings}는 테크놀로지 업계에서 '올림포스산'으로 통하는 실리콘밸리의 샌드 힐 로드로 순례를 떠났다. 창업가들에게 '제우스 신'으로 불리는 벤처 캐피털 업계의 거물 빌 걸리^{Bill Gurley}를 만나기 위해서였다.

한때 플로리다 대학에서 농구 선수로 활약한 빌 걸리는 키가 205센티미터에 달하는 거인이었다. 회의실로 들어선 빌은 컴퓨터 모니터 앞에서 오랜 시간을 보낸 탓에 어깨가 동그랗게 말린 왜소한 체격의 사업가들을 내려다보며 자기를 소개했다. 빌의 악수만큼이나 단단하고 위압적인 마호가니 테이블에 마주 앉자, 데이비드는 그렇지 않아도 위축된 마음이 더욱 쪼그라드는 것 같았다.

그날 아침까지만 해도 데이비드는 자기가 풀어놓을 보따리가 아주 매력적이라는 사실에 한껏 들떠 있었다. 그는 이미 여러 회사를 창업한 경력이 있었고, 그중에는 수익을 내는 회사도 있었다. 그가 빌 걸리

14

가 소속된 벤처 캐피털 회사 벤치마크의 문을 두드린 이유도 가장 최근에 창업한 파닷^{Pardot}이라는 소프트웨어 회사의 투자를 받기 위해서였다. 이 회사는 지난해 네 배의 성장을 달성해 이미 연 매출 100만 달러를 돌파한 상태였다. 심지어 파닷은 외부 자금을 한 푼도 끌어들이지 않고 이런 성과를 거두었다.

하지만 이 드넓은 회의실에 거구의 벤처 캐피털리스트와 마주 앉는 순간, 데이비드의 자신감은 눈 녹듯 사라지고 못 올 데를 온 것 같은 낭패감이 밀려들었다. 프레젠테이션을 시작한 데이비드는 상대방이 제발 자신의 떨리는 손과 목소리를 알아차리지 못하기를 기도하는 심정이었다.

마침내 겨우 프레젠테이션을 끝마쳤다. 하지만 빌은 솥뚜껑 같은 손으로 어린아이 소꿉놀이 장난감처럼 작아 보이는 에스프레소 잔을 들고 커피를 조금 홀짝일 뿐 아무런 대꾸가 없었다. 데이비드는 심장이 터질 것만 같았다. 머리의 피가 죄다 귓속으로 몰려 상대의 입술을 유심히 읽지 않으면 뭐라고 하는지 알아듣기 힘들 지경에 이르러서야 빌은 입을 열었다.

"정말로 펀딩을 원하는 게 확실합니까?"

뜬금없는 질문이었다. 펀딩을 원하지 않으면 대체 무엇 때문에 여기까지 왔겠는가? 데이비드가 잠자코 있자 빌도 그의 혼란스러운 마음을 알아차린 듯, 숫자를 거론하며 좀 더 구체적으로 이야기하기 시작했다. 빌은 냅킨을 한 장 탁자 위에 펼치더니 펜을 집어 들었다.

"파닷은 작년에 네 배 성장했고, 내년에 세 배, 내후년에 또 세 배 성장할 거라면서요. 그런 식의 성장이 영원히 이어질 수는 없으니, 그다음 해에는 두 배, 또 그다음 해에는 50퍼센트 성장에 그친다고 가정합시다. 파닷의 그런 성장세와 현재의 수익률이라면 사겠다는 사람이 줄을 이을 테고, 적어도 5000만 달러는 받을 수 있을 겁니다. 하지만 만약에 외부의 펀딩을 받지 않으면, 그 돈을 다른 사람과 나눌 필요가 없지 않겠어요?"

데이비드는 이 거물의 강의를 방해하고 싶지 않아 고개만 끄덕였다. 빌의 설명이 이어졌다.

"반대로 파닷이 벤처 캐피털을 끌어들이는 길로 들어선다고 가정합시다. 일단 그 쳇바퀴에 올라타면 내려오기란 불가능에 가깝습니다. 자금이 들어올 때마다 파닷은 비즈니스의 20에서 30퍼센트를 팔아야 할 테지요. 그리고 자금이 들어올 때마다 다음 자금이 들어와야 하는 시기는 점점 앞당겨질 테고, 그렇게 살점을 떼어 내는 과정에 점점 가속도가 붙을 겁니다. 그래요, 궁극적으로 회사를 매각하는 가격은 올라가겠지만, 창업자에게 돌아오는 몫은 훨씬 줄어들 가능성이 큽니다. 게다가 외부 자금이 들어오는 날부터 창업자들은 회사에 대한 통제력을 상실하기 시작합니다. 그게 정말로 당신이 원하는 겁니까?"

그 질문에 데이비드는 말문이 막혀 버렸다. 그것은 그가 원하는 바가 전혀 아니었다. 그런 사태가 벌어지길 원치 않는다는 사실만큼은 하얀 냅킨에 검은 잉크로 적힌 숫자만큼이나 명백했다.

애틀랜타로 돌아온 데이비드는 빌의 조언을 곰곰이 생각하다가 엑셀을 열고 파닷 앞에 펼쳐질 여러 가지 시나리오를 그려 보았다. 데이비드가 몇 시간 동안이나 끙끙거리며 따라간 결론은 빌이 5분도 안 걸려서 냅킨에 휘갈긴 예상과 정확히 일치했다.

그날의 미팅 이후 데이비드는 왜 빌처럼 꼼꼼히 따져 보지도 않은 채 거액의 투자금부터 유치하려고 혈안이 됐는지 고민해 보았다. 이유는 분명했다. 바로 수백만 달러의 투자를 유치한 기업은 추켜세우고 혼자 힘으로 성장하는 기업을 외면하는 언론 보도에 익숙한 탓이었다. 스타트업 세계에서는 어느 회사가 얼마의 자금을 끌어들였는지가 언제나 초미의 관심사다. 끌어들인 투자금의 액수로 사업의 성공 여부를 가늠한다. 그래서 데이비드 역시 실리콘밸리의 벤처 캐피털에서 투자를 유치하는 형태로 외부의 검증을 받아야 한다고 생각했던 것이다.

그러나 빌의 말대로 투자 유치가 곧 성공으로 가는 골든 티켓이 아니며, 펀딩을 받는 순간부터 새로운 압박이 시작된다. 펀딩은 비즈니스의 여러 단계 중 하나일 뿐, 모든 문제를 한 방에 해결해 주는 마법 같은 방안이 아니다. 핵심이 분명하고 내실을 다진 기업은 어떤 어려움이 닥쳐도 살아남겠지만, 투자 등 외부 요소에만 의존하는 회사는 큰돈을 끌어와도 오래 버티지 못한다.

여기까지 생각이 미치자 데이비드는 비로소 무엇을 해야 하는지 분명하게 알 수 있었다. 투자에 연연하기보다 더 내실 있는 회사를 만들기 위해 모든 노력을 기울일 것, 외부의 소음을 배제하고 핵심적인 일

을 중심으로 일의 우선순위를 재조정할 것, 할 수 없는 일이 아니라 할
수 있는 일에 초점을 맞추는 것이었다.

...

빌 걸리를 만난 지 2년이 되어 가던 어느 날, 데이비드는 파닷의 강력
한 경쟁 업체 가운데 하나가 자그마치 5000만 달러의 벤처 캐피털을
유치했다는 소식을 접했다. 테크놀로지 업계에서 5000만 달러는 엄
청난 성공으로 인식되었고, 반대로 파닷에게는 크나큰 타격이 아닐
수 없었다. 이제 무슨 수로 그 막강한 자본력과 경쟁한단 말인가?

그러나 지금은 2년 전이 아니었다. 성공에 관한 새로운 척도를 가슴
깊이 새긴 데이비드는 전혀 흔들림이 없었다. 그리고 이 소식에 동요하
고 있을 동료들을 불러 모았다. 역시나 동료들 사이에서 5000만 달러
를 대단한 경쟁 우위라고 생각하는 분위기가 역력했다. 회의적인 눈길
로 서로를 돌아보는 그들에게 데이비드는 거침없이 자기 생각을 털어
놓았다.

막강한 자본력을 갖춘 기업은 비효율의 늪에 빠지기 쉽다. 특히 창
립 이후 줄곧 벤처 자본을 활용해 온 이 경쟁 업체는 자동화와 기술 혁
신에 집중하기보다 손실을 감수하고 대폭의 할인율을 제시하거나, 소
프트웨어에 고객이 필요로 하지 않는 새로운 기능을 첨가하는 등 자본
을 동원한 마케팅에 주력해 왔다. 따라서 더욱 막강한 자본을 얻게 된

이 경쟁 업체는 파닷이 엄두도 내기 힘든 엄청난 일들을 하기 시작할 것이었다. 하지만 그런 상황은 파닷에게 위기가 아니라 절호의 기회가 될지도 몰랐다.

파닷이 외부에서 한 푼도 투자를 받지 않고도 업계 최고 수준의 고객 유지율을 보이며 지금껏 성공 가도를 달린 이유는 두 가지였다. 하나는 가격 경쟁력이었고, 다른 하나는 고객의 문제를 하나하나 친절하게 해결해 주는 서비스 능력이었다. 이 두 가지는 고객들이 가치를 인정하고 기꺼이 대가를 지불하는 이유이자, 경쟁 업체가 따라오지 못하는 파닷만의 차별점이었다. 데이비드는 달라진 상황에 휘둘리지 말고, 지금껏 해 온 대로 우리의 강점에 집중하자고 동료들을 독려했다.

그래서 파닷은 데이비드의 주도 아래 더욱 단순하고 사용하기 쉬운 제품을 만들고, 고객 유치 비용을 경쟁 업체보다 훨씬 낮은 수준으로 유지하는 방법으로 위기 상황에 대응했다. 결과는 어떻게 되었을까? 파닷은 훨씬 주머니가 가벼움에도 불구하고 경쟁 업체와 정면 승부를 벌인 끝에 압도적인 승리를 거두었다. 주머니가 두둑한 경쟁 업체가 방만한 경영으로 자멸의 길로 들어선 것과 달리 데이비드는 그들의 핵심 역량에 더욱 집중함으로써 고객을 빼앗기기는커녕 더욱 많이 끌어들였기 때문이다.

데이비드의 사례는 성공의 요인이 외부가 아니라 내부에 있음을 여실히 보여 준다. 제아무리 현명하고 큰 성과를 거둔 인물이라도 어떤 결정을 내려야 하는 순간이 오면 사건, 상황, 타인 등 무의식중에 외부 요인에 기대는 경우가 많다. 그러나 빌 걸리가 얘기했듯, 외부 요인에 기대면 그만큼 성공에 대한 통제력은 줄어들 수밖에 없다. 그러다가 일이라도 잘 안 풀리면 상황이 안 좋아서, 직원들이 게을러서, 돈이 없어서 등 온갖 핑계가 쏟아지게 마련이다. 하지만 상황이 어떻든지 간에 흔들리지 않고 성공 가도를 꾸준히 달려가는 이들은 다르다. 그들은 자신이 통제할 수 있는 일과 아닌 일을 구분하고, 오직 할 수 있고 해야 하는 일에 최선을 다하며, 외부에 기대기보다 내부 역량을 강화하는 데 집중한다. 그런 사람들은 쉽게 환경을 탓하거나, 타인을 비난하지 않는다. 진짜 문제는 외부가 아니라 자기 내부에 도사리고 있음을 잘 알고 있기 때문이다.

...

데이비드는 외부가 아닌 내면에 눈을 돌려 할 수 있는 일에 전심전력을 기울이는 삶의 태도가 아주 오랜 뿌리를 가지고 있다는 사실을 뒤늦게 깨달았다. 이런 개념이 처음으로 형태를 갖춘 시기는 무려 기원전 300년 즈음으로, 외부 요인에 휘둘리지 않고 내면의 정신적 훈련을 강조하는 철학 사조인 스토아 학파가 그것이다. 키티온의 제논이 창시한 이래 에픽테토스, 세네카, 마르쿠스 아우렐리우스 등이 대표적인 사상가로 손꼽힌다. 그로부터 2000년이 지난 뒤, 데이비드는 몇 차례의 굴곡과 반전을 거치며 스토아 학파를 인생의 나침반으로 삼는

법을 배웠다.

　데이비드는 아무리 귀가 얇은 사람도 스스로 생각의 주인이 되어 명쾌하고 훌륭한 결정을 내림으로써 더 큰 성과를 거둘 수 있다는 점을 보여 주는 산증인이다. 데이비드는 고대의 철학을 요즘 세상에 적용하는 수많은 현대판 스토아 철학자 중 한 사람에 지나지 않는다. 다행히 우리는 모두 현대판 스토아 철학자처럼 일하고 살아가는 데 필요한 것을 이미 가지고 있다. 다만 그 능력을 사용하기 위해서는 몇 가지의 통찰과 훈련이 필요할 뿐이다.

스토아 철학을 만나고
나는 살아가는 태도를
완전히 바꾸었다

처음 사업을 시작하는 이들이 대부분 그렇듯이, 나도 머릿속으로 내 첫 회사에 대한 그림을 그려 두었다. 한마디로 '내 보스는 나 자신이다, 그 누구도 이래라저래라 참견할 수 없다'였다. 돈과 시간뿐 아니라 모든 것을 스스로 결정하는 온전한 자유를 누린다고 생각하니 잠시도 기다릴 수가 없었다.

하지만 처음 사업을 시작하는 이들이 대부분 그렇듯이, 내 생각은 터무니없이 빗나갔다.

이제 보스가 없다는 점은 분명했다. 하지만 그것은 곧 '모든 사람'이 내 보스가 된다는 뜻이기도 했다. 한 사람의 고객이 공들여 쌓은 탑을 한순간에 허물어뜨릴 수도 있다고 생각하니, 모든 고객을 행복하게 만들어야 한다는 압박감은 성질 고약한 상사를 둔 회사 생활에 비할 바가 아니었다. 고객만이 아니었다. 이제는 직원, 투자자, 동업자 들이 던지는 질문에 일일이 대답해야 했다. 투자자의 인내심이 바닥을 드러내지는 않을지, 협상을 진행하고 있는 잠재적 동업자가 터무니없는 조건을 요구하지는 않을지, 직원들이 때려치우고 나가겠다면 어떻게 해야 하는지 같은 고민이 뇌리를 떠나지 않았다.

회사가 성장할수록 이상하게도 자유는 점점 멀어져 갔다. 책임져야 할 사람이 많아질수록 일로 꼴딱 지새우는 밤과 주말이 더욱 늘었다. 일하지 않는 순간에도 걱정거리로 머리가 복잡했다. 회사에 고용된 직원으로 일할 때는 근무 시간에만 열심히 일하면 됐다. 그런데 오히려 나 자신을 위해 일하는 상황이 되자 하루 24시간을 일에 매달려야 하는 느낌이었다. 내 시간, 내 일정, 내 생각을 스스로 통제하지 못하는 상황이 너무 불합리하게 다가왔다.

다행히도 지금은 그렇지 않다. 이제는 자유와 정신 건강을 희생하면서까지 다른 누군가의 요구와 욕망에 맞추려고 노심초사하지 않는다. 나만의 경계와 우선순위를 정하고 나니, 예전보다 훨씬 여유롭고 행복하고 더군다나 성과도 좋아졌다. 무엇이 바뀌었냐고? 고객도, 동업자도, 직원도 아니었다. 바뀐 건 오직 '나 자신'이었다.

깨달음의 순간은 어느 날 문득 찾아왔다.

내가 설립한 회사 렌티드Rented는 휴양지에 별장을 가진 소유주와, 별장을 여행객에게 빌려주고 관리하는 관리자들을 연결해 주는 회사다. 우리 회사의 특징은 단기가 아닌 장기로, 개별이 아닌 입찰 형식으로 계약해서 소유주와 관리인 모두 임대 수익을 극대화하도록 만든 데 있다. 즉 고객들이 가진 가장 비싼 자산인 휴양지 숙소의 가치를 극대화하는 방법을 고안해 낸 것이다. 그런데 그 목표를 달성하고자 불철주야 일만 하는 와중에 갑자기 깨달았다. 고객들의 부동산 자산은 조금이라도 낭비되지 않도록 세밀하게 신경 쓰면서, 왜 내가 가진 소중한 자산인 시간과 에너지는 허투루 아무 데나 쓰는 걸까.

나는 부동산 자산을 실제 가치보다 훨씬 낮은 가격에 팔아넘긴 고객들을 보며 안타까워했는데, 실상은 나도 그들과 다르지 않았다. 나또한 내 시간과 에너지를 말도 안 되는 가격에 팔아넘겼을 뿐 아니라 심지어 공짜로 나눠 줘 버렸다. 그렇게 유일하고도 귀중한 자산을 흥청망청 써 버리고 남은 찌꺼기가 얼마나 되는지 따지며 자괴감에 휩싸이는 꼴이었다. 더욱 기가 막히는 일은 그렇게 나눠 줌으로써 정작 나는 인생에서 주인이 아니라 임차인 신세로 내몰리고 말았다는 점이다.

별로 중요하지도 않은 업무를 혼자 끌어안고 끙끙대느라 가족과 함께하지 못한 주말들, 일어나지도 않은 일을 걱정하느라 꼴딱 지새운 밤들, 사업을 성공적으로 이끌고 있음을 보여 주려고 펼친 소모적인 협상과 행사들, 내 말을 증명하기 위해 벌인 무의미한 논쟁들⋯. 하루 24시간 내내 일만 한다며 괴로워했지만, 그 일들 가운데 정말 중요하고 핵심적인 일들은 얼마를 차지했는가. 하나씩 돌아보니 진짜 문제가 분명해졌다. 내가 가진 자산을 가장 싸구려 취급한 사람은 다름 아닌 나 자신이었다.

경제적 자산과 달리 시간과 에너지 같은 정신적 자산은 누구나 동등하게 가지고 태어난다. 하지만 그것을 소중하게 여겨서 정말로 값지게 사용하는 사람이 있는가 하면, 타인의 요구와 상황에 휩쓸려 아무 생각 없이 자산을 탕진하다가 끝내 임차인 신세로 전락하는 사람도 있다. 왜 같은 자산을 손에 쥐고 출발했는데 정반대의 결말로 끝나는 걸까? 그 둘 사이에 차이가 있다면 딱 하나다. 바로 인생이라는 자산을 대하는 태도다.

자산을 아끼는 사람은 함부로 그것을 낭비하지 않는다. 쓸데없는 고민과 소모적인 논쟁을 걷어치우고, 자신이 할 수 있고 해야 하는 일에 집중한다. 그들은 비교하거나 비교당하지 않고, 자신의 가치를 믿고 지킨다. 그래서 보여 주기 위해 애쓰기보다 내실을 다지는 데 힘쓴다. 일에 대한 비판과 자신에 대한 비난을 구별하기에, 비판을 들어도 크게 흔들리지 않고 생산적인 방향으로 이용한다. 또 어떤 상황에서도 절망에 오래 머무르지 않고 할 일을 찾아 실행한다.

한마디로 그들은 자기 인생의 보스다. 결정권자다. 그들은 어려움 앞에서 타인과 상황을 탓하지 않는다. 변명하거나 핑계대지도 않는다. 대신 할 수 있는 일에 집중한다. 상황이 얼마나 심각하든 어느 정도 자신의 힘으로 해결할 수 있다고 믿는다. 그래서 최선을 다하고 결과가 어떻든 크게 후회하지 않는다.

이쯤 되면 당신도 과거에 내가 그랬듯 소중한 자산을 함부로 낭비한 자신을 탓하며 한숨을 쉬고 있을지 모르겠다. 하지만 좋은 소식도 있다. 그것이 태도의 문제라면, 마음을 고쳐먹는 것으로 변화를 시작할 수 있다. 한번 임차인 신세가 되었다고 영원히 그렇게 살아야 한다는 법은 없다. 그 과정에 끈기와 부단한 노력이 필요하지만, 그로 인한 보상은 엄청나다. 그리고 당신이 흔들릴 때마다 지지해 줄 2300년이나 된 철학도 곁에 있다.

2300년 넘게 태도의 바이블로 전해 내려오는 스토아 철학

영국의 수학자이자 철학자인 앨프리드 노스 화이트헤드는 말했다. "모든 사람은 자신도 모르는 사이에 어떤 철학의 지지자다."[1] 내 경우도 마찬가지다. 내 마음이 함부로 탕진해 버린 자산과 비슷하다는 깨달음은 나만의 독창적인 생각이 아니었다. 이미 2300년 전에 비슷한 얘기를 한 사람들이 있으니, 바로 스토아 철학자들이다.

세네카는 서기 1세기에 《인생의 무상함에 관하여》라는 제목의 글에 다음과 같은 훌륭한 문장을 남겼다.

> 사람은 누구나 자기 땅을 한 뼘도 내놓지 않으려 애쓰며, 이웃과의 지극히 사소한 분쟁으로 엄청난 대가를 치르는 이들도 많다. 그러면서도 우리는 우리의 인생을 잠식해 오는 이들을 방관하며, 심지어 앞장서서 그들에게 길을 열어 주기까지 한다. 지나가는 사람에게 자기 돈을 나눠 줄 사람은 아무도 없겠지만, 자신의 인생을 나눠 주는 사람은 수없이 많다! 우리는 손에 쥔 재산과 돈을 놓지 않으려고 안간힘을 다하면서도 목숨을 걸고서라도 지켜야 할 단 한 가지, 시간을 낭비하는 일에 대해서는 별로 생각하지 않는다.

2000년 전 글이라는 사실이 믿기지 않을 만큼 현대의 우리에게 적용해도 아무런 무리가 없다. 생각해 보라. 누군가의 비열한 말이나 행동을 대범하게 넘겨 버리지 못하고 며칠 동안 곰곰이 되짚으며 속을 끓인 적이 없는가? 집으로 돌아와 가족과 함께 저녁을 먹으면서도 마음은 여전히 사무실에 남아 있지 않았는가? 일요일 밤 침대에 누웠는데 처리해야 할 일들이 주마등처럼 머릿속을 스쳐 잠들지 못하고 뒤척이지는 않았는가?

이상은 세네카가 말한 인생을 방관하고 시간을 낭비하는 아주 보편적인 몇몇 사례에 지나지 않는다. 겉으로는 스스로 인생의 주인인 양 떠들고 행동하지만, 실은 타인의 말과 지난 일에 대한 후회와 오지 않은 일로 인한 걱정이 머릿속을 가득 메웠으므로, 실제 주인은 그 자신이 아니다. 이처럼 외부 요소가 우리의 마음을 통제하고 주인 행세를 하면, 우리는 눈치를 보며 살아갈 뿐 의지에 따라 살기가 불가능해진다.

그래도 21세기를 살아가는 우리가 왜 수천 년 전 노인네들이 남긴 말에 귀를 기울여야 하느냐는 의문이 들지 모르겠다. 물론 스토아 철학자들이 살았던 시대와 우리 시대는 다르다. 그때는 전기도 없었고, 비행기도, 기차도, 자동차도 없었으며, 컴퓨터는 물론 휴대 전화도 없었다. 그래도 인간의 조건, 특히 정신적 조건은 그때나 지금이나 비슷하다. 그래서 정신적 사슬을 깨뜨리는 법을 설파하는 이 철학자들의 통찰은 그때나 지금이나 유효하다.

예를 들어 볼까? 당시에도 바빠 죽겠다는 푸념을 입에 달고 살아가는 사람들이 요즘만큼이나 많았나 보다. 세네카는 사람들의 가장 흔한 불만이 "나에게는 살아갈 기회가 없다"라는 말이라고 언급하면서 이렇게 일갈했다. "기회가 있을 리 없다! 시도 때도 없이 당신을 불러내 당신이 자신에게 전념하지 못하게 하는 이가 얼마나 많은가. 당신의 하루하루를 돌아보고 점검해 보라. 당신에게 남은 것은 며칠 되지 않는 허접쓰레기 같은 날밖에 없음을 알게 되리라." 다시 말해, 남들이 요구하는 대로 당신의 에너지를 다 써 버리는 것은 곧 자신에게서 소중한 시간을 훔치는 행동과 다를 바 없다는 뜻이다.

그래도 확신이 서지 않는다고? 그렇다면 우리 시대에 성공한 사람들이 하는 이야기를 들어 보자.

오픈 AI의 최고 경영자 샘 알트만은 동료들에게 조언했다. "당신의 머릿속에서 임대료도 내지 않고 숨어 사는 놈팡이를 당장 내보내세요."[2] 우리 시대의 슈퍼스타이자 탁월한 대중 철학자 테일러 스위프트가 부른 '난 너의 존재 자체를 잊었어(I Forgot That You Existed)'라는 노래를 들어 보라. 그는 연인과 헤어진 뒤 "임대료도 내지 않고 내 마음속에 숨어 산" 그 남자가 자신에게 얼마나 많은 잘못을 저질렀는지 생각하며 수많은 밤을 지새우느라 아무것도 하지 못했다고 한탄한다.[3] 마지막으로 세상에서 가장 부유한 사람 중 하나로 꼽히는 아마존의 창립자 제프 베이조스도 2003년 주주에게 보내는 서한에서 소유자는 세입자와 다르다는 점을 강조하며 이렇게 훈계했다. "세입자가 되지 맙시다!"

•   왜 소중한 인생을 남의 것인 양
              방치하고 낭비하는가

정신적 자산을 탈탈 털어 주고 한쪽 구석에 처박힌 세입자 신세로 살아가는 경향은 어제오늘 일이 아니다. 무려 2300년 전부터 철학자들이 입에 침이 마르도록 경고해 왔는데도, 이런 경향은 매우 보편적으로 나타난다. 도대체 왜 그럴까?

베스트셀러 1위를 기록한《아주 작은 습관의 힘》을 쓴 제임스 클리어는 〈걱정의 진화: 왜 우리는 걱정하고 그 해결책을 고민하는가〉라는 에세이에서 인류의 조상들이 대부분의 시간을 '즉각적인 보상 환경'에서 살아왔다고 지적한다⁴. 우리 조상들은 먹을 것과 은신처를 확보하고 포식자를 피하는 등 하루하루 생존하는 데 초점을 맞추어 살았다. 현재에 집중하지 않으면 살아남기 힘들었다. 그렇게 살아온 기간이 인간종이 존재한 20만 년의 세월 가운데 거의 19만 7500년을 차지한다. 인간이 현재와 같은 '지연된 보상 환경'에서 살게 된 것은 비교적 최근이라 할 수 있는 2500년 전부터다. 그의 설명을 들어 보자.

> 오늘날 우리가 내리는 선택은 대부분 즉각적인 혜택을 가져다주지 않는다. 오늘 회사에서 일을 기가 막히게 처리하면 몇 주 뒤에 받을 급여에 반영된다. 지금 저축을 많이 해 두면 훗날 은퇴 후에 여유가 생긴다. 현대 사회에는 미래의 특정 시점까지 보상이 지연되도록 설계된 영역이 많다. (……) 우리의 고민거리 가운데 상당 부분이 미래의 고민거리인 셈이다.

그의 말처럼 우리는 아직 일어나지 않은 일을 생각하고 걱정하느라 정신적 에너지를 소모하는 일에 익숙하다. 이것이 왜 문제인가? 간단히 말하면 우리의 뇌는 여전히 원시인에 더 가까워서, 미래의 문제를 해결하는 방향으로 진화하지 않았기 때문이다.

우선 우리의 뇌가 처리할 수 있는 정보량을 살펴보자. 사람의 머리가 평균적으로 처리하는 데이터의 양은 초당 50비트 정도다. 그런데 인간의 감각으로 들어오는 데이터는 무려 초당 1100만 비트에 달한다. 따라서 우리의 의식은 1100만 비트의 데이터를 처리 가능한 50비트로 응축한다.

뇌가 상대적으로 적은 양의 데이터를 처리하도록 진화한 이유는 무엇일까? 생존에 유리한 정보만 걸러 내 곧장 행동하기 위해서다. 조상들에겐 자연의 변화를 유심히 관찰해 내일과 내년을 계획할 틈이 없었다. 그들에게 가장 중요한 것은 저 수풀 속에서 부스럭거리는 놈이 사자인지 아닌지였다. 몇 분 혹은 몇 초 안에 살아남을 방법을 강구해야 하는 우리 조상들은 1100만 비트의 정보 가운데 지금 당장 생존에 필요한 결정적 정보를 50비트만 가려냈다.

따라서 미래를 내다보며 꼼꼼히 숙고하고 계획하는 것은 우리 뇌에겐 꽤나 어려운 작업이다. 우리의 뇌는 산만하다. 맹수가 우글거리는 환경에서는 하나에 집중하는 능력보다 산만함이 살아남을 가능성을 높이기 때문이다. 또 우리의 뇌는 부정적인 정보에 민감하다. 따뜻한 불 앞에서 느끼는 안락함보다 혹시 있을지 모를 위협에 민감해야 살아남을 수 있기 때문이다.

지금 우리는 사바나를 벗어났다. 그러나 우리의 뇌는 여전히 사바나를 헤매는 중이다. 달리 말하면 우리의 뇌는 우리가 사는 세상에 썩 적합하지 않다. 중요한 일에 집중하려고 해도 쉽게 산만해지고, 내버려두면 부정적인 생각이 꼬리에 꼬리를 물고 자라난다. 그래서 인생의 주인이 되기가 그토록 어려운 것이다. 뇌 자체가 우리의 결심에 따르기보다는 외부 요소의 간섭에 취약하도록 설계되어 있기 때문이다.

사정은 더 나빠지고 있다. 과거에는 자연환경에서 우리가 감각하는 데이터만 상대하면 되었다. 그런데 지금은 한 번도 경험하지 못한 엄청난 속도와 규모로 데이터가 생성된다. 2015년과 2016년 두 해 동안 생성된 데이터가 5000년 동안 인류가 역사에 남긴 모든 데이터를 합친 것보다 더 많다. 그리고 2017년에는 앞선 두 해를 합친 것보다 더 많은 데이터가 생성됐다. 압도적인 정보량 앞에서 사람들은 하염없이 온라인을 돌아다닌다. 정신은 더욱 산만해지고, 불필요한 생각과 소모적인 고민은 손쉽게 우리의 정신적 자산을 탈취한다.

돈이든 마음이든, 소중하고 유일한 자산을 확보하려면 정신을 똑바로 차려야 한다. 스스로 통제할 수 있는 일과 아닌 일을 구분해서 경계를 설정하고, 정말 중요하게 여기는 일에 몰두함으로써 인생의 주인으로 다시 일어서야 한다. 다행스러운 점은 경제적 부와는 달리 정신적 부는 마음먹기에 따라 완벽하게 통제할 수 있다는 점이다. 정신적 부를 축적하기 위해 우리를 금수저로 낳아 길러 줄 부모가 꼭 필요한 것은 아니다. 지금 당장이라도 어떻게 하느냐에 따라 정신적 자산을 되찾아올 수 있다. 물론 그 과정은 말처럼 간단하지 않으며, 지속적인 결심과 훈련이 필요하다.

●   결국 최고의 자리에 오른
                                     22명에게서 발견한 성공 원칙

이 책에는 정신적 세입자 신세에서 벗어나 인생의 주인으로 거듭난

현대판 스토아 철학자들이 등장한다. 그들은 예기치 않은 어려움 앞에서 좌절하거나, 통제할 수 없는 변수에 운명을 내맡기지 않았다. 어떤 경우에라도 인생은 하기 나름이라고 믿고, 할 수 있는 일을 찾아 그 일에 묵묵히 최선을 다함으로써 최고의 성과를 거둔 사람들이다. CEO, 학자, 군인, 운동선수, 법률가, 탐험가 등 그들이 활동한 영역은 다양했지만, 그들의 태도에는 공통점이 많았다.

그들도 처음에는 보통의 우리와 다르지 않았다. 오히려 재능과 아이디어 측면에서 평범하거나 열세인 경우도 많았다. 하지만 그들은 성공을 타인이나 상황 혹은 행운에 맡기지 않았다. 소중한 시간과 에너지를 후회와 걱정에 소모하지 않았고, 완벽한 때와 조건이 갖추어지기를 마냥 기다리지도 않았다. 그들은 일단 시작했고, 몰두해서 점차 개선해 나갔다. 나는 그들에게서 발견한 공통점을 생각, 태도, 습관으로 나누어 살펴보려고 한다.

1부에선 결국 잘되는 사람들의 생각에 주목한다. 그들은 정신적 자산을 탕진하지 않으려면 통제 가능한 일과 아닌 일 사이에 올바른 경계를 설정해야 한다고 강조한다. 쓸데없는 걱정과 소모적인 논쟁은 집어치우고, 해야 하고 할 수 있는 일에 집중했을 때 일과 삶이 얼마나 질적으로 달라질 수 있는지 알아본다.

2부에선 그들이 일과 타인을 대하는 태도를 살펴본다. 그들은 걱정에 휩싸일 시간에 더 치밀하게 준비하고 대비한다. 또 최악의 상황에서도 그에 대한 태도를 선택한다. 그래서 잠시 휘청여도 끝내 주저앉지 않는다.

3부에서는 결국 잘되는 사람들이 선택하고 집중하는 기술에 대해 알아본다. 힘든 일에 직면하면 누구나 핑곗거리를 만들어 그 상황으로부터 도망가려고 시도하기 마련이다. 애꿎은 회사나 타인을 탓하기도 하고, 더 완벽한 대안이 나올 때까지 마냥 결정을 미루기도 한다. 그러나 결국 자기만의 성취를 이룬 사람들은 핑계의 함정에 빠지지 않는다. 그들은 오직 실천할 뿐이다.

또한 독자들이 직면한 상황이 혼자만 겪는 어려움이 아님을 알리고 싶은 마음에, 나는 내가 저지른 실수들과 그것이 내 인생에 미친 영향을 솔직하게 적었다. 부디 이런 이야기들을 통해 문제점과 해결책이 섬광처럼 번득이는 결정적인 순간을 경험하기를 바란다. 하지만 거기서 멈춰서는 안 된다. 영화배우 브루스 리의 딸 섀넌 리는 자신의 책에 이렇게 적었다.

> 때로는 기껏 깨달음을 얻고도 그것을 삶과 통합하는 일을 잊어버린다. 깨달음의 순간은 짜릿하다! 정말 기분이 좋다. 그러나 그 순간을 자주 생각한다고 해서 반드시 마무리가 제대로 이루어진다는 법은 없으며, 능동적으로 그 깨달음을 실천한다는 보장도 없다.[5]

아는 것이 전투의 반이라면, 나머지 절반은 행동에서 비롯된다. 이 책에서 설명한 스토아적 지혜를 하루하루 실천할 수 있도록 각 장의 끝부분에 워크시트 등을 실은 이유다. 물론 그것들은 실행 계획은 제공하지만, 삶 속에서의 실천을 대신해 주지는 못한다.

이제 이기는 게임을
시작하라

과거에 내가 그랬듯이, 지금 이 책을 읽는 당신도 의식하지 못하는 사이에 마음의 세입자가 되어 살아가고 있을지도 모른다. 이는 뇌의 기본값으로 아주 자연스러운 상태이기도 하다. 그러나 이제 우리는 이 '기본값'이 유일한 답이 아니라는 사실을 안다. 그리고 당신이 이 책을 펼쳤다는 사실 자체가 설정된 기본값이 아닌 새롭고 올바른 답을 찾고 있음을 대변한다.

미국의 작가 제임스 볼드윈은 사람들은 "다른 누군가가 정한 규칙에 따라 게임을 하고 있으며, 그 규칙을 제대로 이해하고 굳이 참여할 가치가 없는 이 게임에서 빠져나오기 전까지는 절대 이길 수 없다"[6]라고 말했다. 이제 우리가 따르던 게임의 규칙, 즉 통제할 수 없는 타인과 상황과 우연에 의지하는 방식이 우리에게 전혀 이롭지 않음을 알게 되었다. 이제 새로운 규칙을 가지고 새로운 게임을 해야 할 때다. 우리 모두는 반드시 이기는 게임을 해야 한다.

PART 1

내가 바뀌지 않으면
인생은 절대로
달라지지 않는다

: 결국 잘되는 사람들의 생각

CHAPTER 01

왜
당신의 가치를
타인의 평가에
내맡기는가

> 당신이 자기 생각을 선택하지 않으면,
> 다른 사람이 대신 그걸 선택할 것이다.
> _에픽테토스

2016년 5월, 메모리얼 데이(미국의 현충일) 연휴 내내 날씨가 눈부시게 화창했다. 아내는 딸을 데리고 친구들과 함께 수영장에서 핫도그와 시원한 음료수를 즐기고 있었다. 하지만 나는 그곳에 없었다. 일거리를 잔뜩 싸 들고서는, 서재에 틀어박힌 채 컴퓨터 앞에 죽치고 앉아 있었다. 오랫동안 벼르던 일을 마무리 짓기에 이번 연휴보다 좋은 기회는 없어 보였다. 집안은 고요했고 일에 몰두하기에 나쁘지 않았다.

컴퓨터 화면에는 엑셀 시트와 인터넷 브라우저 창이 무수히 열려 있었다. 나는 휴가지 숙소 정보가 나열된 브라우저 창에서 필요한 데이터를 찾아 하나하나 복사한 뒤 엑셀 시트에 붙여 넣었다. 이 자료는 우리 회사의 '별장 투자를 위한 최적의 장소 보고서'라는 연례 보고서의 기초가 될 터였다. 부동산 중개 회사 코코란 그룹의 창업자이자 투자자인 바버라 코코란이 1981년 뉴욕에서 가장 많이 팔린 부동산의 순위를 매긴 '코코란 리포트'로 대박을 터뜨렸다는 사실을 알고 나서, 나는 우리 분야에서도 그와 비슷한 보고서가 나온다면 유사한 성과를 거둘 수 있다고 믿었다. 그 생각을 떠올린 게 몇 달 전인데, 아직 우리 회사에서 그런 보고서가 탄생할 조짐은 어디서도 보이지 않았다.

바버라의 이야기를 읽고 나서, 나는 즉시 마케팅 부서에 리포트에 대한 구상을 털어놓았다. 다들 고개를 끄덕이며 미소를 지었다. 그 후 한두 주에 한 번꼴로 확인해 봤지만, 보고서가 나올 조짐이 보이지 않았다. 나는 또 리포트 이야기를 꺼냈다. 역시 다들 좋은 생각이라고 동의하면서도 아무도 움직이지 않았다. 기다리다 지친 나는 연휴를 맞아 직접 궂은일을 떠맡기로 마음먹었다. 아무도 안 하면 사장이라도 해야지 어떡하겠는가.

이 글을 쓰는 지금 우리 회사가 만드는 이 보고서는 8년째를 맞았다. 해마다 〈포브스〉와 〈USA 투데이〉 등 여러 언론 매체의 조명을 받았고, 우리 업계의 새로운 흐름을 견인하는 동인으로 인정받아 왔다. 리포트는 성공적이었다. 하지만 그렇다고 해서 그해 연휴에 내가 가족과 친구들을 방치한 것이 올바른 결정이었다고 할 수 있을까?

대표적인 스토아 철학자이자 로마의 정치가인 세네카는 "누구나 자신을 그 무엇보다 싸구려 취급한다"라는 뼈아픈 글을 남겼다. 그가 말한 바보가 바로 나였다. 2016년 메모리얼 데이 연휴, 나는 나 자신과 내 시간의 가치를 0보다 못한 것으로 취급했다. 훌륭한 보고서를 내놓고서는 왜 그런 말을 하느냐고?

먼저, 보고서를 위해 황금 같은 연휴를 희생할 필요가 없었기 때문이다. 내가 처음 보고서를 구상한 것이 벌써 그 몇 달 전이었다. 한마디로 시간은 충분했다. 반면 가족, 그리고 친구들과 함께하는 여유로운 시간은 그리 자주 찾아오지 않는다. 그것의 가치를 생각하면, 연휴를 리포트 작성에 몽땅 써 버린 짓은 얼마나 어리석은가.

다음으로, 데이터를 하나하나 찾는 일을 꼭 내가 할 필요가 없었다. 우리 회사에는 마케팅 부서가 있기 때문이다. 그런데 그들은 왜 그 일을 하지 않았을까? 음, 그건 내가 부탁한 적이 없기 때문이다. 연휴 내내 결국 내 손으로 이 단조로운 작업을 하게 만든 그들을 향해 짜증을 내면서도, 실제로는 한 번도 그들에게 이 일을 해 달라고 분명히 요구한 적이 없었다. 그들은 각자 담당한 업무가 있었고, 각자 무거운 책임을 짊어지고 있었다. 그들로서는 내가 마케팅 부서에 바라는 사항, 즉 보고서를 맡아서 직접 완수해 주기를 원한다는 사실을 알 길이 없었을 것이다.

마지막으로, 데이터를 찾아 복사해 엑셀 파일에 붙이는 그 단조로운 작업은 심지어 나뿐 아니라 그 어떤 사람도 직접 할 필요가 없을 만큼 값어치가 떨어지는 일이었다. 연휴를 몽땅 써 가며 보고서 초안을 만들고 나서야, 나는 데이터 수집은 실질적인 판단력을 요구하지 않는 지극히 단순하고 반복적인 업무임을 깨달았다. 그래서 적당한 도급업체에 예상보다 낮은 비용을 들여 이 업무를 맡겼고, 2년 후에는 이 프로세스를 완전히 자동화하는 프로그램을 만들었다.

보고서 사건 덕분에 나는 내가 가진 가장 유한한 자원인 시간의 가치를 얼마나 싸구려 취급해 왔는가를 절실히 깨달았다. 그런데 나만 이런 멍청한 짓을 하는 게 아님이 분명하다. 세네카는 무려 2000년 전에 저 말을 남겼으니까 말이다.

●   자신의 가치를 믿지 않으면,
          타인의 낮은 평가에 휘둘리게 된다

가보로 전해 내려온 시계를 아들에게 물려주며 아버지가 말했다.

"내가 공식적으로 이 시계를 너에게 물려주기 전에, 보석상에 가지고 가서 시계의 가치가 어느 정도인지 알아보거라."

아들은 곧 낙담한 표정으로 돌아왔다. "오래된 모델이라 100달러밖에 안 된답니다."

아버지가 대답했다. "그렇구나. 그럼 전당포에 가서 한 번 더 물어보거라."

아들은 더욱 낙담해서 돌아왔다. "전당포에서는 20달러밖에 못 준다는데요."

"저런." 아버지는 차분하게 말했다. "그럼 시내의 박물관에 가서 그 사람들은 뭐라고 하는지 들어 보렴."

이번에 아들은 잔뜩 흥분해서 돌아와 말했다. "이 시계가 아주 귀중한 골동품이라며 25만 달러에 사고 싶다고 했어요!"

"잘 들어라." 아버지가 말했다. "다른 사람들이 너를 어떻게 평가하든지, 그 평가에 너를 끼워 맞춰서는 안 된다. 이 시계와 마찬가지로 너를 별 가치가 없는 존재로 평가하는 사람이 있고, 그럭저럭 쓸 만하다고 평가하는 사람도 있고, 너의 진정한 가치를 있는 그대로 알아보는 사람도 있는 법이다. 그런 사람 주위에서 네 시간과 네 인생을 투자해야 한다."

이미 널리 알려진 이 우화는 들을 때마다 고개를 끄덕이게 만든다. 그러나 현실에 이 교훈을 적용하기란 생각만큼 쉽지 않다. 만약 당신을 과소평가하는 사람이 바로 당신 자신이라면 어떻게 해야 할까? 자기 자신을 제대로 평가할 능력과 의지가 없으면, 잘 알지도 못하는 타인이 당신을 깎아내리듯 낮게 평가해도 그에 정당하게 저항할 힘이 없다. 그저 낮은 평가에 휘둘릴 뿐이다. 나를 위해서가 아니라 남들의 눈에 들기 위해서, 정말로 중요한 일이 아니라 그보다 더 가치 없는 일들에 더없이 소중한 시간과 에너지를 낭비하게 될 것임이 틀림없다.

사업을 시작했을 무렵의 내 처지가 딱 그랬다. 당시 나는 창업에 따르는 잡다한 업무를 해결하는 데 엄청난 시간을 들였다. 동시에 머릿속은 온갖 걱정으로 가득했다. 잠시도 쉬지 못했고, 마음 편히 자 본 날은 손에 꼽혔다. 그렇지만 이것이 창업자가 견뎌야 하는 당연한 삶이라고 여겼다.

나만 이렇게 사는 것도 아니었다. 한번은 신생 기업 지원 프로그램 설명회에 참석했는데, 그때 같은 테이블에 앉은 다른 창업자들도 대체로 비슷하게 이야기했다. 사업은 그럭저럭 잘되고 있으나 무척 피곤하다고 말이다. 우리는 동병상련의 심정이 되어 위로하듯 서로를 바라보았다. 그러고 나서 테이블에 마지막으로 앉은 사람에게도 똑같은 질문을 던졌다.

"사업은 잘되어 가고 있나요?"

우리는 그에게도 위로의 눈길을 보낼 준비를 하고 있었다. 그에게서 뜻밖의 대답을 듣기 전까지는.

"아주 좋아요. 아시다시피 저는 신생 기업의 최고 경영자잖아요. 할 일이 하나도 없어요."

나는 옆에 있던 동병상련의 창업자에게 속삭였다. "저는 뭔가 잘못하고 있는 모양이네요." 그 역시 눈을 동그랗게 뜨고 나를 돌아보며 대답했다. "우리 모두 아주 크게 잘못하고 있는 것 같군요!"

우화 속 아버지가 시계와 함께 아들에게 건넨 인생 교훈을 체화한 사람. 자신의 가치를 믿기에 타인의 평가에 연연하지 않는 사람. 인생을 소중히 여기는 만큼 가치 있는 것들에 시간과 에너지를 쓸 줄 아는 사람. 이때 만난 K. P. 레디K. P. Reddy가 바로 그런 사람이었다. 알고 보니 그는 신생 기업의 창업자 겸 최고 경영자 역할을 이미 여러 차례 경험했을 뿐 아니라, 이제 네 번째 펀드를 출시한 벤처 캐피털 투자자이기도 했다. 또 기업가를 위한 지침서와 교재를 여러 권 저술했고, 젊은 창업자의 멘토로 왕성히 활동하고 있었다.

한 사람이 어떻게 그리 많은 일을 해내며 꾸준히 성공을 거둘 수 있을까? 그러면서도 할 일이 별로 없다고 당차게 말하는 데는 어떤 이유가 있을까? 한마디로, 그와 나는 도대체 뭐가 달랐던 걸까? 답은 그가 자신을, 자신의 시간을, 그리고 가장 중요하게는 자신의 가치를 제대로 평가하기 때문이었다.

삐. 삐. 삐.

지게차에서 경보음이 울렸다. K. P.는 핸들을 돌리며 생각했다. '내가 이러려고 세계 최고의 토목공학과에 들어갔다고?' 학비를 벌 요량으로 시작한 지게차 운전 아르바이트의 시급을 떠올리자 저절로 한숨이 나왔다. '내가 겨우 이만한 가치밖에 안 된다니!' 공부에 전념해도 모자랄 시간을 낮은 임금과 맞바꿔 지게차에서 낭비한다고 생각하니 저절로 우울해졌다.

학교를 졸업하고 학위를 손에 넣자, 사정은 나아졌다. 유명한 토목 회사에 취업해 연봉으로 2만 6000달러를 받게 된 것이다. 아르바이트로 지게차를 운전하던 시절과는 비교도 되지 않았기에, 처음엔 그 연봉도 감지덕지였다. 하지만 회사가 고객에게 청구하는 자기 인건비를 확인한 다음부터 K. P.의 생각이 달라졌다.

"회사는 내 인건비로 시간당 50달러를 청구하더군요. 계산해 보니 연봉 2만 6000달러는 내가 회사에 벌어다 주는 돈 가운데 4분의 1에 지나지 않았어요. 아무리 생각해도 정당해 보이지 않았어요."

의문이 생기면 절대 그냥 넘어가지 못하는 성격의 K. P.는 관리자를 찾아가 이 문제를 따졌다.

"관리자는 모든 직원이 주 40시간, 연 50주 이상 인건비를 청구할 수 있는 일을 하는 것은 아니라고 대답하더군요. 게다가 내 인건비로 급여 외에도 각종 수당이나 사무실 유지비, 경상비 따위를 충당한다고 말입니다. 그렇다면 내 시간당 인건비를 더 높게 책정하면 되지 않느냐고 물었어요. 그랬더니 아직 신출내기에 지나지 않는 나 정도의 기술 수준에 그 이상의 인건비는 시장이 용납하지 않는다는 것이었어요. 그러니 내가 돈을 더 벌 유일한 방법은 일을 더 하는 것뿐이었고, 그것도 그리 나쁘지는 않았어요."

K. P.는 더 많은 시간을 일하기 시작했다. 하지만 그것은 회사가 기대한 방향으로는 아니었다. 그는 고객에게 시간당 50달러를 청구하면서 자기한테는 대략 12.5달러밖에 주지 않는 회사에 자신을 팔지 않겠다고 마음먹었다. 그는 회사가 자기에게 매기는 가치에 순순히 동의해 줄 생각이 눈곱만큼도 없었다. 당시에는 미처 알지 못했지만, 그는 스토아 철학의 주요 사상가인 에픽테토스가 2000년 전에 들려준 조언을 체화한 셈이었다.

"당신을 제일 잘 아는 사람은 당신 자신이다. 말하자면 당신은 당신의 가치가 어느 정도인지, 나아가 어느 정도의 가격에 자신을 팔아야 하는지를 스스로 평가할 줄 알아야 한다. 사람마다 자기 몸값을 다르게 평가하기 때문이다."

회사에서 더 오래 일하는 대신, 그는 부업으로 학생 때 시작한 웹사이트 개발 아르바이트에 더 많은 시간을 투자하기 시작했다. 그때가 90년대 중반으로, 당시는 사람들이 HTML이니 자바스크립트니 하는 단어만 들어도 경기를 일으키던 시절이었다. 그런 프로그래밍 언어를 가르쳐 주는 자료도 별로 없던 때라, 제법 많은 사람이 그에게 도움을 요청했고 그 대가로 무려 시간당 75달러를 내놓았다. 그리고 75달러는 고스란히 그의 주머니로 들어왔다.

"정신이 번쩍 들더군요. 토목은 이미 수백 년 묵은 낡은 분야잖아요. 방법론이나 역할론이 이미 명확히 정립되었고, 가치 창출의 정의와 시장 가격이 단계별로 확고하게 고정되어 있어요. 그러니 내 가치는 고객에게 50달러, 고용주에게 12.5달러를 넘어서기 힘든 게 현실이었지요. 반면에 인터넷은 완전히 새로운 분야였어요. 내 가치를 토목 회사에 다닐 때보다 여섯 배로 높여 잡아도 전혀 문제 될 게 없었어요. 실제로 내 고용주가 내 가치를 과소평가한 게 아니라, 내가 내 시간을 최대한 활용하지 못한 것뿐이었어요."

이를 계기로 K. P.는 자신을, 자신의 시간을 어떻게 평가할지를 배웠고, 똑같은 시간이라도 그가 몸담은 시장에 따라 그 가치가 달라진다는 점을 깨달았다.

"토목 회사에서 나는 퍽이 있는 곳으로 달려가는 여러 아이스하키 선수 가운데 하나였어요. 하지만 웹사이트 개발 분야에서 나는 퍽이 날아갈 곳을 향해 미리 달려가는 전설적인 하키 선수 그레츠키 같은 대접을 받았어요. 그 차이는 정말 엄청났어요."

자신의 가치를 계산하는 새로운 방정식을 발견한 K. P.는 일하지 않아도 되는 시간을 더 많이 얻었다. 더 적게 일하고도 더 많은 수입을 얻었기에, 그는 가족과 함께하고 운동하고 여행하는 시간을 누렸다. 토목 회사에 주저앉았더라면, 그래서 매일 야근에 시달려야 했다면 결코 누리지 못할 여유와 행복이었다.

"사실 우리가 노동에 대한 시장의 온당한 평가를 기대하는 이유는 인생에서 정말로 가치 있는 시간을 더 많이 누리기 위해서입니다. 아귀처럼 24시간 내내 일하며 돈만 모으는 게 삶의 목적은 아니지요. 그러려면 시간을 어디에, 어떻게 더 가치 있게 사용할지에 대한 계획이 필요합니다. 별로 중요하지 않다고 생각되는 일들은 과감히 줄이고, 정말 중요하고 쓸모 있는 일에 집중하는 식으로 삶을 꾸려야죠. 안 그러면 자기도 모르는 새 인생이 쓸데없고 가치 없는 것들에 점령당하고 맙니다."

이는 맥킨지에서 일할 당시 내가 존경하던 스승에게서 배운 교훈과 일치한다. 맥킨지의 위기관리 책임자로 일하다가 나중에는 리치먼드 연방준비은행의 재무 책임자와 최고 경영자를 지낸 톰 바킨은 맥킨지의 신입 직원들에게 '값비싼 시간'과 '값없는 시간'의 차이를 이렇게 가르쳤다.

"아내와 아이들과 함께하는 시간은 나에게 아주 비싸고 소중한 시간입니다. 절대 되돌리거나 다른 무언가로 대체할 수 없는 시간이니까요. 반면 비행기에 가만히 앉아 있는 시간은 값이 없는 시간입니다. 뭔가 할 일이 있을 때, 그런 값없는 시간을 최대한 활용해 일찍 끝내 버리면 내가 소중하게 생각하는 값비싼 시간이 훨씬 많아집니다."

자질구레한 일을 떠안는 사람들의 심리

K. P.는 운이 좋은 사람이었다. 새로운 시대가 요구하는 기술을 발 빠르게 습득한 덕분에 높은 수입을 올릴 기회를 잡았다. 모두가 희소한 자원과 기술력을 보유한 건 아니기에 어쩌면 그의 사례가 특별한 누

군가의 이야기로만 비칠지도 모른다. 하지만 그의 성공이 정말로 운과 기술력에서만 기인했을까? 나는 아니라고 확신한다. 그는 자신에 대한 가치 판단을 남에게 함부로 위임하지 않았다. 기존의 질서나 자기를 잘 알지도 못하는 타인이 자신을 과소평가하도록 내버려두지 않았다. 그는 누구보다 자기 자신을 소중히 여겼고, 자신의 가치를 믿었으며, 그래서 소중한 시간과 에너지를 값어치가 낮은 일에 소모하지 않았다. 나 역시 직장에 다니다가 창업자의 길을 걸었기에, 그런 결단이 얼마나 용감한 것인가를 절감한다. 그런 용기 덕분에 그는 성공의 길을 걸어갔다.

평범한 우리네 인생을 돌아보라. 우리가 하는 일 가운데 스스로 중요하다고 판단해 실행한 일이 얼마나 되는가. 대부분은 남들이 하니까, 누군가가 시켜서, 별생각 없이, 싸울 여지를 없애려고 하는 일들이다. 부수적이고 값어치 낮은 일들을 처리하느라 정작 소중하고 가치 있는 일들이 뒤로 밀려난다. 그렇게 어영부영 살다 보면 인생의 주인공 자리에는 낯선 타인들이 들어앉아 있기 십상이다. 호기롭게 회사는 차렸지만 온갖 자질구레한 업무에 치여 회사에 다닐 때보다도 훨씬 끌려가듯 살았던 창업 초기의 내가 그랬듯 말이다.

정말로 소중한 것들을 위해 살고 싶다면 정신을 바짝 차려야 한다. 시간과 에너지는 한정된 값진 자원이다. 이를 어떻게 쓸지 구체적으로 계획하지 않으면 값어치 없는 것들이 금세 옆을 비집고 들어온다. 퇴근 즈음에 갑자기 업무를 요청하는 동료나, 야근과 회식을 핑계로 집안일을 미루는 파트너를 겪어 봤다면 잘 알 것이다. 그런 일들에 적절히 제재를 가하려면 가이드가 필요하다. 내 시간을 어디에 어떻게 쓰겠다는 지도가 먼저 있어야 한다.

그리고 또 한 가지, 모든 일을 혼자서 하려는 습관도 버리는 것이 좋다. 돌이켜보면 창업자는 모든 일에 관여해야 한다는 편견이야말로 나를 끝까지 괴롭힌 원흉이었다. 나는 이것을 창업자의 당연한 삶으로 받아들이기까지 했다. 그러나 전부 해내겠다는 것은 곧 중요한 일을 대충하겠다는 뜻이기도 하다. 핵심 업무에 집중하려면 부수적인 일은 적절히 포기할 줄 알아야 하고, 잘 모르는 부분은 전문가를 찾아 위임할 줄도 알아야 한다. 전문가는 나보다 훨씬 적은 시간과 비용을 들여 그 일을 깔끔하게 처리한다.

나는 이 교훈을 암막 커튼을 설치하다가 배웠다. 결혼 생활 초창기에 창문으로 들어오는 가로등 불빛에 밤잠을 설치자 아내와 나는 암막 커튼을 달기로 마음먹었다. 그런데 생각처럼 쉽지가 않았다. 한 시간 넘게 고생했는데도 집 안을 난장판으로 만든 것 말고는 아무런 성과를 거두지 못했다. 심지어 아버지와 장인어른까지 가세했지만 우리 네 사람은 두 시간 동안 더 큰 난장판을 만들어 놓기만 했다.

결국 우리는 깨끗이 패배를 인정하고 기술자를 불렀다. 그는 우리집에 도착한 지 10분 만에 커튼을 완성했다. 또 우리가 어질러 놓은 난장판도 깨끗이 정리해 주었고 신통찮은 음식물 쓰레기 분쇄기도 고쳐주었다. 그러고는 고작 20달러만 받아 갔다. 그의 이름은 데이브였고, 나는 집에 일이 생길 때마다 그에게 전화를 걸었다. 그 후로 내 인생에 더 많은 데이브를 만드는 것이 중요한 목표가 되었다.

가치 있게 산다는 것은
시간을 가치 있는 일에 쓴다는 것

이제 두 가지 중요한 질문이 남는다. 첫째는 일정 짜기, 즉 '내 시간을 어떻게 배분할 것인가?'이다. 둘째는 '남들이 (혹은 시장이) 어떻게 내 시간을 제대로 평가하게 만들 것인가?'이다.

우선 첫 번째 질문인 시간 관리에 대해 알아보자. 나는 1970년대에 피터 파이흐가 개발한 '제로 기준 예산 제도'를 응용해 '제로 기준 시간 관리'라는 방법을 만들었다. 제로 기준 예산 제도는 새로운 회기마다 모든 비용의 타당성을 검토하고 승인하는 예산 편성법이다. 즉 새로운 회기가 되면 기존의 예산을 조정하는 수준이 아니라, 아예 0으로 되돌려 놓고 새롭게 예산을 짠다. 그러면 비용과 가치를 더욱 꼼꼼하게 평가할 수 있을 뿐만 아니라, 수시로 변하는 시장 상황을 제때 반영할 수도 있다.

그렇다면 제로 기준 시간 관리는 어디서부터 시작해야 할까?

제일 먼저 자신의 시간을 어디에, 어떻게 투자하고 싶은지부터 파악하자. 수면, 업무, 가족, 식사, 운동 등 큰 범주로 나누고, 각각의 활동에 시간을 얼마나 할당할지 결정한다. 단위는 시간 혹은 퍼센티지이다. 총 합계가 주 168시간 혹은 100퍼센트를 넘으면 특정 항목의 시간을 잘라 내야 한다.

범주를 정하고 각각의 항목에 어느 정도의 시간을 할당할지 결정하고 나면, 이제 이상적인 주·월·연간 계획을 세울 차례다. 시기에 따라 의도대로 비율을 조정할 수 있다는 점이 중요하다. 어떤 주에는 특정

범주가 비정상적으로 많은 시간을 잡아먹을 수도 있고, 또 어떤 주에는 이전 주의 부족분을 벌충하기 위해 더 많은 시간을 할당할 수도 있다.

제로 기준 시간 관리의 마지막 단계는 진행 상황을 점검하는 일인데, 이때는 과거보다 미래 지향적인 관점을 가져야 한다. 예를 들어 금요일에는 다음 주 일정표를 살펴본다. 자신이 계획한 이상적인 한 주에 부합하는가? 만약 그렇지 않다면 그럴 만한 이유가 있나? 일정표가 더욱 근사하게 보이도록 어떤 일정을 취소하거나 조정해야 할까? 이런 점검은 주간 단위는 물론 월간 단위와 연간 단위로도 이루어져야 한다. 이 장의 끝부분에 소개한 템플릿을 활용하는 것도 좋은 방법이다.

제로 기준 시간 관리에서는 이 모든 과정이 족쇄가 아닌, 자유를 위한 것임을 기억해야 한다. 처음에 구상한 시간 배분이 오히려 걸림돌이 된다고 느껴질 수도 있다. 아마 시간에 대한 본인 혹은 타인의 가치 평가 방식이 달라져서일 수도 있고, 아니면 애초에 시간 배분이 잘못되어서일지도 모른다. 그렇다고 큰일이 나지는 않는다. 언제든 이런 일이 생길 수 있다는 점을 인정하고 한 번 더 연습하면 된다. 당신의 시간은 당신의 것이다. 일정표를 업데이트한다고 재무팀 승인을 받아야 하는 것도 아니지 않은가. 모든 것은 당신에게 달렸다!

●   결국 잘되는 사람들의
             현명한 시간 사용법 1

이제 두 번째 질문 '남들이 (혹은 시장이) 어떻게 내 시간을 제대로 평가하게 만들 것인가?'로 넘어가 보자. 이를 위해선 여러 범주 가운데 '업무 시간' 항목을 집중적으로 점검해야 한다.

이때는 제로에서 시작하지 않는 쪽이 오히려 낫다. 제일 먼저 묻고 답해야 할 질문은 '오늘 하루에 대한 평가는 어떠한가?'이다. 즉 현재 수입과 일한 시간을 적고 나서 현재의 시간당 가치를 평가한다. 가치를 평가하는 주체는 고용주나 고객일 수도 있고, 혹은 다른 누구일 수도 있다. 어떤 경우든 현재의 시간당 가치가 최소한의 기준선이 된다.

그다음에는 산출한 현재의 시간당 가치가 공정한 시장 가치와 비슷한지 따져 볼 차례다. 비슷한 업무를 요구하는 온라인 구인 광고를 찾아보거나, '페이스케일^{PayScale}(기준 급여 데이터를 수집해 지역, 학력, 경력에 따른 평균 급여 정보를 제공하는 업체-역자 주)' 같은 웹사이트를 참고하면 감을 잡는 데 도움이 된다.

이 모든 것은 현재 상태를 기준으로 당신의 가치를 결정하기 위한 과정이다. 이를 토대로 다른 대안들을 생각해 보면 더욱 흥미로운 단계가 시작된다. 현재 당신의 기술 수준은 어느 정도이며, 더 높은 가치를 인정받으려면 어떻게 해야 할까? 이는 반드시 죽기 아니면 까무러치기식의 극단적인 접근 방법일 필요는 없다. 가장 합리적인 경로는 K. P.의 사례처럼 더 가치가 높은 일을 부업으로 하다가 적당한 시기에 본업으로 전환하는 방식이다. 과거의 성과는 미래의 성과를 보장하지 않으며, 과거에 어떻게 시간을 분배했고 사람들의 평가가 어땠다는 등의 정보가 미래의 시간 분배나 가치 평가에 영향을 주어서는 안 된다.

이 장을 마무리하기 전에, 지금까지 소개한 조언은 철저하게 금전적인 가치에 초점을 맞추었음을 언급하고 싶다. 사실 눈앞의 현찰보다 더 중요하게 여기는 가치가 있어서, 그에 따라 시간을 어떻게 쓸지 결정하는 경우가 얼마든지 있기 때문이다.

이 대목에서 나는 어느 임원이 맥킨지를 소개한 말을 떠올리곤 한다. 순전히 금전적인 보상만 생각하면 맥킨지는 은행을 비롯한 각종 금융 기관의 상대가 되지 않는다. 정신적인 보상이라는 측면에서는 학계를 따라잡지 못한다. 사회적 영향력이나 목적의식의 차원에서 맥킨지가 공공 기관이나 비영리 단체의 수준에 도달하려면 아직 갈 길이 멀다. 그의 결론은 이랬다. "하지만 그 세 가지를 모두 중요하게 생각하는 사람이라면 맥킨지만 한 곳이 없지."

사람마다 가치 판단의 기준이 다르다는 사실을 피부로 실감한 것은 창업 이후 처음으로 최고 기술 책임자(CTO)를 채용할 때였다. 나는 맥킨지에서 배운 삼각 구조를 떠올리며 후보자에게 기본급과 상여금, 그리고 근무 연한에 따라 지급되는 스톡옵션을 통한 주가 상승이라는 세 가지 큰 틀에서 보상을 제공할 생각이라고 설명했다.

후보자는 고개를 끄덕이더니, 자기에게는 그보다 더 중요한 네 번째 가치가 있다고 털어놓았다. "그것은 바로 경험입니다. 저는 지금까지 한 번도 CTO 역할을 해 보지 않아서, 제 손으로 직접 기술 조직을 꾸려 보는 경험 자체가 저에게는 소중한 가치로 작용합니다."

결론을 내리자면, 가치는 순전히 금전적인 차원에서만 결정되지 않는다. 회사에서 누리는 일상적인 즐거움, 도전적인 과제를 수행하면서 얻는 성장, 나를 좋은 사람이 되도록 돕는 동료, 혁신을 추구할 자유…. 이 모든 것은 각기 나름의 가치를 지닌다. 중요한 것은 남들이 정해 둔 가치를 기본값으로 무조건 받아들이기보다, 자신이 이런 무형의 가치를 어떻게 평가하는지 명확히 파악하는 일이다. 타인의 가치나 기존의 질서에 휩쓸리지 않고 인생의 주인으로 똑바로 서려면 소중한 자원인 시간과 에너지를 최대한 잘 활용할 수 있도록 배분해야 한다.

핵심 정리

1 자신의 가치를 알지 못하면 돈(과 시간)을 길바닥에 흘리고 다니는 것과 다름없다.

2 당신의 가치는 고정되어 있지 않다. 당신의 시간에 대해 시장이 지불하는 대가 혹은 당신의 시간에 대해 스스로 내리는 평가에 따라, 당신은 더 높은 자리에서 더 중요한 일을 하는 사람으로 성장할 수 있다.

3 인생은 돈으로만 좌우되지 않는다. 금전적인 비교 외에 당신이 중요하게 평가하는 무형의 가치를 파악하고 균형을 맞추는 데 유념해야 한다.

제로 기준 시간 관리

영역	바람직한 시간 배분 - 시간 혹은 % - 주, 월, 연 단위
예 수면, 업무, 가족, 운동	
합계 (주: 합계가 100%보다 크면 시간 배분을 조정하라!)	

현재의 가치 평가

현재 수입	일한 시간	현재 가치
		₩_____ /시간

급여 점검

제안받은 급여	예상 근무 시간	예상 가치
		₩_____ /시간
		₩_____ /시간
		₩_____ /시간
		₩_____ /시간
		₩_____ /시간
		₩_____ /시간
		₩_____ /시간
		₩_____ /시간
		₩_____ /시간
		₩_____ /시간

최고의 시간 활용

시간을 다르게 활용할 방법	시장 가격 혹은 무형의 가치
	₩_____ /시간
	₩_____ /시간
	₩_____ /시간
	₩_____ /시간
	₩_____ /시간
	₩_____ /시간
	₩_____ /시간
	₩_____ /시간
	₩_____ /시간

상황은
바꿀 수 없지만
그에 대한 태도는
선택할 수 있다

인간은 바람을 통제할 순 없지만 돛은 조정할 수 있다.
_에픽테토스

"오늘 하루는 어땠어?"

아빠가 시무룩한 내 표정을 보더니 넌지시 물었다. 아빠는 일요일 오후 내내 친구 제러드네에서 논 나를 데리러 온 참이었다. 몸에서 흐른 땀과 신발에 붙은 흙이 아빠의 깨끗한 차를 더럽혔다.

그때 나는 아홉 살이었다. 그날 하루가 어땠냐고? 사실 더할 나위 없이 즐거웠다. 축구와 농구, 그리고 비디오 게임을 실컷 했고, 더위를 식히려고 아이스크림까지 한 사발 해치웠다. 하지만 그러는 동안에도 마음 한구석에선 걱정이 조금씩 자라고 있었다. 바로 다음 날이 월요일이었기 때문이다.

어린아이들이 흔히 그렇듯이(어른들도 크게 다르지 않지만) 나는 일요일의 불안감에 사로잡힌 상태였다. 금요일 방과 후에는 주말이 통째로 나를 기다리고 있으니 세상 부러울 게 없었다. 토요일에도 월요일은 아직 멀게만 느껴져 오롯이 주말을 즐길 수 있었다. 일요일 아침까지만 해도 괜찮았는데… 벌써 오후 다섯 시라고? 이제 내 머릿속에는 코앞으로 다가온 월요일 걱정밖에 없었다. 다음 주말은 영원히 오지 않을 것처럼 아득하기만 했다. 게다가 그날은 여느 일요일보다 더 암울했다. 다음 날까지 에이브러햄 링컨에 대한 책을 읽고 다섯 쪽짜리 독후감을 제출해야 하는 숙제 때문이었다. 자그마치 다섯 쪽을 언제 다 쓴단 말인가. 책도 아직 다 못 읽었는데.

그 무렵의 나는 아직 "오늘 하루 어땠어?"라는 질문에 그냥 "좋았어요"라고 대답하는 사회적 관례를 배우지 못한 상태였다. 그래서 어린아이 특유의 솔직한 대답을 내놓았다.

"솔직히 말하면, 아빠, 완전 별로였어요."

다음 신호등에 걸려 멈춰 설 때까지 차 안에 정적이 감돌았다. 아버지가 걱정스러운 목소리로 물었다.

"왜? 제러드네에서 무슨 일이 있었어?"

"아뇨, 아무 일도 없었어요. 재밌게 잘 놀았어요. 그런데 집에 가서 해야 할 숙제 생각 때문에 재미있는 줄도 몰랐어요."

아버지는 알 만하다는 듯이 고개를 끄덕이더니, 잠시 뜸을 들인 뒤에야 말씀하셨다.

"그러지 마라. 앞으로는 절대 그러지 마."

"뭘요?" 내가 되물었다.

"해야 할 일을 하든지, 안 할 거라면 아예 생각조차 하지 마. 내 말은, 해야 할 일을 하지 않고 걱정만 하면서 시간을 보내지는 말라는 뜻이다! 그게 최악이야. 자꾸 떠올라서 잠시도 잊어버리지 못할 바에야 차라리 미뤄 둔 일을 해치우는 쪽이 나아. 넌 어차피 할 거잖아. 지금까지 늘 그랬으니까. 그러니 놀 때는 아무 생각 없이 그냥 재밌게 즐기면 돼."

그날 밤, 나는 아버지 말씀이 옳다는 것을 깨달았다. 언제나 그랬듯이, 그날도 나는 무사히 숙제를 끝냈다. 사실 초등학교 4학년이 해야 하는 숙제가 얼마나 대단하겠는가. 책을 마저 읽은 뒤 나중에 '참 잘했어요' 도장을 받은 다섯 쪽짜리 독후감을 쓰고도 시간이 남아 시트콤 '베이사이드 얄개들' 재방송까지 봤다.

아버지의 조언이 효력을 발휘한 것은 그때만이 아니었다. 그 교훈은 이후로도 오랫동안 뇌리를 떠나지 않았다. '해야 할 일을 하든지, 안 할 거면 생각조차 하지 마라. 해야 할 일을 하지 않고 걱정만 하면서 시간을 보내는 게 최악이야.'

●　　　　　　　　"해야 할 일을 하든지,
　　　　　　　안 할 거면 생각조차 하지 마라!"

그 말을 들은 당시에는 무려 2000년 전에 그리스의 스토아 철학자 에픽테토스가 이와 아주 유사한 말을 남겼다는 사실을 전혀 알지 못했다. 에픽테토스는 말했다. "어떤 일들은 우리가 통제할 수 있고, 또 어떤 일들은 그렇지 않다. 이런 기본적인 원칙, 그리고 통제할 수 있는 일과 그렇지 않은 일을 구분하는 방법을 확실히 배운 뒤에야 내적인 평온과 외적인 효율성을 누릴 수 있다."

에픽테토스의 말은 그가 통제할 수 있는 일이 얼마나 제한적이었던 가를 생각하면 더욱 묵직하게 다가온다. 에픽테토스는 노예 출신이었다. '에픽테토스'라는 단어는 고대 그리스어로 '취득한'이라는 뜻이다. 오랫동안 주인에게 철저히 종속된 채 살아온 에픽테토스는 마음속에 자기만의 경계선, 즉 통제 가능한 것과 그렇지 않은 것을 구분하는 선을 긋고, 그것을 벗어나지 않는 법을 배워야 했다. 그가 진정으로 통제할 수 있는 것은 오로지 그의 마음밖에 없었다. 에픽테토스는 육신의 자유를 얻은 뒤에도 이런 깨달음을 버리지 않았다.

로마의 황제 마르쿠스 아우렐리우스는 에픽테토스와 더불어 스토아 철학을 대표하는 인물로 손꼽힌다. 하지만 이 둘의 처지는 정반대였다. 에픽테토스는 한동안 자기 육신에 대한 통제권조차 갖지 못했지만, 아우렐리우스 황제는 당대 최고의 권세를 누렸다. 그럼에도 불구하고 그는 혹독한 육체적 고통과 온갖 질병에 시달린 끝에, 에픽테토스와 마찬가지로 자기만의 경계선을 긋는 법을 배워야 했다. 그는 《명상록》에 이렇게 썼다.

당신의 정신을 지배하고 주도하는 이성이 쾌락이든 고통이든 육신의 움직임에 좌우되지 않도록 하라. (……) 그런 움직임들이 몸속에 자연스럽게 내재하는 다른 공감 작용에 의해 마음속에 떠오를 때, 그것은 자연스러운 것이니 저항하지 말라. 그러나 지배적인 이성이 이것은 선하고 저것은 악하다는 견해를 그 감각에 더하지 못하게 해야 한다.

아우렐리우스 황제는 자기 힘으로 육체적 고통을 다스리지 못한다는 점을 알고 있었다. 그러나 육체적 고통에 대응하는 방식, 즉 태도는 자기만 결정할 수 있다는 점도 잘 알고 있었다. 질병은 누구에게나 찾아올 수 있는 불운이다. 고통은 감각의 동물인 인간으로선 피할 수 없다. 반면 '왜 하필 나에게 이런 일이!'라는 한탄을 덧붙여 후회와 걱정으로 더한 고통을 겪는 것은 본인의 선택이다. 즉 고통은 통제 불가능하지만, 그 고통에 이름을 붙이고 대응하는 방식은 오로지 자기만 결정할 수 있다.

아우렐리우스 황제는 제국을 통치할 때도 마음의 경계 설정을 게을리하지 않았다. 당대의 가장 강력한 제국을 이끌었던 그의 권력은 표면적으로는 수천 킬로에 걸쳐 있었다. 보통 사람 같으면 전 세계를 뜻대로 호령할 수 있다는 오만에 빠지기에 충분했을 것이다. 하지만 그는 자기 힘으로 완벽하게 다스릴 수 있는 영역은 제국도, 도시도 아닌 오직 자기 마음뿐이라는 점을 냉혹하리만치 정확하게 인정했다. 즉 진정한 권력은 마음의 한계를 벗어나지 못한다는 점을 잘 알고 있었다.

이런 인식은 관점에 따라 더없이 어렵고 제한적이며 우울한 깨달음일 수도 있다. 지금도 권력을 잡기 위해서라면 무엇이든 하겠다는 듯 아등바등 살아가는 이들이 많다. 하지만 실질적인 '경계'를 솔직하게 인정하는 사람이라면, 그런 권력이 한낱 환영에 지나지 않음을 안다. 아무리 오랜 세월을 일하고 대단한 성공을 거둔 사람일지라도, 그의 외적 권력은 그가 태어날 때 가지고 있던 수준을 넘어서지 못한다. 마찬가지로 누가 무슨 짓을 해도, 가혹한 시련과 실패에 휘청여도 우리의 권력은 태어날 때 가지고 있던 것보다 줄어들지 않는다. 우리는 모두 마음의 힘, 즉 어떤 태도를 취할 것인가에 대한 결정권을 가지고 시작한다. 그러나 누구나 그 사용법을 깨닫지는 못한다. 이것이 삶의 질에 영향을 미칠 뿐 아니라 생존까지 좌우한다는 점을 생각하면 실로 안타까운 일이다.

●
상황은 바꿀 수 없지만, 그에 대한 태도는 선택할 수 있다

미국 해군 중장이자 명예 훈장을 받은 제임스 스톡데일만큼 마음이 가진 힘의 본질을 꿰뚫어 본 사람도 흔치 않다. 스톡데일 중장은 베트남 전쟁 당시 적군에게 붙잡혀 포로가 된 해군 장교 중에서 제일 계급이 높은 인물이었다. 1965년부터 1973년까지 8년간 포로수용소에 억류되어 잔인한 고문에 시달렸고, 말로 표현하기 힘든 참극을 목격했다. 당시의 포로 가운데 끝내 살아서 풀려난 이들도 없지는 않지만, 그보다 훨씬 많은 이들이 비참한 죽음을 맞이했다.

스톡데일 중장은 살아남지 못한 포로들의 공통점이 무엇이라고 생각하느냐는 질문에 '스톡데일 패러독스'라고 널리 알려진 답변을 내놓았다.

아, 그건 아주 쉬운 질문입니다. 그들은 낙관주의자였어요. 이를테면 "크리스마스 때까지는 풀려날 거야"라고 말하는 이들 말입니다. 하지만 크리스마스가 다가와도 아무 일도 일어나지 않습니다. 그러면 그들은 또 이렇게 말하지요. "부활절이 되기 전까지는 풀려나겠지." 부활절이 다가오고, 역시 아무 일 없이 지나갑니다. 그다음에는 추수 감사절, 그다음에는 또 크리스마스를 기다립니다. 그러다가 결국 상심을 이기지 못하고 숨을 거두지요. 이것은 아주 중요한 교훈입니다. 끝내 이겨 내고 말리라는 신념—이 신념을 잃으면 완전히 끝입니다—과 가장 가혹한 현실과 맞서는 훈련을 혼동하면 안 됩니다.[7]

옳은 말이다. 낙관적인 사고방식을 가진 사람일수록 포로수용소라는 극단적인 상황을 견딜 확률이 떨어진다. 포로들에겐 전쟁과 석방에 대한 아무런 통제권이 없다. 그런데도 낙관적인 포로들은 임의로 시간표를 만들어 부질없는 희망을 품는다. 누군가가 언제쯤 자신을 구해 줄 거라고 막연하게 기대한다. 하지만 그런 희망은 통제 불가능한 현실에 부딪혀 산산이 부서지고 만다.

낙관적인 포로들은 마음의 경계선 긋기에 실패했다. 포로로 잡힌 상황에서 종전과 석방은 더 이상 그들의 몫이 아니다. 수용소에서 포로가 생존을 위해 해야 하는 일은 따로 있다. 가족과 사랑하는 이들을 언제 다시 만나게 될지 아무도 모른다는 사실을 인정하고, 마음을 더 단단히 먹는 것이다. 이런 현실적인 태도가 얼핏 비관적으로 보일지 모르지만, 끝내 살아남기에 가장 유리한 태도이기도 한다.

스톡데일 중장보다 엄혹한 상황을 겪은 빅터 프랭클의 증언은 이러한 통찰에 한층 깊이를 더해 준다. 나치의 강제 수용소에서 살아남은 프랭클은 정신과 의사이자 《죽음의 수용소에서》[8]라는 저서로 널리 알려진 인물이다. 그는 책에 수용소에서의 경험을 통해 얻은 교훈을 이렇게 적었다. "한 사람의 인간에게서 모든 것을 빼앗아도 한 가지만은 절대 빼앗을 수 없으니, 그것은 주어진 상황에서 어떤 태도를 취할지, 어떤 길을 선택할지를 결정하는 자유다."[9]

수용소에서 펼쳐질 상황은 아무도 모르지만, 그에 대처하는 태도만은 스스로 결정할 수 있다. 이것이 인간이 가진 유일하고도 강력한 마음의 힘이다. 통제할 수 있는 것(마음)과 없는 것(그 외에 모든 것)을 구분할 수 있으면, 쉽게 좌절하지 않으며 웬만한 상황에서도 버틸 수 있다.

빅터 프랭클은 여기서 한발 더 나아간다. 질병이든 자살이든 수용소에서 수많은 죽음을 목격한 그는 끝내 살아남지 못한 포로들의 공통점을 이렇게 적었다. "그들이 목숨을 잃은 진짜 이유는 희망을 포기한 탓이었다."[10] 얼핏 보면 낙관주의가 사형 선고와 다를 바 없다고 본 스톡데일과 정반대의 주장을 펼치는 듯하다. 그러나 프랭클이 말한 희망은 현실에 대한 냉정한 판단을 밑바탕에 깔고 있다. 그는 동료 포로들에게 희망의 중요성을 역설하며 "(살아남을) 가능성을 20분의 1 정도로밖에 보지 않는다"고 말했다. "하지만 그럼에도 불구하고 나는 그들에게 희망을 포기할 생각이 없다고 강조했다. 당장 한 시간 뒤에 무슨 일이 벌어질지 아무도 알지 못하기 때문이다."[11]

프랭클이 강조한 희망은 무조건적인 낙관주의와는 거리가 멀다. 스톡데일이 경계한 '낙관적인' 전쟁 포로들이 자기가 통제하지 못하는 일에 막연한 기대를 걸고 결국 더 깊은 나락으로 빠졌다면, 프랭클은 객관적으로 생존 가능성이 5퍼센트밖에 되지 않는다는 점을 알면서도 상황이 나아질지도 모른다는 희망을 품기로 선택했다. 이것은 미래에 대한 태도를 스스로 결정함으로써, 삶을 통제 가능한 영역으로 끌어

온 매우 능동적이고 적극적인 행동이었다. 그리고 프랭클에게는 이것이 생존의 동력이었다.

통제할 수 있는 일과 없는 일을 구분하고, 통제할 수 있는 일에 최선을 다하라. 이 교훈은 생사가 걸린 극단적인 상황에서만 유용한 것이 아니다. 보통 사람의 일상적인 생활에 적용해도 아주 효과적이다. K. P.의 사례에서 보았듯이 자신의 한계를 확실히 이해하고 나면 자신의 가치를 극대화할 수 있다. 경계를 객관적으로 설정한 후에야 언제, 어디에, 어떻게 집중력을 발휘해야 하는지 깨달을 수 있기 때문이다.

세계적인 기업을 만든 사람의 놀라운 성공 비결

비즈니스 세계에서 이 교훈을 적용해 성공을 거둔 인물 가운데 한 명이 바로 에드 베이커Ed Baker다. 그는 스타트업을 만들어 팬브리지FanBridge와 페이스북에 팔고, 페이스북과 우버의 성장을 주도하는 임원으로 활동했으며, 그 밖의 여러 유망한 신생 기업에서 성장 전략을 조언하는 연쇄 창업가로 활동하고 있다. 그는 회사를 설립하는 일이 석유를 찾기 위한 시추 작업과 비슷하다며 이렇게 말했다.

"많은 경험과 최고의 기술로 무장한 업체라면 석유를 발견할 가능성이 크겠지만, 그들조차도 특정한 유정에서 반드시 석유가 나온다고 100퍼센트 장담하지는 못합니다. 지성과 노력이 큰 역할을 하지만, 운도 무시할 수 없어요."

석유 시추든 스타트업 창업이든, 어디를 공략해야 성공을 거둘지 대략 감을 잡은 사람도 어디부터 어떻게 시작해야 하는지는 정확하게 알지 못한다. 때로는 운이 좋아 대박을 터뜨리는 사람이 있는가 하면, 똑똑하고 부지런한 사람이 허탕을 치기도 한다.

에드는 모든 스타트업의 궁극적인 성공 지표인 '제품-시장 적합성'을 찾아내는 일에도 그와 비슷한 변수가 작용한다고 얘기한다. 전설적인 창업자이자 벤처 투자자인 마크 앤드리슨은 제품-시장 적합성을 "시장이 만족하는 제품을 가지고 좋은 시장에 들어가는 것"[12]이라고 정의한다. 이것이 조금 애매하다고 생각하는 이들은 숫자를 동원하기도 하는데, 예를 들어 제품-시장 적합성을 확보한 제품을 더는 시장에서 살 수 없게 되었을 때 고객의 최소 40퍼센트가 '크게 실망스럽다'는 반응을 보인다는 식이다.[13]

제품-시장 적합성은 크게 두 단계로 나누어 살펴볼 수 있는데, 첫째는 고객 확보이고, 둘째는 확보한 고객을 유지하는 것이다. 첫 번째 단계인 고객 확보에서 가장 효율적인 방법은 '바이럴', 즉 입소문이다. 입소문이 퍼지면 새로운 고객이 다른 새로운 고객을 데려오는 일이 되풀이되기 때문이다. 인터넷 초창기에 바이럴로 가장 성공한 사례가 바로 핫메일이다. 핫메일은 사용자가 핫메일을 통해 전자 우편을 보낼 때 메시지 끝에 '핫메일에서 무료로 이메일을 받으세요'라는 링크를 끼워 넣었다. 모든 이용자가 AOL 같은 업체에서 유료로 전자우편 서비스를 이용하던 시절이라, 핫메일은 이 링크를 통해 2년 동안 50만 달러를 투자해 1200만 명의 사용자를 확보했다.[14] 마이크로소프트가 생긴 지 고작 2년밖에 안 된 핫메일을 무려 4억 달러에 사들인 이유가 바로 이것이다.

그러나 마이크로소프트가 거액을 들여 핫메일을 인수한 이유가 단지 기록적인 성장률 때문만은 아니었다. 더욱 중요한 요소는 일단 확보한 고객을 붙잡아 두는 핫메일의 탁월한 능력이었다. 성공하기 위해서는 새로운 고객을 확보해야 하고, 그렇게 확보한 고객을 붙잡아 둘 수 있어야 한다. 바로 여기가 제품-시장 적합성의 마법이 드러나는 대목이다. 수백만 건의 다운로드를 유도한 앱 가운데 석 달 동안 한 번도 사용하지 않고 방치되는 앱이 95퍼센트를 차지한다.[15] 이렇게 되면 성공적인 비즈니스가 구축되지 않는다.

스스로 여러 비즈니스를 성공으로 이끈 경험을 가진 사업가 출신인 에드 베이커는 어떻게 해야 자신의 제품이 입소문을 타고 퍼져 갈 수 있는지를 알아냈다. 다시 말하면 기록적인 속도로 수백만 명의 신규 사용자를 끌어들이는 방법을 찾아낸 셈이다. 실제로 그의 첫 번째 제품은 수업 시간에 만든 과제물이었다. "수업 첫날, 교수님은 등록한 사용자 숫자에 따라 성적을 매기겠다고 선언했습니다. 우리 제품의 사용자는 출시 5주 만에 1명에서 500만 명으로 늘어났어요." 2500만 명의 사용자를 모은 두 번째 사업은 페이스북에 매각했다. 그러나 에드는 수백만의 사용자를 모으는 것보다 그들을 유지하는 일이 훨씬 더 어려웠다고 털어놓았다.

에드가 처한 상황은 스톡데일 중장이나 빅터 프랭클처럼 자칫하면 목숨을 잃을 만큼 급박하지는 않았지만, 경계를 설정하고 통제할 수 있는 일과 그렇지 않은 일을 구분한 것이 성공에 결정적인 역할을 했다고 단언한다. "제품-시장 적합성을 찾아내기란 절대 쉬운 일이 아니며, 여러 측면에서 운이 작용하기도 합니다. 운은 내가 통제할 수 있는 영역이 아니에요. 페이스북과 우버, 그리고 지금 내가 자문 역할로 참여하는 업체들은 고객의 유치와 유지가 어느 정도 보장된 환경에 있습니다. 덕분에 나는 내가 통제할 수 있고 제일 잘하는 일, 즉 회사의 성장에 전념할 수 있지요."

에드는 자기가 만든 제품이 확실한 제품-시장 적합성에 도달하는지 그렇지 못한지를 통제할 수 없었다. 그러기에는 우연이 너무 많이 개입하기 때문이다. 대신 그는 자신의 성장 전략을 어디에, 어떻게 활용할 것인지는 통제할 수 있었다. 그래서 그는 이미 소기의 적합성을 확보한 업체에 자신의 기술을 적용하는 쪽을 선택했다. 결과가 모든 것을 말해 준다. 에드가 세계 시장에서 페이스북을 성장시키는 일을 맡았을 당시, 미국을 제외한 지역의 사용자는 대략 5억 명 정도였다. 2년 후 그가 페이스북을 떠날 무렵, 그 숫자는 10억 명을 돌파했다. 말하자면 그 당시 유럽 연합의 인구에 해당하는 사용자를 페이스북으로 끌어들인 셈이다.

우버에서 이룬 성과도 놀랍기는 마찬가지다. 에드가 페이스북을 떠나 우버에 합류할 당시만 해도 우버는 연간 운행 건수가 1억 건이 채 되지 않는 비교적 무명의 차량 공유 회사였다. 4년 뒤 에드가 우버를 떠날 무렵에는 이 숫자가 무려 3600퍼센트 증가한 37억 건으로 집계되어 이 회사는 역사상 가장 가치가 높은 스타트업으로 기록되었다.

에드 베이커는 자기가 통제할 수 있는 부분과 그렇지 못한 부분을 구분함으로써 실질적이고 지속적인 변화를 끌어내는 일에 시간과 마음을 집중했다. 이는 본인의 가치를 드높이고 나아가 자신에 대한 다른 사람들의 평가를 최대한으로 끌어올리는 결과로 이어졌다.

●   **바꿀 수 없는 것과 바꿀 수 있는 것을**

                                                 구분하는 게 먼저다

나도 통제할 수 있는 일과 통제할 수 없는 일을 구분하고 포용하는 태도가 발휘하는 효능을 직접 경험했다. 많은 개인이나 기업과 마찬가지로 내 회사 렌티드 역시 코비드-19 팬데믹으로 큰 충격에 사로잡혔다. 다른 업계보다 바이러스의 부정적인 영향이 더 클 수밖에 없는 여행 산업에 포함되는 우리 회사는 일찍이 경험하지 못한 불확실성에 직면했다. 직원, 투자자, 이사, 고객, 심지어는 단순한 호기심에 사로잡힌 많은 사람이 끊임없이 백만 달러짜리 질문을 내게 던졌다. "앞으로 어떻게 될 것 같아요?"

내 대답은 그들의 가려운 데를 긁어 주지는 못했겠지만, 그렇다고 거짓말은 아니었다. 그 질문을 받을 때마다 나는 가능한 한 차분한 목소리로 세 가지 핵심적인 변수를 생각해야 한다고 대답했다.

   1. 감염률

   2. 그에 대한 (연방, 주, 지방) 정부의 대응

   3. 위의 어느 하나, 혹은 둘 모두에 대한 소비자/여행자의 반응

그다음은 바로 결론으로 이어진다. 그 가운데 우리가 통제할 수 있

는 일은 하나도 없다는 사실.

어떤 일이 벌어질 것인가를 고민하느라 시간을 낭비하면, 우리가 통제할 수 있는 일에 초점을 맞추지 못해 실패를 앞당기는 결과를 초래할 뿐이다. 그 대신 나는 우리 팀원들에게 "할 수 있는 일을 해야 한다, 즉 자신의 경계가 어디까지인지를 점검해야 한다"고 강조했다. 위에 언급한 세 가지 핵심이 우리의 통제권을 벗어나는 일이라면, 정작 우리가 통제할 수 있는 일은 무엇인가?

답은 간단하다. 어떻게 고객에게 보답할지, 고객과 어떻게 원활하게 소통할지, 그들의 요구에 얼마나 귀 기울이고 어떻게 화답할지…. 만약 우리가 통제권을 벗어난 일을 두고 고민한다면, 그런 고민은 우리 고객과 우리 자신에게 아무런 가치가 없다. 반면 고객을 위한 우리의 행동은 고객과 우리 모두에게 엄청난 가치를 지닌다.

경계를 파악하고, 철저하게 그 테두리 안에 집중한 덕에 2020년 한해 동안 우리 사업은 놀라운 성과를 거두었다. 코비드-19 때문에 여행이 크게 위축된 상황이었지만, 우리가 신속하게 새로운 제품을 출시하고 하루도 빠짐없이 고객 지원에 최선을 다한 결과, 우리 고객 중에는 그해에 기록적인 수익을 올린 이가 많았다. 우리가 통제할 수 있는 일에 집중하지 않고 앞으로 벌어질 일을 걱정만 하고 있었더라면, 우리 고객에게 당장 필요한 여러 서비스를 제공하지 못했을 것이다. 그랬더라면 우리 회사는 생존조차 위태로워지지 않았을까. 통제할 수 있는 일의 경계를 파악하고 겸허히 받아들인 덕분에 우리는 2020년을 그 어느 때보다도 성공적인 해로 마무리할 수 있었다.

한계를 뛰어넘어
최고의 성과를 거두는 법

경계를 탐색하는 능력은 한계를 인정하는 능력으로 치환되기도 한다. 우리의 통제가 미치지 않는 일에 시간과 열정과 마음을 낭비하기보다, 몸을 잔뜩 웅크리고 우리가 통제할 수 있는 일에 초점을 맞춰야 한다. 1장에서 소개한 K. P.의 사례에서 보듯, 이렇게 해야 우리의 개인적인 가치가 극대화된다.

에드 베이커가 아무리 성실하고 슬기롭게 일했다 해도 처음부터 자기 손으로 모든 것을 만들어 내려 했다면, 결과물이 제품-시장 적합성에 도달하지 못했을지 모른다. 그보다는 불확실성을 최소한으로 줄이고 이미 일정한 고지에 올라선 기업들과 협력함으로써 자신이 통제할 수 있는 일을 장악하고 그에 전념해 지속적으로 뛰어난 성과를 거둘 수 있었다.

어떻게 해야 자신의 경계를 파악하고 한계를 인정한 뒤 통제할 수 있는 영역에서 최고의 성과를 끌어낼 수 있을까? 답은 아주 간단한 단어 하나에 숨어 있다.

REST: 인식(Recognize), 노력(Exert), 중단(Stop), 추적(Track)

통제할 수 있는 일과 그렇지 못한 일을 구분하려면 먼저 경계가 존재한다는 점을 '인식(Recognize)'해야 한다. 너무 당연한 이야기처럼 들릴지도 모르지만, 통제할 수 있는 일에 한계가 존재하며, 그것이 얼마

71

나 제한적인지를 인식하는 단계에 도달하기 위해서는 엄청난 집중력과 포용력이 필요하다.

날씨를 예로 들어 보자. 날씨가 불만스러울 때가 많은가? 날씨가 달라지면 좋겠다고 느낀들, 우리가 할 수 있는 일이 무엇인가? '인식'은 REST 중에서도 가장 중요한 요소다. 불평하지 않는 것, 이것은 절대 사소한 일이 아니다. 진정한 주인이 되는 사고방식에 도달하기 위한 첫걸음이기 때문이다.

다음은 실제로 통제할 수 있는 일을 통제하기 위해 '노력(Exert)'하는 단계다. 이것은 당연히 단 하나의 영역, 즉 우리의 마음에서 시작한다. 통제 가능한 일에 대해서조차 집중하거나 노력하지 않고 인생을 낭비하는 경우가 허다하다. 예를 들어 이 질문을 생각해 보자. 당신은 지금 무슨 생각을 하고 있는가? '이 책'이라고 답하지 말라. 불과 몇 문장 위에서도 당신의 마음은 엉뚱한 곳을 방황하고 있었으니까. 왜 당신은 마음이 한눈을 팔도록 놔두었는가? 당신은 이 책에 시간을 투자하기로 마음먹었다. 무언가가 그 시간을 훔쳐 간다면, 그 이유를 찾아내 적절히 해결한 다음 더는 방해가 되지 않도록 멀찍이 치워 버려야 한다.

이제 REST의 3단계로 넘어갈 차례다. 경계를 인식하고 집중력을 발휘하기 위해 노력했다면, 이제 당신의 통제가 미치지 않는 일에 안달하기를 '중단(Stop)'해야 한다. 거의 쉬지 않고 일어나는 이 일을 어떻게 중단할 수 있을까?

최근에 당신의 마음을 사로잡은 일이 무엇인지 돌아보자. 제일 신경이 쓰였던 일은 무엇인가? 제일 설레었던 일은 무엇인가? 신경 쓰이는 일이나 설레는 일을 생각한다고 해서 실제로 달라진 것이 있는가? 그런 일들을 생각하느라 잃어버린 것은 없는가? 설레는 일이든 신경 쓰이는 일이든, 거기에 마음을 줄지 말지 결정할 사람은 당신 자신밖에 없다. 당신이 가진 힘을 발휘해 쓸데없는 일에 마음을 낭비하는 짓을 중단하라.

이제 그동안의 과정을 '추적(Track)'해 볼 시간이다. 전설적인 경영학자 피터 드러커는 "측정할 수 있는 것은 관리할 수 있다"고 말했다. 마음도 어디에 썼는지를 추적하면 이런 측정과 관리가 가능해진다. 이제부터 당신이 어디에 마음을 썼는지를 매일 기록해 보자. 이 장 끝부분에 소개한 '마음의 추적' 워크시트를 활용해도 된다. 이렇게 순간순간 마음의 활동을 추적하면 당신이 무엇을 얼마나 오랫동안 생각했는지, 또 그러느라 얼마나 큰 에너지를 쏟았는지 감이 잡힌다. 그다음에는 그것이 당신의 의도에 부합하는지, 그래야 할 당위성은 있는지 생각해 보자. 그 결과 새로운 방향성이 드러날지도 모른다.

마지막으로, 추적을 계속하면서 이 장의 끝부분에 소개한 '마음의 관리' 워크시트를 이용해 내일 혹은 다음 주의 목표를 설정해 보자. 이런 목표를 설정하면 두 가지 마술 같은 일이 벌어진다. 첫째, 당신이 정신적 경계선 안에 얼마나 성공적으로 머물러 있는지를 솔직하게 평가할 수 있다. 둘째, 시간이 지날수록 이런 목표 설정과 평가가 축적되면서 당신이 통제할 수 있는 일과 그렇지 않은 일을 더 잘 구분하게 된다. 이렇게 되면 통제할 수 없는 일에 마음을 낭비하는 대신 통제할 수 있는 일에 시간과 관심을 집중함으로써 에픽테토스가 오래전에 얘기한 '내적 평온과 외적 효율'을 경험할 수 있다.

핵심 정리

1   마음을 통제하기 위해서는 통제 가능과 불가능 사이에 명확한 경계가 있음을 이해하고 인정해야 한다.

2   당신이 어디에 마음을 쏠지 강요할 사람은 아무도 없다. 오로지 당신만 결정할 수 있다. 이 강력한 능력을 그냥 포기할지 혹은 온전히 발휘할지는 당신에게 달렸다.

3   경계를 설정하고 유지하기 위해서는 먼저 REST를 확인해야 한다.

   a. Recognize. 통제할 수 있는 일과 그럴 수 없는 일을 인식한다.

   b. Exert. 통제할 수 있는 일을 통제하기 위해 노력한다.

   c. Stop. 통제할 수 없는 일에 집착하지 않는다.

   d. Track. 이 핵심적인 기술이 얼마나 발전했는지 추적한다.

마음의 추적

시간	무엇을 했는가?	무슨 생각을 했는가?
6–7 AM		
7–8 AM		
8–9 AM		
9–10 AM		
10–11 AM		
11 AM–12 PM		
12–1 PM		
1–2 PM		
2–3 PM		
3–4 PM		
4–5 PM		
5–6 PM		

6-7 PM		
7-8 PM		
8-9 PM		
9-10 PM		

마음의 관리

영역	희망 비중 (하루, 한 주 중 희망하는 %)*	실제 비중(%)
ⓔ 업무, 가족, 친구		

* 1장에서 작성한 템플릿을 출발점으로 참조해도 된다.

정말
현명한 사람은
타인의 비판에서
해결책을 찾아낸다

고집과 변덕의 결과는 불안과 불행이다.
이 양극단은 모두 평온의 적이다.
_세네카

"요즘 어떻게 지내?"

친구 키스가 사소한 잡담에 지나지 않는 이 질문을 던졌을 때, 내 마음이 얼마나 설레었는지 짐작조차 못 할 것이다.

"사실은 새 회사를 하나 만들었는데, 지금까지는 아주 잘 돌아가는 중이야."

키스의 한쪽 눈썹이 살짝 올라갔다. 회사 하나 만들 정도의 배짱은 누구한테나 있다고 생각하는 걸까? 그가 낮아진 목소리로 물었다.

"뭐 하는 회산데?"

사람은 누구나 자기 얘기 하기를 제일 좋아하는 법이지만, 회사를 창업한 사람만은 예외다. 그들이 가장 좋아하는 주제는 자기 회사에 관한 모든 것이다. 나는 이 질문이 나오기를 고대했다는 듯 속사포처럼 대답을 늘어놓았다.

"휴양지 임대 시장을 관리하는 회사야."

지금 생각하면 그때 키스의 얼굴에 드러난 떨떠름한 표정은 이 주제에 별로 관심이 없다는 신호였겠지만, 일단 이야기를 시작한 이상 그 무엇도 나를 막지 못했다.

"휴가 가서 하룻밤이나 한 주 정도 숙소를 예약하려는 사람들이 에어비앤비나 브르보Vrbo를 많이 이용하는 건 너도 알지? 내 회사도 그런 데와 비슷한데, 차이가 있다면 집주인 입장에서 연 단위 예약을 한 번에 처리할 수 있다는 점이야. 집주인이 직접 손님에게 숙소를 빌려주는 게 아니라 이듬해 52주 전체를 한 덩어리로 묶어서 임대를 내놓으면 현지의 관리 업체들이 서로 경쟁 입찰을 통해 그 덩어리를 사들이는 방식이지. 업체들은 그 덩어리를 하루나 한 주 단위로 잘라서 에어비앤비나 브르보에 올려. 그렇게 되면 집주인은 1년 내내 꾸준한 수입을 보장받을 수 있고, 전문적인 관리 업체에는 그 숙소를 임대한 가격보다 더 많은 돈을 벌 가능성이 생기거든."

나는 그제야 말을 멈추고 숨을 몰아쉬며 환하게 미소를 지었다. 누가 봤으면 엄청난 퍼포먼스를 마친 뒤 객석의 갈채를 기다리는 거장이라도 되는 줄 알았을 것이다.

"그렇구나." 키스가 말했다. "그런 일을 하는 회사는 이미 있지 않아?"

이 친구는 내가 그런 독창적인 아이디어를 제일 먼저 떠올릴 만큼 똑똑하지 않다고 생각하는 것일까?

"없어!" 나는 자랑스럽게 대답했다. "지금은 모든 관리 업체가 수수료를 받고 일하는 방식인데, 집주인에게는 그런 방식이 너무 번거롭거든. 다들 에어비앤비나 브르보에 관리 업무까지 맡기고 싶어 하는 이유가 바로 그거라고."

키스의 질문이 이어졌다. "관리 업체들이 수수료를 받고 일하는 방식이면 집주인에게서 받는 일정 금액이 보장된다는 뜻인데, 굳이 재정적인 위험을 감수할 이유가 있을까?"

'옳거니, 조금 전에는 그런 일을 하는 회사가 이미 수백 군데는 될 만큼 내 아이디어가 독창적이지 않다고 생각하더니, 이제 그런 형편없는 아이디어를 실행에 옮길 만큼 멍청한 사람이 누가 있겠냐는 거지?' 하지만 내 머릿속에는 이미 명쾌한 대답이 준비되어 있었다.

"두 가지 이유가 있어. 첫째, 어느 숙소에서 최대한의 수익을 끌어낼 능력을 갖춘 최고의 관리자들은 내 방식대로 하는 쪽을 택했을 때 기존의 수수료 방식을 고수할 때보다 훨씬 많은 수익을 낼 수 있어. 게다가 집주인들은 꾸준한 수입이 보장되니 임대료를 대폭 할인해 줘도 아무 불만이 없다고."

"그럼 두 번째 이유는?" 키스가 물었다.

"선택의 여지가 없기 때문이지." 나는 자랑스러운 목소리로 대답했다. "모든 집주인이 이런 방식 아니면 임대를 내놓지 않겠다고 하면, 아무리 유능한 관리 업체라 해도 이 업계에서 버텨 내지 못할 테니까."

"그럼 너는 왜 아직 아무도 이런 사업을 시도하지 않았다고 생각하는 거야?" 키스가 물었다.

'알 만해, 키스. 지금 질투하는 거지? 어떻게든 나와 내 아이디어를 깎아내리고 싶은 마음인 거 잘 알겠어.' 속으로 이렇게 생각하면서, 나는 이번에도 준비된 대답을 꺼내 놓았다.

"시장이 아직 성숙하지 않았기 때문이야. 온라인 예약 사이트가 생기기 전에는 집주인들도 수수료를 받는 관리 업체를 찾는 것 말고는 대안이 없었어. 하지만 이제는 집주인들이 이런 사이트에다 직접 자기집을 올리면 되니까 관리 업체들이 할 일이 없잖아. 그러니 어떻게든 자기와 손을 잡도록 집주인을 설득해야 하는 입장이거든. 지금은 집주인들의 힘이 훨씬 커졌고, 내 회사도 거기에 한몫하는 셈이야."

나는 이 정도로 마무리하자는 표정으로 말을 마쳤다. 키스는 무심히 고개를 끄덕였고, 대화 주제는 가을 날씨와 축구 이야기로 넘어갔다. 어쩌면 키스는 처음부터 이런 이야기를 원했을지도 모른다. 비즈니스에 대한 걱정과 방어적인 태도가 키스의 중립적인 질문을 비판과 비난으로 왜곡해 듣게 했는지도 모른다는 뜻이다.

●
논쟁에서 이기고
비즈니스에서 실패하는 사람들의 특징

살다 보면 누구나 비판적인 사람들과 마주치기 마련이다. 뭔가 중요하고 의미 있는 일을 하려 할수록 비판이 쏟아질 때가 많다. 그들 중에는 질투심이나 두려움 때문에 그러는 이들도 있고, 심지어 남을 깔아뭉개는 것 말고는 할 줄 아는 일이 하나도 없기 때문에 그러는 사람들도 있다.

회사를 창업하는 과정에서 나 역시 온갖 비판에 직면했다. 그래서 나는 키스를 비롯한 여러 사람을 상대로 열심히 방어막을 쳤다. 그러지 않으면 내 꿈과 야심이 훼손될 것만 같았다. 여러분도 그런 순간을 경험했으리라 생각한다. 심지어 우리는 그렇게 해야 한다고 배우기까지 했다. 이런 교훈을 전하는 제일 유명한 인용문은 시어도어 루스벨트 대통령의 연설 가운데 일부일 것이다.

중요한 것은 비판하는 사람이 아닙니다. 강한 사람을 가리키며 그가 어떻게 비틀거렸는지, 어떻게 하면 더 잘할 수 있었는지를 지적하는 이들은 중요하지 않습니다. 실제로 경기장에 들어가 먼지와 땀과 피가 얼룩진 얼굴로 용감히 싸우는 사람, 실수를 저지르고 부족함을 드러내면서도 굴하지 않고 노력하는 사람이 중요합니다. 승리도 패배도 알지 못하는 냉담하고 소심한 사람들은, 최악의 경우 실패하더라도 끝까지 포기하지 않는 사람의 자리를 결코 대신하지 못합니다.

이 시대의 철학자라 불릴 만한 래퍼 겸 사업가 제이지는 이런 감정을 좀 더 간결하게 표현한다. "빌어먹을 비평가들, 내 똥구멍이나 핥아라! 내 가사가 마음에 들지 않으면 빨리 감기를 하든지."[16]

그러나 이런 식으로 비평가를 대하다가는 기회를 놓치기 십상이다. 내가 한때 그랬듯이, 선물을 제 발로 걸어차는 격이다. 그렇다, 비판은 선물이다. 마르쿠스 아우렐리우스는 《명상록》에 이렇게 썼다. "누가 나를 논박하면, 내가 실수를 저지르거나 내 관점이 잘못되었음을 입증하면, 나는 기꺼이 변할 것이다. 그것이 내가 추구하는 진실이며, 그 누구도 다치게 하지 않는 진실이다. 우리를 다치게 하는 것은 자기기만과 무지를 고집하는 태도다."

나는 키스와 나눈 이런 대화를 일종의 재치 싸움으로 치부할 때가 많았다. 심지어 나에게 뭔가 유리한 제안을 하는 사람을 대할 때조차 그가 내 영역을 침범하지 못하도록 울타리를 세우곤 했다. 내 딴에는 나만의 경계를 확실히 세운다는 생각이었을 것이다. 하지만 그러한 태도가 난공불락의 담벼락을 쌓았다. 만약 일찌감치 건설적인 피드백이 드나들 대문을 만들었다면, 몇 년이라는 시간과 막대한 투자금을 날리지 않고도 회사의 한계를 파악했을 텐데…. 그때는 아우렐리우스 황제처럼 진실을 추구하기보다 내가 옳다는 걸 입증하고 싶은 욕심이 더 컸다. 더 나은 답을 얻기보다는 논쟁에서 이기는 것이 목표였다. 그러다 보니 깨달음에 한계가 생기고, 사업 성공을 위해 내가 할 수 있는 일에도 한계가 생길 수밖에 없었다. 내 생각이 틀렸음을 일깨워 줄 사람들의 조언에 조금도 귀를 기울이지 않았기 때문이다. 사실 내 아이디어 자체는 그리 나쁘지 않았다. 실제로 어느 정도 먹혀들기도 했다. 단지 내가 나 자신을 속여 가면서까지 믿고 싶었던 만큼 대단한 아이디어가 아니었을 뿐이었다.

비판적인 견해를 귀담아들으라고 해서 반드시 그들의 말을 100퍼센트 사실로 받아들이고 자기 의심의 늪에 빠져들라는 뜻은 아니다. 또 아무 생각 없이 그들이 하라는 대로 따라 하며 마음의 주인 자리를 내주라는 뜻도 아니다. 나는 그보다 훨씬 더 좋은 대안을 발견했다. 우리에게는 어떤 의견을 받아들이고 취할지 스스로 선택할 힘이 있다. 스스로 마음의 주인이 되면 대문을 언제, 어떻게 열지를 결정할 수 있다. 다시 말해 언제, 어떻게 경계를 확장하고, 배움과 성장을 통해 잠재력을 키워 갈지 능동적으로 선택할 수 있다.

내가 진심으로 사람들의 비판에 귀 기울이고 조언을 받아들였더라면, 더 빨리 더 나은 답을 찾아냈을지도 모른다. 그랬더라면 비즈니스가 애초에 상상하던 양상과 다르다는 점을 일찍 깨달았을 것이다. 어쩌면 비판자들의 견해가 틀렸음을 입증하기 위해 발버둥 치는 대신, 좀 더 나은 결과를 위해 할 수 있는 일에 시간과 에너지를 집중할 수 있었을지도 모른다.

●   자신이 틀릴 수도 있음을 인정하는
            용기가 이끄는 엄청난 변화

비판에 민감한 반응을 보이는 사람은 나 혼자만이 아니다. 그런 태도에 이름까지 붙을 정도로 보편적인데, 이른바 '확증 편향'이 그것이다. 위키피디아에 따르면 확증 편향은 '자기가 원래 가지고 있던 믿음이나 가치를 확인하고 지지하는 정보를 검색하고, 선호하고, 기억하며, 해석하는 경향'이다. 생각해 보라. 논쟁에서 당신 생각이 옳음을 증명하고 싶을 때, 당신의 구글 검색은 어떤 양상을 보이는가? 정말로 객관적인 진실을 찾기 위한 검색인가, 아니면 논쟁에서 승리하기 위해 당신의 견해를 지지해 줄 증거를 찾는 검색인가?

여기서 '승리'란 무엇을 의미할까? 비판적인 사람과 대화할 때, 어떻게 해야 당신이 승리했다는 소리를 들을 수 있을까? 실제로 당신이 틀렸고, 당신이 그 사실을 깨닫도록 도우려던 사람이 두 손을 들어 버리면, 궁극적으로 제일 손해를 보는 사람은 누구일까? 우리는 종종 자기가 틀린 줄 알면서도 끝까지 밀어붙이는 일관성을 높이 평가한다. 변덕쟁이라는 소리를 태생적으로 두려워한다. 이런 꼬리표 때문에 앞날이 창창하던 정치인이 몰락하는 사례도 흔히 목격한다.

스토아 철학자들은 반대로 일관성보다는 진실을 앞세워야 한다고 조언한다. 반대의 증거가 제시되었을 때조차 일관성을 유지하려는 고집은 잘못된 사고방식에 마음이 종속되는 결과를 초래할 뿐이다. 그런 잘못을 바로잡는 유일한 방법은 자신의 비판이든 타인의 비판이든, 비판의 목소리에 귀를 기울이는 것밖에 없다. 경제학자 존 메이너드 케인스는 변덕이 심하다는 비난을 접하자 "정보가 변하면 내 생각도 바뀝니다. 여러분은 어떤가요?"라는 유명한 말을 남겼다.

...

미국 대법원의 존 마셜 할런John Marshall Harlan 판사는 진실을 마주하고 입장을 바꾼 놀라운 사례를 남겼다. 그는 1896년 '플레시 대 퍼거슨' 재판에서 유일하게 반대표를 던진 인물로 유명하다.

이 사건은 1892년 제화공이자 시민운동가 호머 플레시가 백인이 아니라는 이유로 일등칸에서 쫓겨난 일에서 시작됐다. 플레시는 흑인칸으로 이동하라는 차장의 명령을 묵살했다가 체포되어 벌금형을 선고받았다. 하지만 그는 계속 항소했고, 이 사건은 연방 대법원까지 올라갔다. 재판의 핵심은 '모든 시민은 동등한 보호를 받아야 한다'는 미국의 수정 헌법을 어떻게 해석할 것인가였다. 최종심에서 연방 대법관들은 7대 1로 플레시의 반대편에 선 퍼거슨의 손을 들어 주며, 수정 헌법을 '동등하지만 분리한다'로 해석했다. 즉 유색인종에게 별개의 시설을 제공하되 평등한 것이어야 한다는 뜻으로, 미국 전역의 인종 차별 정책에 합헌 판결을 내린 셈이었다. 그리고 이 분리 정책은 이후 반세기 동안이나 미국 사회를 지배했다. 그런 점에서 이것이 자유주(남북전쟁 이전부터 노예를 쓰지 않았던 주)에서조차 노예 제도를 인정한 1857년의 '드레드 스콧 판결'과 함께 '역대 최악의 대법원 판결' 목록에 단골로 올라가는 것도 놀라운 일은 아니다.

할런 판사는 이 판결에서 소수 의견을 내며 이렇게 말했다. "헌법과 법의 정신에 비춰 볼 때 이 나라에는 우월하거나 지배적인 계급이 존재하지 않는다. 특권 계급 역시 마찬가지다. 우리의 헌법은 피부 색깔을 따지지 않으며, 계급을 알지도, 용인하지도 않는다. 인권의 측면에서 모든 국민은 법 앞에 평등하다."[17] 지금의 관점으로는 너무 당연하고 정당한 이 말이 당시의 상황에서는 위험을 불러올 수도 있는 의견이었다. 더욱이 할런은 노예 제도를 옹호했던 켄터키주의 가문 출신이었고, 그 역시 오랫동안 백인의 우월성과 노예 제도의 합법성을 주장해 왔다. 그러나 남북전쟁 이후 재건시대에 아프리카계 미국인을 향해 무자비한 폭력이 자행되는 현실을 목격한 뒤, 깨달음을 얻어 생각을 바꾸고 한 사람의 인간으로 성장했다.

나이가 들어 더 많은 경험과 지혜가 쌓인 뒤에 할런은 이렇게 말했다. "이 나이가 되고서야 나는 지금까지 지구상에 존재한 가장 완벽한 독재가 노예 제도라고 선언할 용기를 얻었다. (……) 노예 제도에 관해서는 양극단의 선택밖에 없었다. (반대해서) 죽음을 받아들이거나, 혹은 (찬성해서) 조공을 바치는 수밖에 없었다. (……) 노예 제도는 타협을 모르고, 중도를 용납하지 않는다. 그런 제도가 없어져서 기쁘다." 그런 그에게 변절자라는 낙인이 찍힌 것도 놀라운 일은 아니지만, 그는 기꺼이 그것을 받아들였다. "소신을 지키기보다는 옳은 쪽을 선택했다고 해 두자."[18]

할런 판사에게는 주변 사람들과 의견을 함께하는 쪽이 훨씬 쉬웠을 것이다. 가족, 이웃, 정당 심지어 대법원의 동료 판사들에 이르기까지, 주위의 모든 사람이 할런이 원래 가지고 있던 소신을 지지할 준비가 되어 있었다. 그런 사람들을 적으로 돌려 맞서 싸우고 논쟁을 벌이기가 얼마나 어렵고 힘들었을까. 하지만 할런은 그저 기존의 소신을 유지하는 대신 진실을 추구하는 일에 생애를 바쳤다. 그 진실이 자신을 비판하는 사람들의 주장을 뒷받침하는 쪽으로 작용할 때조차도 그런 태도를 버리지 않았다. 그리고 그가 세상을 떠난 지 100년도 더 지난 지금, 그의 진실 추구가 세상을 얼마나 바꾸어 놨는지 돌아보면 그의 결심과 행동에 찬탄을 보내지 않을 수가 없다.

그럼에도 현실을 살아가는 우리에게 소신과 비판 사이에서 건강하게 균형을 잡기란 여간 까다로운 문제가 아닐 수 없다. 무엇이 소신이고, 무엇이 고집이며, 무엇이 생산적인 비판이고, 무엇이 악의적인 비난일까? 어떻게 해야 아무 도움도 되지 않는 악의적인 비난에 낙담하는 대신, 생산적인 비판을 통해 힘을 얻을 수 있을까? 이때 도움이 되는 기준은 최대한의 성과다. 비판을 뾰족하게 들으면 비난이 되어 소모적인 논쟁으로 이어지기 쉽지만, 문제 해결 차원에서 담백하게 검토하면 새로운 해법이 되어 주기도 한다. 그리고 비판을 성과의 거름으로 삼을 줄 아는 능력은 내가 캣 콜Kat Cole에게서 배운 것이기도 하다.

● 　　　　　　　　　　　　감정을 싣지 않고 들으면
　　　　　　　　　　　　비판은 최고의 피드백이 된다

플로리다주 잭슨빌의 레스토랑 후터스에서 손님을 맞이하는 일로 사회에 첫발을 들인 캣 콜은 2017년에 5000여 개의 매장을 운영하는 요식업계의 큰손 포커스 브랜즈Focus Brands(현재 고투 푸드Goto Food로 사명 변경)의 대표 겸 최고 운영 책임자가 되어 모스 사우스웨스트 그릴, 잠바 주스, 시나본 같은 대형 레스토랑 체인을 운영하는 자리까지 올랐다. 그는 그런 가파른 수직 상승의 결정적인 요인으로 남들의 비판을 적절히 활용하는 능력을 꼽는다.

"저는 열여덟 살이 되면서 손님을 맞이하는 후터스걸에서 음식을 나르는 서버로 보직을 옮겼어요. 레스토랑만큼 손님의 비판이 비처럼 우수수 쏟아지는 업계도 없죠."

캣은 서버들이 음식을 손님의 테이블에 내려놓고 그냥 가 버리는 바람에 문제가 생기는 경우가 많다는 점을 알게 되었다. 그래서 그는 '두 입 혹은 2분'이라는 원칙을 몸에 익히려고 심혈을 기울였다. 이것은 손님이 두 입을 먹고 난 뒤, 혹은 음식을 가져다주고 2분 뒤에 다시 그 테이블을 찾아가 상황을 확인해야 한다는 원칙이다. 다른 서버들도 음식을 내려놓자마자 "주문하신 거 다 나왔죠?"라고 물어보기는 하는

데, 그때는 손님들도 미처 메뉴가 전부 나왔는지 아닌지를 확실히 알지 못해서 그냥 그런 것 같다고 대답하고 만다. 그러고 나서 두 입 혹은 2분 뒤에 서버가 다시 와서 상황을 확인하지 않으면 손님은 불만이 있어도 표현하기가 번거로워지고, 이런 상황은 팁의 액수에도 영향을 미친다.

캣은 회고는 이렇게 이어진다. "손님이 요구할 때까지 기다려서는 안 된다는 점을 깨달았어요. '두 입 혹은 2분 뒤'의 반응을 수동적으로 기다릴 게 아니라, 내가 먼저 능동적으로 질문하는 쪽이 낫다는 생각이 들었어요. 이를테면 음식이 처음 나갈 때 '케첩 더 필요하세요? 닭날개 뼈를 담을 빈 그릇은 필요하지 않으세요?' 하고 묻는 식이죠. 손님들은 한 달에 한 번 정도 우리 가게를 찾을 뿐이어서 뭐가 필요한지 잘 알지 못하지만, 저는 매일같이 그런 손님을 수도 없이 상대해요. 때로는 그들에게 무엇이 필요한지 제가 더 잘 아는 경우도 있고요."

능동적인 자세로 무장한 캣은 효율적으로 맡은 일을 해냈을 뿐만 아니라, 거기서 절약한 시간을 활용해 더 큰 성과를 내기 시작했다.

"가게가 유난히 한가한 날이었어요. 손님이 굴을 주문했는데, 제가 아예 장갑을 준비해 가 원하시면 껍질을 까 드리겠다고 제안했죠. 손님 얼굴에 감동한 표정이 역력하더라고요."

손님은 캣의 서비스에 감동했고, 캣은 그들이 남긴 팁에 감동했다. 그리고 여유 시간을 이용해 굴 껍질을 까 주거나 대게 살을 발라 주면 흥미로운 연쇄 효과가 생긴다는 점을 깨달았다. 굴이나 게살만으로 배를 채우기는 쉽지 않으니, 캣이 껍질을 빨리 까면 깔수록 손님들의 추가 주문도 늘어났던 것이다. 늘어나는 계산서와 함께 그가 받는 팁도 두둑해졌다.

열아홉 살 무렵 캣은 또 한 번 변신을 시도했다. 후터스의 해외 매장을 개척하는 임무를 띠고 세계 곳곳으로 파견을 나간 것이다. 호주 시드니와 올랜도에서 활동한 뒤에는 팀장으로 승진해 바하마의 나소와 아르헨티나에서 새 매장을 준비하는 팀을 이끌었다. 그는 남미에서 비판과 관련해 아주 중요한 교훈을 하나 배웠다고 한다.

"프랜차이즈 사업을 할 때는 세계 곳곳 어느 매장에 가도 똑같이 분위기와 맛을 즐길 수 있어야 합니다. 공통점이 중요하죠. 하지만 새로운 시장에서 성공하려면 현지인의 입맛을 반영하기도 해야 해요. 저는 아르헨티나에서 정신이 번쩍 드는 경험을 하고서야 이런 교훈을 깨달았어요."

부에노스아이레스에서 새 매장을 열 준비를 하며 요리사들을 훈련시킬 때의 일이었다.

"주방에 필요한 모든 물품을 준비하고 요리사들을 훈련시키는데, 그들이 고기의 품질에 문제를 제기하더군요. '여기는 세계에서 소고기가 가장 유명한 도시입니다. 아르헨티나 사람들에게 미에르다(똥)를 내놓을 수는 없잖아요.'"

캣은 그들의 말에 귀를 기울였다. 재료를 교체하는 정도는 불가능하지도 않았고, 전례가 없는 일도 아니었다.

"더 좋은 스테이크를 주문하겠다고 했는데도 그들은 만족하지 않았어요. '이런 항공 모함 같은 그릴로는 스테이크를 제대로 구울 수가 없어요. 진짜 불판이 필요합니다.' 그 말을 듣고는 정말로 걱정이 됐어요. 점주는 우리가 요구한 모든 장비를 사들였는데, 이제 와서 그건 쓸모가 없으니 다른 장비를 준비하라고 말해야 하는 상황이었거든요. 점주가 이런 상황을 어떻게 받아들일지 너무 걱정스러웠죠."

그러나 캣은 걱정만 하고 앉아 있지 않았다. 얼른 점주와 회의를 잡는 한편, 본사의 지원팀과 협의해 대책을 마련했다. 그런데 그는 이 회의에서 평생 잊지 못할 조언을 얻었다고 한다.

점주는 예상대로 썩 반가운 기색은 아니었지만, 캣이 설명한 문제의 원인과 해결 방안에 동의했다. 아울러 그는 헤어지기 전에 한 가지 조언을 들려주었다.

"누군가로부터 비판을 받으면, 일단 그 비판이 옳다고 가정하세요. 대응책과 해결책을 준비하는 것은 그다음에 할 일입니다. 그렇게 하지 않으면 뭐가 옳은지를 놓고 논쟁하느라 시간만 허비하게 되니까요."

그는 말을 이었다. "모든 비판에는 비록 눈곱만큼일지라도 진실이 담겨 있어요. 아무 결론도 나지 않을 논쟁에 휘말리지만 않으면 눈곱만큼의 진실을 알아내 금세 해결책을 찾아낼 수 있습니다."

캣은 직장 생활을 하는 내내 이 조언을 가슴에 새겼다. 그는 이렇게 강조했다. "비판을 받아들이는 겸손, 그에 따라 행동할 용기, 이보다 더 중요한 것은 없습니다."

이후 캣은 비판을 훨씬 편안하게 받아들였을 뿐만 아니라, 적극적으로 그것을 찾아 나서기까지 했다. 매장에서의 실적을 인정받아 본사로 자리를 옮겼을 때, 그는 한 가지 문제에 직면했다. 레스토랑에서 일하던 시절과 달리 손님들로부터 즉각적이고 다면적인 피드백을 받기가 힘들었던 것이다.

"레스토랑에서는 주문한 음식을 테이블에 내려놓는 순간, 그들의 표정만 봐도 많은 것을 알 수 있지요. 하지만 회사에 들어오니 1년에 네 번, 분기별 점검 때가 아니면 좀처럼 피드백을 확인할 기회가 없었어요. 내가 잘하고 있는지, 어떻게 해야 점점 발전할 수 있을지를 알기가 너무 힘들었죠."

힘들어도 불가능하지는 않았다. 이제 레스토랑에서 힘들게 일하던 시절은 지났지만, 현장의 의견이 얼마나 중요한지를 잘 아는 그는 고객의 목소리를 직접 들을 수 있도록 업무 프로세스를 개선했다.

"새로운 메뉴를 개발할 때나 업무 지침, 직원 교육 지침 같은 것을 만들 때도 처음부터 일선 레스토랑으로 가져가 테스트하는 과정을 거쳤습니다. 현장의 반응을 내 눈과 귀로 직접 확인하기 위해서였죠."

캣은 지금도 현장의 생생하고 구체적인 피드백을 듣는 일에 많은 정성을 기울인다. "시간이 꽤 오래 걸렸어요. 갑자기 회사로 자리를 옮긴 탓이기도 했죠. 토요일 밤까지 레스토랑에서 서빙을 하다가 월요일에는 회사로 출근해야 했으니까요. 현장 근무를 할 때는 일 자체가 곧 피드백이라 해도 과언이 아니었어요. 회사로 옮기고 나니 피드백을 얻으려고 의도적으로 직접 뛰어다니며 노력을 기울여야 했죠. 쉬운 일은 아니었지만, 그만한 가치가 있습니다."

●　　　　　　　　　그럼에도 남들의 비판이
　　　　　　　두려운 사람들을 위한 5가지 방법

누구나 비판을 부담스러워한다. 심지어 두려워하기도 한다. 하지만 누구도 비판을 완벽히 피할 수는 없다. "비판을 받아들이지 못하는 사람은 새롭거나 흥미로운 일을 아예 하지 말아야 한다." 제프 베이조스의 말이다. 살아가면서 그런 일을 기꺼이 포기할 사람이 누가 있을까? 적어도 당신은 아닐 것이다.

비판에 직면했을 때 가장 힘든 점이 무엇일까? 나에게는 비판이 행동으로 이어져야 한다는 점이 그렇다. 비판을 받으면 그와 관련해 무언가를 해야 한다. 내 고객 가운데 한 사람이 나에게 이렇게 말한 적이 있다. "당신과 당신 직원들은 단지 내 반응을 확인하려고만 하지 않는 듯합니다. 그 정도는 누구나 하니까요. 내가 가장 마음에 드는 부분은 당신이 나의 반응에 따라 '행동'을 하려 한다는 점이에요. 그게 얼마나 드문 사례인지 당신은 아마 잘 모를 겁니다." 모든 피드백은 행동으로 연결될 때에야 더 나은 성과를 위한 동력이 된다.

그래서 나는 비판을 수용하고, 처리하고, 그에 따라 행동하는 5단계의 프로세스를 고안했다. 그리고 각 단계의 앞 글자를 따 'TRIED'라는 이름을 붙였다.

TRIED: 뜸 들이기(Take time), 숙고하기(Reflect), 확인하기(Identify), 반추하기(Echo), 실행하기(Deliver)

누군가로부터 비판을 받았을 때 제일 먼저 해야 할 일은 '뜸 들이기(Take time)'다. 흔히 비판이 날아들면 기분이 상하고 저절로 방어벽부터 올라가기 마련이다. 안타깝지만 이것이 거의 모든 사람에게 장착된 기본값이다. 하지만 이것이 자연스러운 출발점일지는 몰라도 종착

점이 되어서는 곤란하다. 비판이 들어오면 일단 뜸을 들이며 반사적인 반응이 가라앉기를 기다린 다음, 그 비판에 어떤 선물이 들어 있는지 판단하고 받아들이는 쪽이 현명하다.

이렇게 잠시 뜸을 들인 뒤에는, 그 비판을 차분히 '숙고(Reflect)'하는 단계가 이어져야 한다. 상대방이 무슨 말을 했는가? 무엇을 의도한 비판인가? 그가 말하지 않은 내용은 무엇인가? 이 모든 정보는 다음 단계로 옮겨 가는 근거로 작용한다.

숙고가 끝나면 세 번째 단계, 즉 이 비판의 어느 부분은 받아들일 가치가 있고 어느 부분은 그렇지 않은지를 '확인(Identify)'하는 단계로 넘어갈 준비가 된 셈이다. 캣이 들려주었듯이 모든 비판에는 눈곱만큼이라도 진실이 들어 있다. 듣고 싶지 않더라도 뜸을 들이고 숙고하며, 지금 상황에서 그 눈곱만큼의 진실이 나에게 도움이 되는지를 확인해야 한다. 이것은 우리를 비판하는 사람과 그가 하는 말에 우리의 시간과 집중을 어느 정도나 내줄지를 결정할 중요한 근거가 된다.

이제 당신이 받은 비판을 다시 한번 숙고하며 '반추(Echo)'하는 네 번째 단계로 넘어갈 차례다. 우리가 확인한 눈곱만큼의 진실에 초점을 맞추어 마지막 단계로 넘어가는 데 도움이 될 만한 추가 정보나 세부 사항, 지침 등을 추린다.

마지막 다섯 번째 단계는 '실행(Deliver)'하기다. 비판이라는 선물의 포장을 풀고, 그에 대처하는 행동을 실행에 옮겨, 그 비판 속에 들어·있는 눈곱만큼의(혹은 그보다 큰) 진실을 최대한 활용할 때 진정한 마법이 완성된다.

남의 비판을 우리에게 유리한 쪽으로 활용하는 과정은 반드시 쉽지만은 않으며 때로는 시간이 걸리기도 한다. 하지만 그런 과정을 되풀이할수록, 우리의 성장을 가로막는 장애물로 작용하는 본능적인 방어벽을 대신할 제2의 본성이 뿌리를 내린다. 1장과 2장에서 K. P.와 에드가 보여 주었듯이, 타인의 낮은 평가로부터 자신의 가치를 지키고, 할 수 있는 일과 할 수 없는 일의 경계를 가려내는 것은 아주 중요하다. 하지만 캣의 사례를 통해 알 수 있듯이 지나치게 경직된 경계와 장벽은 성숙과 성장에 외려 방해가 될 수도 있다.

핵심 정리

1 비판자는 언제나, 어디에나 존재한다.

2 비판자에게 발목을 잡히지 않는 것도 중요하지만, 비판을 통해 얻을 수 있는 성장의 기회를 놓치지 않는 것 역시 중요하다.

3 비판이라는 선물을 최대한 활용하려면 TRIED 프레임워크를 시도하라.

   a. Take time. 피드백을 받으면 곧바로 대응하지 말고 뜸을 들여 처리한다.

   b. Reflect. 상대의 비판을 숙고한다.

   c. Identify. 비판 속에 들어 있는 진실을 찾아낸다.

   d. Echo. 비판을 반추해 추가적인 세부 사항을 가려낸다.

   e. Deliver. 필요한 변화를 실천에 옮긴다.

TRIED 워크시트

뜸 들이기
언제 피드백을 받았는가? 본능적인 방어벽을 해제했는가?

숙고
비판을 각각의 요소로 분해한다.

- 칭찬도 포함되는가?

- 구체적으로 무엇을 비판했는가?

- 왜 그들은 그 비판이 진실이라고 생각하
  는가? 그들의 관점에서 바라보라.

확인
어떤 진실이 포함되어 있는가?

반추
진실에 초점을 맞추어 대응책을 적어 본다. 그들은 무엇을 생략하고 무엇을 명확
하게 해 주었는가?

실행
이제 대응을 시작하라!

PART 2

2300년 이어 온
철학에서 배우다

: 결국 잘되는 사람들의 태도

인생
망하기 직전에

깨달은
한 가지

인생은 춤보다는 레슬링에 더 가깝다.
인생 역시 불의의 공격에 대비하여
견실하고 경계하는 자세를 요구하기 때문이다.
_아우렐리우스

걱정에 사로잡힐 때가 있다. 일이 한번 삐그덕댔을 뿐인데, 나쁜 일이
줄줄이 일어날 것만 같은 좋지 않은 예감이 든다. 그런 불안은 실체와
관계없이 저 혼자 쑥쑥 자라다가 마침내 마음과 정신을 압도하기에
이른다. 이 지경이 되면 진짜 문제는 걱정거리 그 자체가 아니라 걱정
하는 그 마음이다.

걱정에 사로잡히면 문제 해결에 집중하지 못하고 요행을 바라기가
쉽다. 걱정하느라 에너지를 전부 소모했기 때문이다. 그들은 기적이 일
어나기를, 최소한 최악의 상황만은 피해 가기를 빈다. 때로는 문제 자
체로부터 도피하고자 온종일 뉴스 속보만 들여다보거나, 소셜 미디어

에서 벌어지는 논쟁에 가세하고, 스포츠 경기에 몰두한다. 중요한 일을 앞두고 드라마 정주행에 빠진 경험이 우리 모두에게 한 번쯤 있지 않은가.

하지만 딴 데 정신을 팔고, 헛된 기대를 품은들 문제는 저절로 해결되지 않는다. 문제를 대하는 현명한 자세는 단 하나다. 문제가 일어나지 않도록 철저히 대비하고, 그래도 문제가 생기면 피해를 최소화하기 위해 노력하는 것. 나도 상당한 시간 동안 아주 고통스러운 과정을 겪으며 이 교훈을 깨달았다.

●　　　　　　　　　　　　　　　도대체 나는 무엇이
　　　　　　　　　　　　　　그렇게도 두려웠던 걸까?

창업 5년째의 어느 날, 나는 눈을 뜨고 있기조차 힘들었다. 사흘 연속 밤잠을 설쳤고, 기력은 전부 소진된 것 같았다. 회의에 들어가서도 좀비처럼 앉아 있을 뿐, 생각다운 생각을 하지 못했다. 그날 아침에는 딸을 학교에 데려다주려고 운전석에 앉았는데, 얼빠진 사람처럼 넋을 놓고 있다가 딸이 몇 번이나 "아빠!" 하고 소리쳐 부르는 바람에 겨우 정신을 차렸다. 머리로는 어떤 인생을 살고 싶은지 안다고 자부했지만, 어느 모로 보나 그것을 하나도 실행에 옮기지 못하는 처지였다.

내가 어쩌다가 이런 나락에 빠지게 되었을까? 몇 달 전만 해도 온통 장밋빛으로만 보이던 사업이 지금은 망하기 직전이었다. 하늘이 두 쪽 나도 깨질 리 없다고 믿었던 계약이 하루아침에 무산됐기 때문이다.

회사의 현금 흐름은 걷잡을 수 없이 악화되었고, 투자자들도 인내심을 잃기 시작했다. 악몽 같은 시나리오가 현실로 다가왔다. 오랫동안 정성 들여 쌓은 탑이 허무하게 무너져 내렸고, 그것은 모두 내 잘못이었다.

세네카는 친구 루킬리우스에게 건넨 편지에서 이렇게 조언했다.

한 번이라도 불운을 미리 생각한 사람이라면, 정작 그 불운이 닥쳐도 크게 타격을 입지 않는다. 커다란 고난이라고 생각했던 일들에 익숙해지고 나면, 그것에 용감하게 대처할 수 있게 되기 때문이다. 하지만 행운을 믿는 바보 같은 사람에게는 모든 사건이 '난데없이, 갑작스럽게' 일어난다. 미숙한 사람은 모든 불운을 견딜 수 없는 우연으로 치부한다.

현명한 사람은 남들이 겨우 힘들게 견뎌 내는 불운을 기나긴 사색으로 견딤으로써 시련에 적응한다.

내 딴에는 스토아 철학을 열심히 공부했다고 생각했는데, 세네카의 조언에 따르기에는 터무니없이 부족했다. 내가 좀 더 현명했더라면 계약이 취소되기 전에 그럴 경우를 예측하고 미리 대처했을 것이다. 위기를 '난데없고 갑작스럽게' 맞은 통에 회사와 나는 심각한 두려움에 휩싸이고 말았다.

그런데 내가 잠도 못 잘 만큼 무거운 압박감에 짓눌린 이유는 이미 일어난 일에 대한 두려움 때문만은 아니었다. 가장 큰 걱정거리는 앞으로 일어날 일에 대한 것이었다. 그 점을 깨닫고 나니, 내가 지금까지 세네카의 조언을 명심하지 못했다고 해서 앞으로도 마찬가지여야 한다는 법은 없다는 생각이 들었다. 미래에 대한 두려움은 이루 말로 표현하기 힘들 정도였지만, 이제라도 구체적으로 파고들어 그것에 익숙해진다면 지금처럼 두려움에 압도되지는 않을 것 같았다. 그래서 나는 찬찬히 살펴보았다. 도대체 무엇이 그리 두려운가?

사람들은 함부로 비관하지 말라고, 긍정적인 생각과 희망을 품으라고 쉽게 말한다. 그러나 이런 태도는 자칫하면 헛된 낙관주의로 변하기 쉽다. 앞서 2장에서 살펴보았듯 현실을 직시하지 않고 상황이 마냥 좋아지기를 기대하는 것은 자기가 통제할 수 없는 것에 온전히 자신을 내맡기는 행위다. 그러다가 예상치도 못한 난관이 펼쳐지면 속수무책으로 무너져 내리고 만다. 이것은 인생을 주인이 아니라 노예로 사는 것과 다름없다.

스토아 철학자들이 무엇보다 경계한 것이 바로 노예같이 사는 삶이다. 세네카는 부정적인 가능성을 직시할 능력과 의지를 가로막는 맹목적인 낙관주의 때문에, 시련을 미리 준비하거나 예방할 기회를 잡지 못한다고 지적한다. 모래 속에 머리를 박고 아무 일도 일어나지 않을 거라고 믿는 타조를 따라 하기보다는, 진짜 최악의 경우를 가정하고 "이것이 정말 그렇게 나쁜 일인가?"를 자문하는 쪽이 훨씬 바람직하다는 것이다.

그래서 나도 그렇게 해 보았다. 최악의 경우를 가정해 본 것이다. 거의 사경을 헤매다시피 하는 내 회사에 앞으로 일어날 수 있는 최악의 경우는 무엇일까? 첫 번째는 '다운 라운드down round(이전에 매겨진 주당 가격보다 낮은 가격으로 주식을 발행해 자금을 조달하는 방법)'다. 이는 겨우 투자를 유치해서 회사가 굴러가기는 하지만, 이전보다 평가가 낮아져 기존 주주들의 주머니 사정이 크게 나빠질 거라는 의미였다.

하지만 이게 진짜 최악은 아니었다. 더 최악은 투자를 한 푼도 끌어오지 못하는 경우였다. 그런 사태가 닥치면 우리는 곧 파산할 것이고, 나를 포함한 직원들은 모두 직장을 잃을 것이다. 좋아, 임무 완수! 진짜 최악의 경우를 가정하는 1단계를 무사히 통과했다. 그렇다면 회사가 문을 닫으면 어떤 일이 벌어질까?

내가 창업한 회사를 내 손으로 망가뜨렸으니 자존심에 상처를 입기는 할 것이다. 하지만 그게 그렇게까지 최악의 상황일까? 그 무렵 나는 직장 생활할 때 받았던 연봉의 4분의 1도 안 되는 급여를 가져갔는데, 그에 비하면 훨씬 많은 연봉을 보장하는 헤드헌터들의 제안이 꾸준히 들어오고 있었다. 마찬가지로 우리 직원들 역시 회사를 살리기 위해 상당한 수준의 연봉 삭감을 감수하는 상태였다. 그렇다면 나를 포함한 모든 직원이 다른 회사에 취직해 지금보다 훨씬 많은 연봉을 받으며 일하게 되는 것이 진짜 최악의 상황일까? 내가 지금까지 이런 상황을 그토록 두려워했다는 말인가?

그날 밤 나는 모처럼 단잠을 잤다. 몇 주 동안이나 뜬눈으로 밤을 새우다시피 하던 내가 통나무처럼 쓰러져 곯아떨어졌고, 하루는 몇 년 만에 처음으로 딸이 나를 깨우기까지 했다. 충분한 휴식을 취한 덕에 마음속의 안개가 걷히니 업무 효율도 크게 높아졌다. 오래지 않아 우리 회사는 적자를 내는 사업 부문에서 손을 떼고 새로운 투자를 유치하는 데 성공함으로써 앞으로 몇 년 동안은 끄떡없이 사업을 운영해 갈 기반을 마련했다. 스토아 철학자들은 옛날부터 알고 있었지만, 최악의 상황을 미리 인식하고 대비하면 최악은 생각보다 두렵지 않다. 오히려 부정적인 생각에서 긍정적인 결과를 끌어낼 수 있다.

최악의 상황을 가정해 보면
답이 보인다

2018년 1월, 애틀랜타 시장으로 당선된 키샤 랜스 보텀스가 시의 IT 인프라를 감사한 결과, 도시 전체 시스템을 위기에 빠뜨릴 여지가 농후한 2000개가량의 취약점을 발견했다. 어떻게 그럴 수 있느냐고? 2년에서 4년 주기로 선거를 치르기 때문에 단기적이고 가시적인 성과에만 집착하는 정치인을 떠올려 보라. 그들은 시간이 오래 걸리는 정말 중요한 문제에는 신경을 거의 쓰지 않는다.

결국 새로운 시 행정부가 상황을 개선하기 위해 노력하던 중 재앙이 닥쳤다. 해커들이 랜섬웨어로 공격을 감행해 애틀랜타시 정부의 전산망을 마비시킨 것이다. 시청 직원들과 주민들은 몇 주 동안이나 수기로 서류를 작성하고, 직접 찾아가서 공과금을 내야 했다. 전체적인 피해 규모는 몇 달이 지나도록 정확하게 알려지지 않았지만, 경제와 교통의 중심으로 기능하던 애틀랜타의 위상이 순식간에 주저앉았다는 것만은 확실했다.

이런 난장판에 직접 뛰어들 사람이 과연 몇이나 될까? 하물며 이 문제는 장기적인 관점에서 접근해야만 했다. 그러나 어디에나 불길을 피해 달아나기보다 불길을 잡으려고 달려드는 사람이 있게 마련이다. 그가 바로 게리 브랜틀리Gary Brantley였다. 그는 두 개의 교육청에서 공무원과 최고 정보 책임자로 일한 경력이 15년에 달하는 전문가이자《조직 혁신의 기술(The Art of Organization Transformation)》을 쓴 작가이기도 했다. 게리는 해커들의 공격이 시작된 후 6개월이 지난 2018년 10월에 애틀랜타의 커미셔너 겸 최고 정보 책임자로 임명되었다.

예상대로 그가 치워야 할 쓰레기 더미가 어마어마했다. 그런데 이보다 더 큰 문제가 있었다. 몇 달 후에 미국에서 가장 많은 사람이 지켜보는 행사인 슈퍼볼 경기가 바로 이곳에서 벌어질 예정이었다. 게리는 당시를 이렇게 회고한다.

"우리는 슈퍼볼을 앞두고 몇 달에 걸쳐 '모의 훈련tabletop exercise'을 진행했습니다. (모의 훈련은 비상시 각 팀원의 역할과 대응을 논의하는 토론 중심의 회의다. 한 가지 이상의 시나리오를 두고 진행자가 참석자들의 토론을 인도하는 방식이다.) 이런 훈련을 통해 잘못될 가능성이 있는 모든 경우를 검토했고, 각각의 경우에 우리가 어떻게 대응해야 하는지를 논의했어요."

모의 훈련의 주체는 그의 팀이나 시청 공무원만으로 국한되지 않았다. 여기에는 (공공 서비스 제공업체인) 서던 컴퍼니, 델타, 코카콜라, 홈디포, UPS 같은 민간 기업까지 포함되었다. 각각의 조직에서 보안과 비상시 대응을 경험한 책임자 135명을 선발해 훈련을 진행했다. 또 훈련의 범위도 어마어마했는데, 디지털 시스템뿐 아니라 도로, 전기, 상하수도 등 도시의 물리적 인프라까지 모두 포괄했다.

"아마 보통 사람은 상상하기 힘들 겁니다. 한 예로, 우리는 경기장 주변에 위험이 예상되는 모든 도로를 염두에 두어야 했어요. 그래서 2월에 열릴 슈퍼볼을 앞두고 11월부터 일정 반경 안쪽의 모든 굴착과 건축 공사를 금지하는 행정 명령을 내렸습니다. 우리는 모든 시스템을 한계까지 밀어붙여야 했어요. 경기장이 태양열 발전만으로 몇 시간이나 돌아갈 수 있는지를 확인하기 위해 실제로 경기장의 전력을 차단해보기까지 했습니다."

뉴올리언스에서 벌어진 제48회 슈퍼볼 때 암흑천지가 되었던 경기장을 기억하는 사람이라면 절대 이것을 기우라며 쉽게 웃어넘기지 못할 것이다.

　"우리는 통신망이 해킹될 수 있는지도 살펴봐야 했어요. 생각해 보세요. 어느 해커가 전광판을 장악해 경기장에 폭탄을 터뜨리겠다는 문구를 띄울 수도 있지 않겠습니까?"

　게리와 그의 팀은 경기장과 그 주변뿐 아니라 전력망에서 상하수도 시스템까지, 도시의 차량 통행과 인파의 흐름에 이르기까지, 그야말로 모든 것을 고려하고 분석하고 계획했다.

　"직접 참여하지 않은 사람에게는 호들갑으로 보일지도 몰라요. 하지만 탬파에서 벌어진 슈퍼볼 경기 때 어느 해커가 상수도망에 침투해 수돗물을 오염시키려 했습니다. 위험은 현실이에요!"

　하지만 여기까지는 시나리오 수립에 지나지 않는다. 직접 시스템을 시험하고 훈련하는 단계는 아직 시작도 하지 않았다. 그는 계속 말을 이었다.

　"서류상으로 이런 문제들을 점검하는 것만으로는 충분하지 않았어요. 실제로 경험해 보는 것이 최선입니다. 사후 대응도 마찬가지죠. 위기가 닥치고 난 다음에야 처음으로 매뉴얼을 뒤적거려서는 곤란합니다. 문제 발생 시 어떻게 대응하고 무슨 말을 할지 근육에 기억시켜 두어야 해요."

　게리는 각각의 위기 상황에서 관계자들이 대처하는 과정까지 최종 리허설을 포함시켰다. 어떤 위기가 닥쳤을 때 누가, 무슨 말을, 언제, 어떻게 할지까지 하나하나 연습시켰던 것이다. 결과적으로 슈퍼볼은 성공을 거두었다. 그런데 이보다 더 큰 성과가 있다. 게리가 이끈 모의 훈련 방식이 표준으로 정착해 지금까지 이어지고 있다는 것이다. 그는 이렇게 말했다.

"이 모든 것은 단 하나의 이벤트를 위한 것이 아닙니다. 모든 정부, 모든 조직은 이런 식으로 작동해야 해요."

게리가 행동으로 보여 준 교훈과 실행은 고위급의 공공 부문에만 국한되지 않는다. 그는 자기가 사는 도시를 본궤도에 올려놓은 뒤 민간 영역으로 자리를 옮겨, 지금은 미국에서 제일 큰 주택 개발 회사의 최고 기술 책임자로 일하고 있다.

네이비씰이 매일
혹독한 훈련을 하는 이유

윗사람이 유난히 까칠하게 구는 날이나 무례한 고객에게 시달린 날, 혹은 동료가 뒤통수를 치는 상황에 직면하면 누구라도 '아, 사는 게 지옥 같다'는 생각이 들 것이다. 하지만 일상에서 아무리 최악의 하루를 보낸다 한들, 해군 특수 부대인 네이비씰의 평범한 하루에 비하면 명함도 내밀지 못할 것이다.

네이비씰은 미국 해군이 운용하는 특수전 부대로, 막강한 전력과 높은 임무 수행률을 자랑한다. 그래서 미국은 가장 어려운 임무를 네이비씰에 맡긴다는 말이 있을 정도다. 1962년 창설 이후 베트남전, 소말리아 내전, 걸프전, 아프가니스탄 전쟁 등 미군이 개입한 거의 모든 전쟁에서 요인 암살, 주요 시설 파괴, 인질 구출 같은 임무를 수행했다.

군에서 차지하는 네이비씰의 특별한 위치를 생각하면, 그들에게 '최악'이란 얼마나 심각하고 위험한 상황을 일컫는 말인지 감이 잡힌다. 네이비씰이 대원을 평가할 때 최악의 시나리오에 얼마나 대비돼 있고, 이에 적응할 수 있는가를 중요하게 보는 이유가 바로 이것이다. 최정예 부대인 네이비씰 안에서도, 최고의 전문성을 갖춘 엘리트를 평가하고 선발하는 사령관으로 복무하다 퇴역한 리치 디비니^{Rich Diviney}는 이렇게 말한다.

"우리의 임무는 최악의 상황에 대비하는 일이다. 우리에게 최악은 언제나 불확실성이다. (……) 불확실성이 그토록 위험한 이유는 본능적으로 우리의 교감 신경계를 가동하기 때문이다."

교감 신경계는 부교감 신경계와 더불어 자율신경계를 구성하며, 일반적으로 긴장되는 상황에서 활성화된다. 예를 들어 두려운 상황이 펼쳐질 거라고 느끼면 의식할 새 없이 호흡이 가빠지고 근육이 긴장한다. 적에 대항해 싸우든 도망가든 급격한 움직임이 필요한데, 그것을 몸이 미리 알아서 준비하는 것이다. 오랜 옛날 맹수의 공격으로부터 살아남으려면 머리가 인식하기 전에 몸이 먼저 움직여야 했다. 그러므로 교감 신경계는 생존을 위해 인류가 발달시켜 온 능력이기도 하다.

그러나 이런 능력에도 단점은 있다. 힘겨운 도전이나 스트레스, 불확실성에 직면해 교감 신경계가 활성화되면, 우리의 의식적인 마음은 뒷자리로 물러나고, 즉각적이고 반사적인 반응이 주도권을 잡게 되는 것이다. 한마디로 합리적인 사고를 통해 판단하는 것이 아니라, 아무 생각 없이 행동하는 상태가 되는 셈이다.

리치는 이어서 말한다. "이런 상황을 원하는 사람은 아무도 없다. 불확실한 환경에서는 어떤 행동을 하기 전에 먼저 내가 뭘 상대하고 있는지를 파악해야 한다. 자신이 무엇을 상대하는지를 알아야 '내가 어떻게 해야 하지?'라는 질문을 던지고 답을 찾을 수 있다. 이런 과정이 원활하게 진행되기 위해서는 의식적인 사고를 할 줄 알아야 한다."

하지만 수십만 년에 걸쳐 이루어진 진화의 과정을 의식적으로 되돌리기란 말처럼 쉽지 않다. 네이비씰의 평가와 선발 과정이 그토록 악명 높은 이유가 바로 이것이며, 리치가 자신의 책《속성(The Attributes)》에서 '기술' 대신 '속성'이라는 표현을 쓴 이유이기도 하다.

"우리는 머리에 보트를 이고 몇백 시간씩 바닷가를 뛰었고, 커다란 전신주를 들고 달리기도 했다. 실제로 임무를 수행하는 동안 내가 머리에 보트를 이고 달린 적이 몇 번인지 아는가? 전신주를 들고 달린 적은? 한 번도 없다. 훈련은 그런 기술을 익히자는 게 아니라 특정한 속성, 즉 어떤 환경에 처하더라도 이겨 내는 네이비씰 특유의 근성을 가진 대원을 가려내기 위한 것이었다."

네이비씰의 엄격한 평가 및 선발 과정은 최고 중의 최고를 가려내기에 부족함이 없지만, 리치는 적절한 교육과 준비를 통해 대원들의 역량을 더욱 끌어올릴 수 있다고 믿었다. 그렇게 해서 '마음의 체육관(Mind Gym)'이 탄생했다.

"우리는 대원들의 자연스러운 신체 반응이 교감 신경계의 '납치' 수준에 도달할 때도 부교감 신경계를 가동해 의식적인 사고와 의사 결정을 할 수 있도록 훈련하고 싶었다. '마음의 체육관'은 대원들이 마음과 신체적 반응 사이의 관계를 이해하도록 돕는 목적으로 고안되었다. 대원들이 자기 신경계 전체와 협력 관계를 맺도록 이끄는 것이 훈련의 목적이었다."

리치는 고도의 불확실성과 극도의 스트레스 상황에서 의식적인 마음을 활성화하는 최고의 방법이자 유일한 방법은 불확실성이 지배하는 영역을 가능한 한 최소한의 범위로 좁히는 것뿐이라는 점을 알게 되었다. 상황이 확실해질수록 불확실성의 영역은 그만큼 줄어든다.

"인간이 멀티태스킹이 가능하다는 말은 신화에 지나지 않는다. 실제로는 임무의 전환이 가능할 뿐이다. 하지만 한 번 전환이 이루어질 때마다 인지력의 부하가 가중되어 동원 가능한 정신력은 줄어들기 마련이다. 따라서 극도로 불확실한 상황에서는 비축해 둘 정신력이 남아나지 않는다."

하지만 표면상으로는 멀티태스킹처럼 보이는 사례도 있다. 우리가 수행하는 임무 가운데 하나가 의식적인 사고를 요구하지 않고 흔히 말하는 '근육 기억'을 통해 자동으로 이루어질 때 이런 일이 벌어진다. 근육 기억이 다양하고 단단할수록 인지 과부하가 줄어, 상황을 파악하고 임무에 집중하는 정신적 능력은 그만큼 좋아진다.

"사격, 이동 그리고 통신은 네이비씰 대원들이 갖춰야 하는 3대 핵심 기술로 꼽힌다. 이런 기술들을 완벽하게 연습해 무의식적인 근육 기억에 기록해 두면 불확실성을 평가하고 극복할 의식적인 마음의 여유가 생긴다.

사격의 경우, 자기가 가진 모든 무기를 완벽하게 파악해 어느 무기에 문제가 생기면 얼마나 빠르게 다른 무기로 전환하는지가 관건이다. 이동은 가장 기본적인 요소다. 차량을 운전하거나 도보 혹은 구보로 이동하는 방식도 모두 포함된다. 전략적 위치를 확보하고 아군과 교신 가능한 지점으로 이동하는 능력은 무엇보다 중요하다.

통신은 여러 가지 방식으로 이루어진다. 현장에서 아군끼리 소통하는 비언어적 수단도 많다. 물론 언어적인 소통도 가능한데, 고도로 정제된 단어 하나가 한 문단 전체의 의미를 고스란히 전달하기도 한다. 무전 시스템을 손바닥처럼 훤히 들여다볼 줄 알아야 항공 지원 등 꼭 필요한 요청을 송신하기 위해 자유자재로 다이얼을 전환할 수 있다.

이런 기술들이 제2의 본능으로 자리 잡을 때까지 훈련과 연습을 되풀이해야 한다. 그런 다음에야 비로소 우리는 불확실성을 향해 돌진할 수 있다."

게리 브랜틀리가 말했듯이, 우리는 결정적인 순간에 기적이 아니라 평상시에 해 온 훈련에 의지해야 한다. 그것은 리치 디비니가 수없이 강조한 내용이기도 하다.

"먼저 기술을 확실하게 다져 놓아야 한다. 불확실한 환경이 주는 극심한 스트레스 속에서는 기술을 개발하고 숙달할 틈이 없다. 일단 기술을 익히고 점점 불확실한 환경 속에서 그 기술을 갈고닦으며 확장해 나가야 한다."

게리는 이를 더 쉽고 직관적으로 설명한다.

"옛말에 '멍청하려면 단단하기라도 해야 한다'는 말이 있습니다. 뾰족한 방법이 없으면 무식하리만치 일일이 대비해야 한다는 뜻이에요. 미리 준비하지 않으면 그만큼 힘들어집니다. 나는 내 자식들에게도 늘 이 말을 들려주곤 하죠."

흔들리지 않는 강한 멘탈을 지니고 싶다면

우리가 하려는 일이 야간 구출 작전이든, 초등학교 4학년의 학교 숙제든, 아니면 아주 중요한 프레젠테이션이든 간에, 핵심은 사전 준비다. 문제가 생길 가능성을 찾아내서 준비하는 일은 태풍이 본격적으로 몰아치기 전에 마무리해야 한다. 그러기 위해서는 경계 설정, 즉 통제할 수 있는 일과 그렇지 않은 일을 구분하는 문제로 돌아갈 필요가 있다. 이는 잘못될 가능성이 큰 통제 불능의 영역에 집착하자는 뜻이 아니다. 그보다는 잘못될 가능성을 사전에 철저히 파악함으로써 통제할 수 있는 영역에서 그것들에 미리 대비하자는 뜻이다. 그래야 최악의 상황을 피할 수 있고, 혹여나 그런 상황이 닥치더라도 그 부정적인 파괴력을 조금이라도 줄일 수 있다.

모든 불확실성을 완벽하게 제거할 수는 없어도 어느 정도 줄일 수는 있다. 게리와 애틀랜타시가 그랬듯이, 어떤 문제가 생길지를 생각해 보고 미리 준비하면 불확실성의 영역은 크게 줄어든다. 정말로 예측하기 힘든 불확실성조차도 리치와 네이비씰 대원들처럼 미리 준비하고 대응하고 적응할 수 있다. 제대로 준비하기만 하면 얼마든지 가능하다.

프레젠테이션처럼 중요한 이벤트를 준비할 때도 마찬가지다. 우선 무슨 말을 할지, 어떤 메시지를 전달할지 정확하게 파악하고 표현하는 기술에 숙달되어야 한다. 자면서도 할 수 있을 만큼 수없이 연습하면 중간에 어떤 돌발 사태가 생겨도 태연하고 자신 있게 프레젠테이션을 이어 갈 수 있다. 여러 가지 기술적 요소를 확실하게 익혀 두면 불의의 사태가 발생해도 편안하게 대처할 수 있다. 설령 기술적인 결함이 발생해 준비해 둔 슬라이드가 제대로 작동하지 않는다 해도 차질이 생기지 않을 만큼 치밀하게 준비해야 한다. 나도 대학 미식축구 명예의 전당에서 1000명이 넘는 청중을 앞에 두고 연설할 때, 하루 전에 점검한 시스템이 제대로 작동하지 않는 황당한 경험을 한 적이 있다.

필요한 기술을 완벽히 숙달했다고 해서 인생의 모든 불확실성이 사라지지는 않지만, 최악의 결과를 어느 정도 예방할 수는 있다. 예측하기 힘든 뜻밖의 사고가 터졌을 때 철저하게 준비한 사람일수록 유리한 고지를 차지하게 된다. 시련이 닥친 뒤 그 시련을 이겨 낼 마법 같은 묘수가 떠오르기를 기다리는 사람은 재앙을 자초하는 셈이다. 사태가 더 악화하기 전에 준비하는 것이 유일한 답이다.

세네카는 이렇게 썼다. "행운의 여신은 자신의 공격을 막아 낼 방어벽을 세울 줄 아는 영혼에 친절을 베푸니, 좋은 시절일수록 힘든 시기에 대비해 힘을 길러야 한다." 지금이야말로 그런 방어벽을 세우기에 적절한 때다.

어떤 상황에서도 목표를 이루는 3단계 프레임워크

스토아 철학자들은 방어벽을 세우는 최고의 방법은, 어떤 방어벽이 필요할지를 미리 가려내는 일이라고 가르쳤다. 그러기 위해서 그들은 *futurorum malorum præmeditatio*라는 방법을 연습했는데, 번역하자면 '부정적인 시각화' 정도가 된다. 명상을 통해 최악의 시나리오를 머릿속에 그려 보라는 뜻이다. 그렇게 하면 그 상황을 이해하고, 대응책을 세우며, 실제로 그런 일이 벌어졌을 때 받을 충격을 억제할 수 있다.

OWN 프레임워크의 3단계를 이용하면 이 개념을 좀 더 구체적으로 이해할 수 있고, 실행에 옮기기도 쉬워진다.

OWN: 목표(Objective), 오류(Wrong), 숙달(Nail)

먼저 자신이 추구하는 목표(Objective)를 정의하는 것으로 출발하자. 계약서에 거물급 고객의 서명을 받는 것이 목표인가? 아니면 중요한 프로젝트 수업에서 A 학점을 받는 것이 목표인가? 모든 인질을 안전하게 구조하는 고난도의 임무를 완수하는 것이 목표인가? 자신이 원하는 최종 결과를 최대한 명료하고 구체적으로 정리해야 한다.

목표를 정했으면 가장 비관적인 관점으로 오류(Wrong)가 발생할 모든 가능성을 철저하게 점검하는 것이 두 번째 단계다. 완벽한 준비를 통해 오류의 싹을 잘라 버리면 제일 좋지만, 그렇지 못하면 그 가능성을 조금이라도 줄이기 위해 모든 노력을 기울여야 한다.

최악의 시나리오에 대비하는 세 번째이자 마지막 단계는 목적 달성에 필요한 기술을 완벽하게 익혀 둠으로써(Nail) 정말로 누구도 예측하지 못한 불가피한 사태가 생겼을 때 리치의 설명대로 그 본질을 파악하고 해결책을 찾아내는 일에 투자할 정신적인 역량을 극대화하는 일이다. 이런 세 단계의 준비를 'OWN' 함으로써 원하는 결과에 도달할 가능성이 훨씬 커진다.

핵심 정리

1 더 많이, 잘 준비할수록 불확실성이 줄어든다.

2 아무리 철저히 준비해도 예기치 못한 불의의 사건이나 상황은 발생할 수 있다.

3 다음과 같은 'OWN' 3단계로 준비하라.

    a. Objective. 목표를 정의한다.

    b. Wrong. 목표를 추구하는 과정에서 발생할 수 있는 모든 오류를 떠올려 보고, 그런 오류를 예방하거나 적어도 발생 가능성을 줄일 방법을 찾는다.

    c. Nail. 목표를 추구하는 데 필요한 기술을 철저히 익힌다.

OWN 워크시트

목표

발생 가능한 오류	오류를 예방하거나 최소화하는 방법
1.	a.
	b.
	c.
	d.
2.	a.
	b.
	c.
	d.
3.	a.
	b.
	c.
	d.

미리 익혀 두어야 할 기술

I.	III.
II.	IV.

위기를
기회로 바꾸고,
더 강해진다

사자와 히드라, 멧돼지 및 기타 모든 위험이 없었다면
헤라클레스는 어떻게 되었을까?
그저 침대에 누워 계속 잠을 잤을 것이다.
_에픽테토스

2020년 2월, 코로나바이러스의 파도가 본격적으로 몰아치기 한 달 전부터 우리는 심상치 않은 조짐을 포착했다. 아시아의 고객들은 이미 우리 계정에 '일시 정지' 조치를 단행했다. 여행이 전면적으로 금지되었으니 휴양지 숙소의 임대 가격 책정과 수익 관리가 왜 필요하겠는가. 아프리카의 고객들도 비슷한 조치를 내놓기 시작했고, 유럽에서 역시 며칠 안에 비슷한 일이 벌어질 것으로 보였다.

이때만 해도 매출의 90퍼센트가 미국에서 일어나는 우리 회사는 팬데믹의 여파를 정통으로 맞고 있지는 않았다. 하지만 바이러스는 국경을 가리지 않는 법이다. 이미 다른 나라가 맞이한 위기 상황은 머지않아 미국에서도 똑같이 펼쳐질 터였다.

곧 해외 여행객 유입이 차단되고 몇몇 공항이 폐쇄되자, 섬을 기반으로 하는 우리 고객들의 이동이 사실상 불가능해졌다. 그러자 현실은 내가 생각했던 최악의 시나리오보다 열 배는 더 암울하게 돌아갔다. 한 달 전에 이미 원격 근무 체제에 돌입한 우리 회사는 매주 화상으로 임원 회의를 진행하고 있었다. 나는 화면에 보이는 최고 재무 책임자 캐런에게 물었다.

"수입이 제로가 된다고 가정하면 우리가 몇 달이나 버틸 수 있을 것 같아요?"

캐런이 대답했다.

"지출은 그대로 두고요? 6개월도 못 버티죠. 아, 조금 늘릴 수는 있어요. 일시적으로 유예할 수 있는 비용이 좀 있고, 약간의 수입이라도 유지할 대책을 세울 수 있느냐가 관건이겠지만요."

저런, 코비드의 터널이 언제 끝날지 기약조차 없는 상황에 6개월을 못 버틴다고? 나는 모두가 생각해 보았을 질문을 외면하지 못했다.

"그런 방법으로는 우리가 낭떠러지 끄트머리로 다가가는 속도를 조금 늦출 수 있을 뿐일 텐데요? 우리가 6개월이 아니라 8개월에서 10개월쯤 버틴다고 해 보죠. 그때까지도 여행이 금지되고 고객이 없으면 결과는 마찬가지겠지요. 단지 낭떠러지에 도달하는 시기가 조금 늦춰질 뿐일 테고요."

임원들의 낙담한 얼굴이 내 컴퓨터 화면을 가득 채웠다. 그때 클리프Cliff(그의 본명으로 낭떠러지라는 뜻이다)가 말했다.

"그 여분의 시간을 활용해 낭떠러지를 건너갈 다리를 만들면 되지 않을까요?"

우리는 일제히 화면 속의 그를 바라보며 그가 말을 이어 가기를 기다렸다.

"지금 당장은 이런 상황이 언제까지 이어질지 아무도 알지 못합니다. 석 달이 걸릴지 3년이 걸릴지 누가 알겠습니까. 하지만 비용 절감과 수입 증가를 통해 우리 수명을 하루에 이틀씩만 늘려 나가면 적어도 낭떠러지를 건너갈 기회를 만들 만큼은 버틸 수 있을 겁니다."

모두들 동의한다는 뜻으로 고개를 끄덕였지만, 딱히 뾰족한 수가 보이진 않았다. 그래서 내가 대답했다.

"좋은 말씀이네요. 문제는 지금 당장 수입이 곤두박질친다는 점입니다. 고객들이 죄다 계약을 취소하거나 연기하는 판에 어떻게 수입을 늘리지요?"

아무도 부정하지 못할 현실 앞에 가상 회의실의 산소가 죄다 빠져나가는 느낌이었다. 그때 어떤 아이디어가 뇌리를 스쳤다.

"하지만 두 발 전진을 위한 한 발 후퇴를 선택하면 상황이 달라질지도 모릅니다."

모두의 얼굴에 혼란과 실망의 기색이 역력히 드러났다. 이건 또 무슨 뚱딴지같은 소리지?

"생각해 보세요. 우리 고객들이 살아남지 못하면 우리가 아무리 많은 시간을 번들 무슨 소용이 있겠습니까? 설령 낭떠러지를 건너간다 해도 거기에는 우리 비즈니스의 기반이 더 이상 존재하지 않을 겁니다. 따라서 지금 당장 우리가 할 일은 우리 고객들이 망하지 않도록 돕는 일입니다."

내 말이 끝나기 무섭게 캐런이 물었다.

"물론 맞는 말씀입니다. 하지만 어떻게 돕죠?"

"그들을 위해 더 많이 일하면 됩니다. 그것도 지금보다 싼 가격으로요."

나는 동료들의 얼굴을 하나하나 살펴보았다. 반응은 긍정적이었다. 이제 그 생각을 실행에 옮길 때였다.

이틀 후에 우리는 모든 고객에게 연락을 취해 다음의 메시지를 전달했다.

'6월까지 우리가 청구하는 모든 비용을 절반으로 할인해 드리겠습니다. 지금은 누구에게나 아주 힘든 시기이고, 앞으로 몇 주 혹은 몇 달 동안 더 힘들어질 가능성이 큽니다. 그래서 이번 사태가 끝나고 어느 때보다도 우리의 도움이 필요한 날이 올 때까지, 당신이 더욱 싼 비용으로 우리와 관계를 유지하기를 원합니다. 우리는 앞으로도 당신과 함께하기를 원합니다.'

수입을 반으로 줄여서 회사의 수명을 연장하겠다니, 아마도 여러분은 어떻게 이런 발상이 가능한지 궁금할 것이다. 수입이 줄어드는 만큼 지출도 줄이는 것이 비결이라면 비결이다. 가격 인하로 인한 수입 손실을 상쇄하기 위해 회사의 모든 임원이 막대한 급여 삭감을 감수하는, 믿기 힘들 만큼 용감하고 이타적인 결단을 내린 덕분이었다.

우리는 거기서 멈추지 않았다. 우리 고객들은 여행 금지 초지가 풀리기를 마냥 기다릴 수 없는 처지였다. 그들에게는 다른 대책이 시급했다. 우리가 가격 할인과 함께 고객을 지원하기 위한 새로운 서비스를 대거 내놓은 이유가 그것이었다.

우리는 고객의 재무 상태를 심층 분석해 그들 스스로 폭풍우를 빠져나올 해도海圖를 마련하도록 돕는 '비상 계획 패키지'를 제공하는가 하면, 우리 인력을 동원해 업계에서 코비드 때문에 무급 휴직이나 일시 해고를 당한 이들을 지원했다. 또 고객들이 자택을 휴가용 임대 주택이 아니라 응급 의료 요원들의 숙소로 용도 변경할 수 있도록 돕는 서비스를 내놓았다. 우리는 모든 기술을 철저히 검토해 고객에게 당장 필요한 서비스를 제시했고, 조금이라도 가치를 높일 수 있는 일이라면 물불을 가리지 않고 뛰어들었다.

그런 노력은 헛되지 않았다. 사실 당시만 해도 그런 조치는 도박에 가까웠다. 6월이면 여행 금지가 풀린다는 보장은 어디에도 없었다. 6월이 되어도 여행 산업은 바닥을 벗어나지 못해 우리 고객들이 정상 가격은커녕 그 절반의 가격도 감당하지 못할 가능성이 농후했다. 그러나 그것은 우리가 기꺼이 감수해야 할 리스크였다. 여름까지 여행 산업이 살아나지 못하면 우리 업계에 살아남을 회사는 하나도 없을 판이었다. 하지만 만약 상황이 달라지면 우리는 이 비즈니스에서 누구보다 유리한 고지를 차지할 수 있을 터였다.

이윽고 5월의 마지막 월요일인 메모리얼 데이를 앞두고 플로리다 주지사가 휴양지 숙소 임대 금지를 해제하자, 우리는 고객들과 함께 홍수처럼 밀려드는 예약을 처리하기 위해 최선을 다해야 했다. 시간이 지날수록 계약을 취소하기는커녕 우리와 함께 사업을 확장하는 고객이 점점 늘어났고, 영락없이 망하는 줄 알았는데 우리 덕분에 오히려 기록적인 실적을 올렸다고 기뻐하는 고객들도 늘어났다. 심지어 어느 고객은 이렇게 말하기도 했다. "말로는 '우리는 하나다'라고 외치며 접근하는 업체가 수없이 많았지만, 그 말을 실제 행동으로 보여 준 사람은 당신밖에 없었어요."

이렇게 해서 우리는 위기를 새로운 렌즈로 바라보게 되었다. 물론 쉽지는 않았다. 다가오는 순간이 지옥처럼 느껴질 때도 많았다. 하지만 지금까지 우리가 마주했던 도전은 하나의 팀으로, 하나의 회사로 우리를 더욱 강하게 만들어 주었다. 역설적으로 위기가 우리를 단단하게 만들었다.

●
아무리 열심히 살아도 위기는 찾아올 수 있다

인류가 바이러스의 정체를 알아내기 훨씬 전부터 스토아 철학자 에픽테토스는 위기에 관해 이렇게 말했다.

> 인생의 모든 어려움은 우리에게 내면을 돌아보고 잠재된 내면의 자원을 끄집어낼 기회를 가져다준다. 우리는 시련을 통해 더 강해지고, 마땅히 그래야 한다. (……) 깊이 파고들라. 너희에게는 너희가 미처 알지 못했던 힘이 있다. 올바른 힘을 찾아내고 활용하라.

에픽테토스는 아무리 열심히 준비한다 해도 모든 난관과 위기를 막지는 못한다는 것을 알았다. 또 그는 가장 힘든 난관이 닥칠 때 우리는 더욱 성장하고 우리의 능력이 어디까지인지를 깨닫게 된다고 생각했다. 불운하다고 한탄하기보다는 위기를 성장과 발전의 기회로 삼아야 한다는 것이 스토아 철학자들의 조언이다.

실제로 위기는 우리가 누구이며 어떤 인간으로 기억될 것인지를 결정하는 경우가 많다. 대공황이라는 국난을 극복한 프랭클린 루스벨트, 제2차 세계대전을 승리로 이끈 윈스턴 처칠, 남북전쟁의 주역 에이브러햄 링컨(그는 암살자가 숨어들 즈음 머리맡에 마르쿠스 아우렐리우스의 《명상록》을 두고 있었다고 한다)[19] 같은 지도자를 생각해 보라. 그들은 각기 상상하기 힘든 위기를 마주하고 싸운 덕분에 훌륭한 지도자로 성장했다. 개인적, 직업적 난관에 좌절하지 않고 자신을 한계까지 밀어붙임으로써 인생의 통제 가능한 영역을 완전히 새로운 차원으로 끌어올렸다. 그들은 당대 최악의 순간을 이겨 내며 자신과 주변 사람들, 그리고 후세에까지 능력을 보여 주었다.

에픽테토스는 또 이런 말을 남겼다. "사자와 히드라, 사슴과 멧돼지, 그리고 반드시 제거해야 할 사악한 범죄자들이 세상에 없었더라면 헤라클레스가 어떻게 되었을지 생각해 보았는가?" 신화뿐만 아니라 역사에서 인물의 위대함은 그가 어떤 장애물을 극복했느냐로 결정된다. 그러니 무조건 장애물을 피하려 들어서는 안 된다. 성 아우구스티누스 역시 곤경은 피할 수 없다면서 이렇게 말했다. 곤경이 닥치면 불평하는 사람이 있는가 하면, 똑같은 곤경을 마주하고도 불평하는 대신 "그 곤경이 연마제로 작용해 더욱 광채 나는 인물이 되리라고 믿는 사람이 있다." 우리 역시 곤경이 닥칠 때 그것에 짓눌려 이전보다 못한 존재로 쪼그라들지, 아니면 그 마찰력을 이용해 이전보다 더 빛나는 광택을 지닌 사람으로 거듭날지 선택해야 한다.

당신은 내적 통제 성향인가, 외적 통제 성향인가

위기를 더 큰 성장의 동력으로 삼느냐, 그렇지 못하느냐는 우리가 삶을 바라보는 태도와 관점의 부산물인 경우가 많다. 즉 수동적인 방관자 관점을 가진 사람은 위기가 닥쳐도 스스로 할 수 있는 일이 별로 없다고 여긴다. 반대로 결과에 일정한 영향을 미칠 수 있다고 믿는 사람은 위기 상황에서도 할 수 있는 일을 찾으려는 경향이 강하다. 심리학에서는 이런 개념을 '통제의 위치'라고 일컫는다. 스탠퍼드 대학교 심리학과 명예교수 필립 짐바르도는 이렇게 말한다.

"통제의 위치에 관한 지향은 결과가 우리가 하는 행동에 따라 좌우된다(내적 통제 성향), 혹은 결과가 우리의 개인적 통제력을 벗어나는 외부의 사건에 의해 좌우된다(외적 통제 성향)는 두 가지 믿음으로 구분할 수 있다."[20]

통제의 위치가 내부인가, 외부인가는 우리의 삶과 행복에 광범위한 영향을 미친다. 수천 명의 어린이를 출생 직후부터 추적한 어느 연구에 따르면, 어려서부터 내적 통제 성향이 강한 아이일수록 "30세가 되었을 때 과체중일 확률이 낮으며 (……) 자신의 건강이 좋지 않다고 평가하거나 심리적 스트레스가 높은 수치를 나타낼 확률이 낮다."[21] 이 연구자의 설명에 따르면 "통제 위치의 내적 성향이 큰 아이일수록 자기 행동의 결과를 스스로 결정할 수 있다는 자신감이 크기 때문에 성인이 되었을 때 더 건강한 삶을 누릴 확률이 높다"고 한다. 이런 아이일수록 자존감도 더 높다. 자기 삶을 스스로 통제할 수 있다고 믿는 사람일수록 삶과 자신에 대해 더 좋은 감정을 갖게 된다는 뜻이다.

•   위기는 장애물 자체가 아니라
        그에 대한 우리의 반응일 뿐

부러울 만큼 강력한 내적 통제 성향을 발휘한 사람으로 나는 브루스
리(이소룡)를 꼽겠다. 체력과 정신력 그리고 경력 관리에 이르기까지,
브루스 리는 자기 이야기 즉 자기 삶에서 주인공은 자신밖에 없음을
잘 아는 인물이었다. 할리우드를 포함한 모든 영역에서 인종 차별이
기승을 부리던 1960년대, 브루스 리는 자기가 살아온 이야기의 저작
권을 다른 사람에게 넘겨주면 자신은 기껏해야 조연밖에 될 수 없음
을 깨달았다. 그는 자기가 그보다 훨씬 나은 인간이라는 점도 잘 알고
있었다.

  그의 딸 섀넌이 《물이 되어라, 친구여》라는 책에서 밝힌 바에 따르
면, 그의 강력한 내적 통제 성향은 의도하지 않은 활동 중단을 맞아 시
험대에 올랐다. 1968년에 집에서 격렬한 운동을 하다가 허리를 크게
다쳤는데, "의사가 앞으로 무술은커녕 고통 없이는 걷기도 힘든 상태
로 살아야 할 테니 마음의 준비를 하라"[22]고 조언할 만큼 심각한 부상
이었다. 외적 통제 성향이거나 내적 통제 성향이 잘 형성되지 않은 사
람이라면 그때 이미 모든 것을 포기했을 것이다. 고통 없이는 걷지도
못하는 사람이 어떻게 한 손 팔 굽혀 펴기 500개로 하루를 시작할 수
있겠는가.

하지만 우리는 이 사람이 브루스 리라는 사실을 기억해야 한다. 그는 위기는 장애물 자체가 아니라 그 장애물에 대한 반응이라고 굳게 믿는 사람이었다. 그는 이렇게 썼다.

쓰러지는 것은 부끄러운 일이 아니다. 쓰러질 때 "내가 왜 쓰러지는가?"라는 질문을 던지는 것이 중요하다. 이런 식으로 자신을 돌아보는 사람에게는 희망이 있다. 패배는 마음의 상태다. 패배를 현실로 받아들이기 전에는 그 누구도 패배하지 않는다. 나에게 패배는 오로지 일시적인 현상일 뿐이고, 그 대가는 목표를 달성하기 위해 더 큰 노력을 기울여야 한다는 충동일 뿐이다. 패배는 내가 뭔가를 잘못했다고 일깨워 주는 현상이며, 성공과 진실을 향해 정진하는 과정이다.[23]

브루스 리는 패배란 자신에게 일어나는 일이 아니라고 결론지었다. 그에게 패배를 받아들이라고 요구할 사람은 오로지 자신밖에 없고, 그는 그런 요구를 받아들일 생각이 없었다. 브루스 리는 부상으로 고생하던 시절을 돌아보며 희망의 빛을 떠올렸다.

허리 때문에 족히 1년을 고생한 것은 사실이지만, 모든 역경은 일상에 안주하면 안 된다는 교훈을 일깨워 주는 신호이므로 그 뒤에는 반드시 축복이 따라온다. 현재 상황을 극복하겠다는 의지만 있으면 역경을 통해 한 단계 더 성장할 수 있다.[24]

부상은 그를 주저앉히지 못했다. 오히려 그를 앞으로 이끌었다. 브루스 리는 강력한 내적 통제로 상황을 역전시켰다. 보통 사람이라면 포기하는 이유이자 핑계가 되었을 사건을 그는 행운이자 기회로 바꿔 놓았다. 그러니 그 누구도 브루스 리에게 '보통 사람'이라는 딱지를 붙이지 못하는 것이다.

● 　　　　　　　　　　　　끔찍한 사고를 겪고
　　　　　　　　　최고의 탐험가로 거듭난 남자의 조언

2008년, 콜린 오브래디Colin O'Brady는 그야말로 최악의 위기에 직면했다.[25] 대학 시절부터 여름방학마다 아르바이트로 돈을 모으며 꿈꾸었던 세계여행이 한순간에 끔찍한 악몽으로 변해 버린 탓이었다. 태국 코타오섬에서 장난삼아 불붙은 밧줄을 뛰어넘는 줄넘기에 도전했다가, 점프 타이밍을 잘못 맞추는 바람에 등유에 젖은 밧줄이 몸에 감겨 다리에 치명적인 화상을 입고 말았다.

콜린은 태국 본토의 전문 의료 기관으로 옮겨졌는데, 의사는 앞으로 두 번 다시 정상적으로 걷지 못할 거라는 선고를 내렸다. 하지만 지구 절반을 단숨에 날아 온 어머니는 그런 가혹한 선고를 듣고 나서 며칠 뒤에 그에게 물었다. "여기서 나가면 뭘 하고 싶니? 목표를 세워야지." 콜린은 그 질문을 이해하지 못했다.[26]

"엄마, 농담이 나와요? 내 인생은 끝났어요."

하지만 콜린의 어머니는 결코 농담하는 게 아니었다. 어머니가 말을 이었다.

"부탁 하나 하자꾸나. 눈 좀 감아 보렴. 나는 네가 여기서 나간 뒤의 목표를 세웠으면 좋겠어, 콜린. 머릿속에 그림을 그려 봐. 네가 그 일을 하는 장면을 떠올리고, 그 순간을 포착해 봐."

어머니에게 실망을 안기고 싶지 않아서였는지, 아니면 지구 반대편까지 날아온 어머니에게 감사한 마음을 전하고 싶어서였는지 확실하지 않지만, 콜린은 어머니가 시키는 대로 했다.

그가 쓴 감동적인 회고록《불가능한 최초(The Impossible First)》는 그 순간을 이렇게 묘사한다. "무슨 까닭인지는 몰라도 내가 철인 3종 경기를 완주하는 모습이 보였다. 그때까지 한 번도 해 본 적이 없는 경기였다." 콜린의 어머니는 아들의 다리를 내려다보며 좀 더 현실적인 목표를 세우라고 설득하지 않았다. 대신 아들의 눈에 시선을 고정한 채 이렇게 대답했다. "네가 결승선을 통과하는 모습이 벌써 눈에 보이는 구나."

사고 18개월 뒤, 콜린은 시카고에서 벌어진 철인 3종 경기에 출전해 완주에 성공했을 뿐 아니라 심지어 우승까지 차지했다. 그리고 다음 주 월요일, 상품 트레이더라는 금융계의 번듯한 직장을 그만두고 제2의 인생을 개척하기 시작했다.

먼저 철인 3종 경기의 프로 선수가 된 그는 미국 대표팀에 선발되어 여섯 대륙의 스물다섯 나라에서 경기를 펼쳤다. 그다음에는 모험가로 변신해 '탐험가 그랜드 슬램(세계 7대륙 최고봉을 등반하고, 북극과 남극 그리고 에베레스트의 3극점에 도달하는 모험가들의 최고 목표로, 현재까지 전 세계에서 27명이 달성했다)'과 '세븐 서미츠(7대륙 최고봉 등정)'에 도전한 끝에 세계기록 보유자가 되었다(후자의 기록은 깨졌다). 에베레스트를 포함해 모든 대륙에서 제일 높은 산은 물론 북극과 남극점까지, 가장 빠른 시간 안에 정복한 사람이 된 것이다. 그 후에도 콜린은 2018년에 남극 대륙을 단독으로, 아무 지원도 없이, 별개의 동력을 이용하지 않고 순전히 자신의 힘만으로 횡단하는, 일찍이 그 어떤 인간도 해내지 못한 위업을 세계 최초로 이뤄 낸 인물이 되었다.

어느 스승은 콜린에게 "위기에 대처하는 최고의 방법은 처음부터 위기에 빠지지 않는 것"이라고 조언했다.[27] 바꿔 말하면 4장에서 소개한 리치와 게리처럼 철저한 준비를 통해 위기를 예방해야 한다는 뜻이다. 하지만 아무리 철저히 준비해도 모든 위기를 완벽하게 예방할 수 없다면, 실제로 위기가 닥쳤을 때는 어떻게 대응해야 할까?

오랜 고민 끝에 콜린은 자기가 겪은 위기를 일종의 도미노에 비유해 대답했다. "도미노 하나가 쓰러지면 그 이후에는 모든 것이 달라지기 마련이다. 우리가 할 수 있는 최선은 새로운 계획을 세우고 새롭게 적응하는 것뿐이다."[28]

사고 이후 여러 해가 지난 어느 날 밤, 남극 횡단 중이던 콜린은 텐트에 혼자 누워 자신의 지친 육신을 물끄러미 바라보다가 문득 깨달았다. "패배는 승리와 분리되지 않는다. 상처와 승리는 둘 다 지금의 나를 만들었다. (……) 좋은 일과 나쁜 일은 구분되지 않는다. 내 인생에서 일어난 모든 사건의 결과물이 지금의 나고, 그래서 지금 나는 얼음판 위의 이 조그만 세상에 이렇게 웅크리고 있다.[29] (……) 사람은 누구나 때때로 어깨에 진 짐의 무게에 짓눌린다. (……) 내 짐은 나의 구원이기도 했던 듯하다."[30]

크게 숨을 들이쉬고
딱 한 발만 내디딜 것

크리스토퍼 조지$^{Christopher George}$는 중남미에 위치한 작은 나라인 트리니다드 토바고의 국가대표 수구팀 주장으로, 선수 시절 내내 올림픽 출전을 꿈꿔 왔다. 그리고 2011년 지역 예선에서 사상 처음으로 본선 진출권을 획득하며 그 꿈을 현실로 만들기 직전이었다. 수구팀은 커다란 환희에 휩싸였다. 하지만 기쁨도 잠시, 트리니다드의 수영 연맹은 수구팀의 경쟁력이 출전 경비를 댈 만큼 크지 않다는 이유로 올림픽 참가를 불허했다.

그렇게 해서 크리스토퍼는 그토록 사랑하고 잘할 자신이 있었던 수구와 작별하게 되었지만, 아직은 올림픽 출전의 꿈을 포기할 생각이 없었다. 단체 경기로는 꿈을 이루기가 어렵다는 판단이 서자, 그는 유도로 종목을 바꾸기로 결심했다. 유도의 매력에 흠뻑 빠져 있던 그는 유도 선수로 거듭난 지 1년 만에 전국 대회에서 우승을 차지했다. 올림픽을 향한 새로운 여정이 시작된 것이다.

그사이에도 삶은 계속되었다. 크리스토퍼는 조지아 공대에 진학해 엔지니어링을 전공한 뒤 영국 석유 회사 BP에 취업해 스코틀랜드의 애버딘으로 날아가 직장 생활을 시작했다. 그러는 동안에도 그는 훈련을 게을리하지 않았다. 애버딘 현지의 유도 클럽에 가입했고, 스코틀랜드와 잉글랜드 북부에서 벌어지는 유도 대회에 틈틈이 나가 실전을 경험하며 기량을 다듬었다. 그는 유도 실력을 점점 키워 가더니 2014년에는 스코틀랜드 글래스고에서 벌어진 영연방 경기 대회에 출전했으며, 같은 해에 벌어진 중앙아메리카 유도 선수권 대회에서는 동메달을 따기까지 했다.

하지만 머지않아 그의 여정은 또 한 번 갈림길을 만났다. 유가 폭락과 함께 BP는 모든 해외 주재원을 본국으로 돌려보내는 한편, 퇴사를 희망하는 사람에게는 퇴직 장려 지원금을 지급한다는 조치도 내놓았다. 크리스토퍼는 결정을 내려야 했다. 쇠락한 회사에서 폭풍우를 견딜 것인가, 아니면 올림픽의 꿈에 전념할 것인가. 크리스토퍼는 후자를 선택했다. 퇴사 장려 지원금까지 주겠다고 하니, 지금이야말로 올림픽에 모든 것을 걸어야 할 때라고 판단했다.

퇴사 후 크리스토퍼는 동료 선수의 조언에 따라 미국으로 날아가 뉴욕 스키넥터디의 유도 클럽에서 훈련하기 시작했다. 네 차례나 올림픽에 출전해 은메달을 딴 뒤 유도 코치로 명성을 떨치던 제이슨 모리스가 이끄는 클럽이었다. 크리스토퍼는 이곳에서 일주일에 6일을 훈련했고, 2주에 한 번씩 인근에서 벌어지는 토너먼트에 출전했다.

"몇 달 사이에 4, 50경기를 뛰었어요. 국제 대회는 아니었지만, 경기를 연달아 뛰면서 사포로 거친 모서리를 매끄럽게 다듬는 느낌이었습니다."

올림픽을 향한 크리스토퍼의 꿈은 정상 궤도를 순항하는 듯했다. 그러자 이번엔 슬럼프가 찾아왔다. 파리 전지 훈련 캠프에 참가했던 2016년 2월, 크리스토퍼는 한계에 다다른 느낌이었다. 최근에 참가한 대회에서는 1회전에 탈락했고, 캠프에서 함께 훈련하던 왕년의 세계 챔피언과 올림픽 출전 경력을 가진 열 명의 동료가 매일같이 그를 메다꽂았으며, 설상가상으로 그해에 리우데자네이루에서 개최될 올림픽에 참가하려고 모아 둔 돈도 바닥을 드러냈다. 목표를 코앞에 두고 좌절감에 사로잡힌 크리스토퍼는 자신을 담당하던 스포츠 심리학자 어맨다 존슨을 찾아갔다.

크리스토퍼의 사연을 들은 어맨다는 점점 고조되는 그의 위기감에 큰 안타까움을 드러내며 그만 내려놓으라고 조언했다. 기대치를 내려놓고, 자신을 몰아붙이던 채찍질도 내려놓고, 앞으로 석 달 후에 일어날 일과 올림픽에 대해서도 전부 내려놓으라는 말이었다. 그러면서 그에게 지금 가장 중요한 일은 "그저 크게 숨을 들이쉬고, 한 발을 내디뎌, 훈련장으로 나가는 일"이라고 격려했다.

크리스토퍼는 그 조언에 귀를 기울였다. 매일매일 포기하지 않고 꾸준히 훈련했다. 캠프가 끝난 뒤에는 '챔피언 만들기'라는 이름의 크라우드 펀딩을 통해 143명의 기부를 받았다. 이윽고 트리니다드 토바고 유도 협회는 쿠바에서 열릴 팬 아메리칸 시니어 선수권 대회에 크리스토퍼를 보내기로 결정했다. 이제야 모든 정신적, 물질적 자원이 모여 그에게 힘을 실어 주는 것 같았다.

"처음에는 '나 혼자만의 힘으로 해야 한다'고 생각했어요. 하지만 그때 나는 마르쿠스 아우렐리우스의 말을 떠올렸어요. '도움이 필요한 것을 부끄러워하지 말라. 성벽을 향해 돌진하는 병사처럼, 너희에게는 이루어야 할 임무가 있다. 상처 입은 너희를 일으켜 세워 줄 동료가 필요하다면 어떻게 할 것인가?' 맞아요. 나는 도움이 필요했고, 도움을 받을 수 있어 감사했습니다."

크리스토퍼는 쿠바 팬 아메리칸 시니어 대회에서 7위를 기록해, 중앙아메리카 지역에 배정된 다섯 장의 올림픽 출전권 가운데 하나를 차지하는 데 성공했다. 이렇게 해서 그는 트리니다드 토바고는 물론 영어권 카리브해 지역을 통틀어 사상 처음으로 공식 초청을 받아 올림픽에 출전하는 유도 선수가 되었다.

결국 크리스토퍼는 오랜 꿈을 현실로 만들었다. 그러나 고된 훈련을 거듭한 그의 몸은 탈이 나고 말았고, 올림픽 이듬해인 2017년에 고관절 수술을 받아야만 했다. 그러나 그는 이번에도 위기 앞에 무릎을 꿇을 생각이 없었다. 수술 이후에도 운동을 계속할 수 있다는 점을 스스로에게 입증해 보이고 싶었고, 그래서 다시 수구 훈련을 시작했다. 그리고 2018년, 그는 조국의 수구 대표팀에 선발되어 또다시 주장까지 맡게 되었다.

크리스토퍼의 삶과 꿈은 여전히 진행형이다. 현재 변호사로 활발하게 일하는 그는 선수 시절에 배운 교훈을 이렇게 이야기했다.

"사실 지금도 운동선수로 뛸 때와 똑같은 어려움이 이어집니다. 온갖 문제를 일으킨 의뢰인들이 찾아오고, 끝내 수임료를 내지 않고 사라지는 이들도 있지요. 내일 당장 무슨 일이 벌어질지 나도 알지 못합니다. 하지만 나는 지금까지의 경험을 통해 내가 모든 어려움을 이겨낼 수 있음을 깨달았어요. 당장 눈앞에 닥친 일에 집중하고, 오늘 내가 할 수 있는 일을 해내면 됩니다."

결국 위기를 만드는 사람은 본인이다. 크리스토퍼가 오랜 시간을 두고 터득했듯이, 자기가 통제할 수 있는 일에 집중하고 준비하면, 위기에 휘둘리지 않고 본인 스스로 어떻게 대응할지를 결정함으로써 최대한 위기를 활용할 수 있다.

위기를 기회로 바꾸는
생명줄 연습

당신이 누구이건, 지금까지 단 한 번도 위기를 겪어 본 적이 없노라고 장담하지는 못할 것이다. 교통 체증 때문에 중요한 약속을 놓친 일상적인 비극부터, 그보다 훨씬 심각한 온갖 사건에 이르기까지, 당신은 지금 이 자리에 오기까지 적지 않은 장애물을 마주했을 것이다.

그렇지만 확실한 것은 당신이 지금 이 순간, 여기에 있다는 사실이다. 물론 당신은 브루스 리나 콜린 그리고 크리스토퍼가 겪은 것 같은 극도의 시련을 경험하지는 않았을지 모른다. 그러나 그들이 시련을 발판 삼아 미래로 달려갔듯, 당신도 스스로 의식하지 못하는 사이에 똑같은 과정을 거쳐 여기까지 왔는지도 모른다.

그 점을 이해하고 인정하며 감사하고, 나아가 그때 어떻게 했는지, 달리 어떻게 했으면 더 효과적이었을지를 돌아보는 자세야말로 현재와 미래의 위기를 헛되이 낭비하지 않는 열쇠다. 어디부터 시작해야 좋을까? 에픽테토스의 스승이었던 가이우스 무소니우스 루푸스의 조언에 귀를 기울이는 것은 어떨까?

"상황이 어렵다고 낙담하지 말고 지금까지 살아오면서 원하지는 않았지만 결국 최고의 결과로 이어진 일들이 얼마나 많이 일어났는지를 생각해 보라."[31]

이 조언을 현실에 적용해 보는 데에 이른바 '생명줄 연습'이 도움이 될 것이다. 생명줄 연습의 목표는 삶의 저점이 고점으로 올라가는 발판으로 작용한 사례가 얼마나 되는지를 살펴보는 것이다. 이 장 끝부분에 소개한 워크시트를 활용해 생명줄 연습을 실행하고 그래프로 그려 보자(이 도표의 x축은 나이, y축은 상대적 만족도와 성취도를 나타낸다).

1. 먼저 당신의 삶에서 가장 화려했던 고점 다섯 개와 가장 비참했던 저점 다섯 개, 모두 열 개의 사건을 골라 해당 지점에 점으로 표시한다. 예를 들어 열다섯 살 때 고점이 있다면, X축에서 15세를 찾고 그에 해당하는 성취도를 y축에서 찾아 점을 찍는다. 저점에 해당하는 사건들도 마찬가지다. 이 점들을 모두 연결하면 지금까지의 삶이 윤곽을 드러낸다.

2. 이제 저점에 해당하는 사건들을 하나하나 돌아보면서, 그 일이 하나 혹은 그 이상의 고점으로 이어진 경우가 없는지 생각해 본다. 이것은 나쁜 일을 부정하기 위해서가 아니다. 나쁜 일이 일어난 것은 사실이다. 다만 그 순간에 다른 창문 하나가 열려 있었던 것은 아닌지 살펴보자는 뜻이다. 그 창문이 미래의 고점으로 향하는 문이었을지도 모른다.

3. 가장 최근에 찍힌 점이 저점이라면, 과거에 저점이 고점으로 이어진 경우를 다시 살펴봄으로써, 이번에도 고점으로 전환할 방법을 찾기 위해 브레인스토밍해 본다. 이 연습을 끝낸 뒤에 어김없이 찾아올 저점 역시 마찬가지 방법으로 대처한다.

4. 필요하다고 생각될 때마다 수시로 이 연습을 되풀이한다.

핵심 정리

1 모든 인간은 수많은 고난과 위기를 겪는다.

2 이런 현실을 슬퍼하기에 앞서, 당신에게는 강력한 내적 통제 위치를 개발할 기회가 있음을 명심하라. 그렇게 함으로써 위기를 기회로 바꾸고, 더 나은 인간, 더 강한 인간으로 거듭날 수 있다.

3 생명줄 연습으로 과거의 저점이 훗날 고점으로 이어진 사례를 찾아본다.

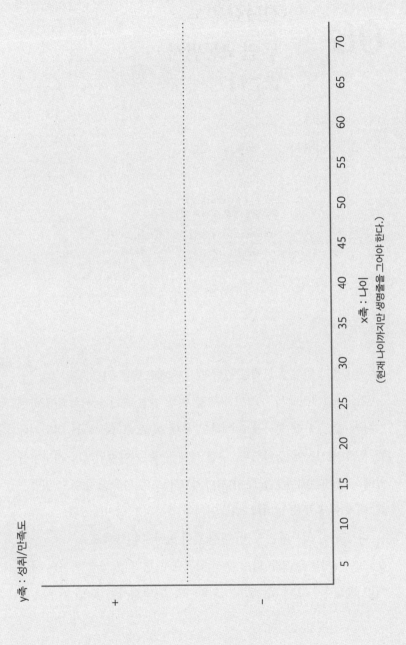

생명줄 연습

y축 : 성취/만족도

x축 : 나이

(현재 나이까지만 생명줄을 그어보세요.)

지나간 일로
두 번 고통받지
않는다

지금 당신에게 지워져 있는 짐은
미래도 과거도 아닌, 오직 현재만의 것이다.
_아우렐리우스

'당신이 우리 임원진 전체를 집단 멘붕에 빠뜨렸군요!'

로스앤젤레스에서 개최된 유명한 여행 산업 관련 국제회의에서 햇병아리 같은 우리 회사를 소개하고 무대 뒤로 내려온 나는 전화기에 뜬 문자 메시지에 경악했다. 수천 명에 달하는 여행업계의 지도자들 앞에서 프레젠테이션을 무사히 마치고 안도의 한숨을 내쉬고 있었는데, 대체 이게 무슨 날벼락이람! 연이어 메시지가 날아들었다.

'다들 당신 회사와는 두 번 다시 같이 일하지 않겠대요.'

그 메시지들은 모두 당시 우리 업계에서 제일 큰 상장 회사의 사업 개발 책임자가 보낸 것이었다. 그 회사와 우리 회사는 몇 년 전부터 함께 일할 방법을 다각도로 논의했고 한때 파트너십 협약을 체결하는 등 우호적이고 협력적인 관계를 지속해 왔다. 그런데 그 관계가 불과 몇 분 만에 산산이 깨진 느낌이었다. 도대체 왜 이런 일이 벌어진 걸까?

문득 프레젠테이션을 마무리할 무렵에 이번 비즈니스 아이디어 경진 대회 심사위원 중 한 사람이 던진 질문이 떠올랐다. 정확히 말하자면 그의 질문에 대한 내 답변이 떠올랐다.

우리 회사는 휴양지 숙소 임대업이라는 완전히 새로운 시장을 겨냥하는 업체였다. 여행자에게 하룻밤 혹은 한 주 단위로 숙소를 임대해 주는 업체가 아니라, 휴양지에 숙소를 가지고 있는 집주인과 그 집을 1년 내내 관리해 주는 전문 업체를 연결해 주는 일이 우리 사업의 핵심이었다. 이전까지 이런 사업으로 성공을 거둔 회사가 없었고, 아직 초창기이기는 해도 우리 회사는 거래량과 수입이 매달 두 배로 증가하는 중이었다.

그 심사위원은 업계 사람이라면 대부분이 궁금해할 법한 내용을 질문했다. "XX(여행업계의 대형 상장 기업이자 내가 집단 멘붕을 일으킨 그 회사)가 직접 이 사업에 뛰어들어 당신네 회사를 금세 잡아먹지 않는 이유가 무엇일까요?"

나는 경멸적이거나 선동적인, 심지어는 논란이 될 만한 답변을 내놓을 의도가 조금도 없었다. 그저 누구나 이미 아는 내용을 공유한다는 생각으로 이렇게 대답했을 뿐이다. "XX는 새로운 상품을 개발하지 않습니다. 기존의 비즈니스를 사들여서 한데 버무리는 것이 그들의 유일한 전략이니까요. 실제로 그들은 이런 접근법에 따라 이미 서른다섯 개의 업체를 인수했습니다."

그 회사의 자체 자료만 읽어도 알 수 있는 내용이 그들을 이렇게나 분노하게 만들다니. 나는 어떻게 대응해야 할지 감이 잡히지 않았다. 아니, 대응을 꼭 해야 하는지도 확신이 서지 않았다. 답답해진 나는 신선한 공기를 마시면 머리가 맑아질지 모른다는 생각에 회의실을 나와 호텔 로비로 걸어갔다. 그때 그 문제의 대기업에서 상품 개발 책임자로 일하는 임원이 쫓아와 나를 한쪽 벽으로 몰아세우더니 여행업계의 거물들이 지켜보는 앞에서 과격한 욕설을 속사포처럼 퍼부었다. 그러고는 나를 놔주기 직전에 이렇게 결정타를 날렸다.

"그래도 아이디어 하나는 좋네. 어떻게 훔칠지 생각 좀 해 봐야겠어."

●　　　　　　　　　　　우리는 현실보다
　　　　　　　　상상 속에서 더 자주 고통받는다

간신히 호텔을 빠져나온 나는 휘몰아치는 감정의 소용돌이에 빠지지 않으려고 밴드 '뱀파이어 위켄드'의 음악이 흘러나오는 헤드폰을 뒤집어쓴 채 무작정 로스앤젤레스 시내를 걸었다. 이것은 여행업계의 권위 있는 아이디어 경진 대회에 참가하기로 결심했을 때 내가 예상한 상황이 전혀 아니었다. 나는 업계의 주목과 투자자의 관심을 이끄는, 자랑스러운 나와 우리 회사의 모습을 기대했을 뿐이다. 하지만 이제는 내가 업계의 가장 큰 기업 중 한군데를 도발한 형국이었고, 그 대기업의 협박 때문에 머리가 터질 지경이었다. 그들이 정말로 내 아이디어를 훔쳐 가면 어떡하지?

그래도 스토아 철학을 열심히 공부한 까닭에 그 와중에도 세네카의 말을 떠올렸다. "우리는 현실보다 상상 속에서 더 자주 고통받는다." 그럴지도 모른다. 내 걱정이 지나치고, 현실은 좀 더 나을지도 모른다. 나는 마음을 추스르고 없는 자신감을 싹싹 긁어모아 다시 호텔로 돌아갔다. 로비에 들어서기 무섭게 그 대기업의 공동 창업자 겸 최고 운영 책임자가 나를 보더니 다가왔다.

"당신, 도대체 무슨 짓을 한 거요? 늦게 도착하는 바람에 당신 프레젠테이션을 못 들었는데, 호텔로 들어서니 다들 '앤드루 매코널, 그 개자식' 어쩌고 하면서 거품을 무니 말이오."

그가 웃음을 지으며 말을 이었다. "당신이 무슨 짓을 했냐고 물었더니 '무대 위에 올라가서 우리가 신상품은 개발하지 않고 남의 회사를 사들이기만 한다'고 했다더군."

나는 이제 무슨 일이 벌어질지 몰라 걱정스러운 표정으로 그를 바라보았다.

"그래서 내가 대답했지. '그래, 바로 그게 우리가 하는 일이야. 그게 우리 전략이라고. 회사를 만들 때 내가 쓴 사업 계획서에도 그렇게 나와 있어. 그게 어때서?'"

그제야 갑자기 긴장이 풀리면서 나도 모르게 한숨을 내쉬었다. "내가 생각한 게 바로 그겁니다." 내가 소리쳤다. 다행히 우리는 한바탕 같이 웃다가 헤어졌다.

그날 저녁, 나는 다시 회의실 무대 위로 올라갔다. '여행업계 최고 혁신 기업'으로 선정돼 심사위원으로부터 상장을 받기 위해서였다. 예상치 못한 협박에 잠시 주눅 들었지만 이번 대회에 참가하기로 한 선택은 틀리지 않았다. 기대한 대로 업계 사람들과 투자자의 주목과 인정을 받았으니 말이다.

●
당신은 한 달 전에
무슨 걱정을 했는지 기억하는가?

무대에서 내려와 휴대 전화를 들여다본 순간부터 나를 휩쓸었던 걱정은 끝내 현실로 나타나지 않았다. 단지 내가 현실을 마음껏 즐기지 못하도록 방해한 게 전부였다. 하지만 걱정과 그로 인한 고통이 이런 식으로 깔끔하게 사라지는 경우는 거의 없다. 만일 그 회사의 최고 운영 책임자를 만나지 않았더라면, 나는 상당한 기간을 일어나지도 않을 일 때문에 고통스러워했을 것이다.

인간은 걱정하는 동물이라 해도 과언이 아니다. 우리는 생존을 위해 위험한 것을 피하고 불확실한 것을 두려워하도록 진화했다. 그 결과 과거에 경험했던 부정적인 사건을 자꾸 떠올리고(그래야 앞으로도 조심할 것이므로), 아직 일어나지도 않은 (혹은 절대 일어나지 않을) 일을 걱정하느라 잠을 설친다. 이런 성향이 자연 상태에서 생존하기엔 유리했겠지만, 현대사회에서 마음 건강을 챙기는 데는 무척 방해가 된다. 사건을 겪기도 전에 걱정하느라 고통받고, 사건이 진행되는 동안 실제로 고통받고, 사건이 끝난 뒤에도 머릿속에서 지우지 못해 고통받으며, 아무 의미도 없는 고통에 계속 시달리게 하기 때문이다.

그래서 우리는 의식적으로 걱정을 끊어 내는 훈련을 해야 한다. 이미 지나간 일이 후회스럽고 미련이 남는가? 어쩔 수 없다. 지금 할 수 있는 최선의 일은 지나간 일로 또다시 고통받지 않는 것이다. 패스! 아직 오지 않은 일 때문에 걱정이 되는가? 최악의 순간을 예방하기 위해 당신이 지금 해야 하는 일은 무엇인가(4장을 참고하라)? 이제 그 일을 하고 마음을 비우라. 패스!

세네카의 말처럼 우리는 상상 속에서 더 고통받는다. 막상 현실은 상상보다 훨씬 단순하고 견딜 만한 경우가 많다. 그러므로 가상의 세계에서 펼쳐지는 무의미한 고통을 의식적으로 끊어 내고, 그 시간에 지금 당장 할 수 있는 일에 집중하는 편이 낫다. 세네카는 또 이런 말을 남겼다. "그때 끔찍했다고 해서 이미 지나간 고통을 끌어안고 또 끔찍해할 필요가 무엇인가?" 그렇다. 언제나 고통은 그것을 겪은 그 순간으로 충분하다.

●　　　　　　　　　　　　　500억 달러 회사를 만든
　　　　　　　　　　　　　　　　　단 하나의 원칙

기술을 무기로 스타트업을 창업한 사람이라면 누구나 온갖 불확실성에 직면하기 마련이다. 전 세계에서 무려 100만 명 이상이 사용하는 전자 서명 서비스 업체 1위 기업인 도큐사인DocuSign을 창업한 톰 곤저 Tom Gonser 역시 사업을 하며 수많은 위기에 직면해야 했다. 그만큼 '그때 그 일을 하지 말았어야 했는데' 하는 후회(사후 고통)와 '만약 이런 일이 발생하면 (혹은 발생하지 않으면) 어떡하지?' 하는 걱정(사전 고통)을 불러일으킬 만한 경험을 많이 한 사람도 드물다. 하지만 그는 절대로 고통의 함정에 빠지지 않았고, 직원들도 그러지 않도록 독려했다.

"하나의 아이디어가 상장 회사로 성장하기까지 16년이 걸렸습니다. 그 사이에 어마어마한 위기들이 많았죠. 그러나 우리는 절대 같은 고통을 두 번 겪지 않았습니다. 아무 의미가 없으니까요."

스타트업이 대개 그렇듯이, 톰 역시 처음에는 규모가 작은 회사부터 공략했다. 중소기업은 계약 규모는 작아도 대기업처럼 관료주의에 젖어 있거나 판매 사이클이 길지 않기 때문이다. 대기업의 그런 속성은 갓 출범한 스타트업에게 치명적인 덫으로 작용할 때가 많다.

하지만 이런 상향식 접근법은 초기 고객을 확보하는 데는 도움이 되었지만, 고객의 규모가 워낙 작다 보니 투자자들에게 잠재력이 큰 회사라는 믿음을 심어 주기가 쉽지 않았다. 그런 상황은 톰이 집폼 zipForm(현 집 로직스Zip Logix)을 고객으로 확보하면서 돌변했다. 당시 집폼은 미국 부동산 중개업자 가운데 60퍼센트가 사용하는 소프트웨어를 출시한 회사였다. 다시 말해 도큐사인은 이 계약을 통해 불과 몇 달 사이에 10만 명의 사용자를 잠재 고객으로 확보한 셈이었다. 이 대박 계약으로 타당성을 확인한 투자자들은 거액의 수표를 끊어 주기 시작했고, 도큐사인은 순식간에 시리즈 A 라운드(첫 번째 대규모 자금 조달 단계)를 마감했다.

그러고 나니… 아무 일도 일어나지 않았다. 맞다, 도큐사인은 집폼과 통합했고, 부동산 중개업자들은 이제 클릭 한 번으로 전자 서명용 계약서를 훨씬 간단하고 빠르게 보낼 수 있게 되었다. 하지만 문제는 실제로 그 방법을 사용하는 사람이 아무도 없다는 점이었다. 중개업자들은 열이면 열, 계약서를 종이로 출력해 진짜로 서명을 받는 아날로그 방식을 선택했다. 도대체 뭐가 문제인 걸까?

톰과 동료들은 도큐사인 출시 전, 계약서를 사용하는 비즈니스 종사자들과 마주앉아 하나하나 짚어 가며 제품을 만들었다. 그들은 처음에 전자 서명 개념에 의구심을 품었다. 전자 서명을 사용하면 실제로 누가 언제 서명했는지를 어떻게 알겠는가?, 또 계약서는 어떻게 주고받으며 그것을 어떻게 기존의 시스템에 집어넣어야 하는가?, 또 계약서의 법적 효력은? …. 그 과정을 거치며 톰은 그들이 개발하는 것이 단순히 전자 서명 기능이 아니라는 사실을 깨달았다. 도큐사인은 사용자들이 필요하다고 말한 모든 기능을 갖추어 자동화된 작업 흐름을 갖춘 플랫폼을 구축했다.

그랬기 때문에 부동산 중개인들이 도큐사인을 사용하지 않는다는 사실은 더욱 충격적이고 혼란스럽게 다가왔다. 사용자들의 우려에 대처하는 데 필요한 모든 노력을 기울이지 않았던가! 하지만 톰은 사무실에 앉아 이런 고통이 연장되는 상황을 마냥 지켜보지 않았다. 위대한 창업자들이 흔히 그렇듯이, 그 역시 현장으로 나가 잠재 고객들을 만났고, 그들이 왜 도큐사인을 사용하지 않는지 파고들었다.

"나는 그들과 함께 앉아 모든 단계를 하나하나 직접 밟아 보며 그들이 기존에 하던 방식보다 훨씬 빠르고 간편하게 서명을 진행할 수 있다는 점을 확인시켜 줬습니다. 그들은 하나같이 '정말 획기적이네요! 이전보다 훨씬 많은 계약을 마무리할 수 있겠어요'라며 환호했습니다. 그런데 내가 그럼 앞으로 우리 제품을 사용할 거냐고 물으면 모두 고개를 가로젓는 겁니다. 이유가 뭐냐고 묻자 여러 대답이 나오더군요."

너무 생소합니다, 아직 검증되지 않은 거 아닙니까?, 아이디를 도난 당하면 어떡합니까?, 법적 효력이 있긴 합니까?…. 물론 톰은 그들의 모든 질문과 우려에 대답할 준비가 되어 있었다. 하지만 그들은 결국 한목소리로 외쳤다. "이것 보세요. 나는 법률가도 아니고 기술자도 아니에요. 당신 말이 옳은지 아닌지 알 길이 없단 말입니다." 그들은 얼리 어답터와는 거리가 먼 사람들이었다.

이쯤 되면 톰이 포기한다고 해서 그를 비난할 사람은 아무도 없을 터였다. 하지만 톰은 그럴 생각이 없었다. 도큐사인의 신뢰성을 검증할 방법을 찾아내기 위해 브레인스토밍을 거듭하던 중, 톰이 이런 질문을 내놓았다. "마이크로소프트 같은 대기업이나 대형 은행들이 우리 제품을 사용한다고 하면 어떨까? 그렇게 되면 그들도 우리를 신뢰할 수 있지 않겠는가?"

톰과 동료들은 원점으로 돌아가 전체적인 영업 전략을 완전히 뒤엎었다. 이제 더는 관료주의에 물든 기업 고객을 제쳐 두고 일을 추진할 여유가 없었다. 어떻게든 성과를 내기 위해서는 정면으로 그들과 부딪쳐 보는 수밖에 없었다.

기업 고객들은 각기 자기네 환경에 맞는 맞춤형 서비스부터 훨씬 더 까다로운 보안 프로토콜을 수용하는 문제에 이르기까지 다양한 요구 사항을 내걸었다. 도큐사인은 느리지만 확실하게 이런 요구 사항들을 하나하나 충족해 나갔고, 몇 달 지나지 않아 마이크로소프트가 그들의 고객으로 등록했다. 그 직후에는 웰스 파고Wells Fargo 은행이 그들의 고객 명단에 이름을 올렸고, 그와 동시에 도큐사인은 다른 금융 기관들을 상대로 전자 서명 플랫폼을 이용하려면 가장 안전한 도큐사인을 선택하라고 조언하는 백서를 출간했다. 도큐사인은 그제야 본격적으로 판을 주도하기 시작했다.

아, 하지만 고통은 여기서 끝나지 않았다. 한번은 도큐사인의 당시 매출보다 열 배 이상 가치가 큰 대형 벤처 기업과 계약 성사 직전까지 갔는데, 그들이 막판에 도큐사인 대신 자기네 브랜드를 걸어 달라고 요구하는 바람에 거래가 깨졌다. 또 한번은 톰이 유명 소프트웨어 회사를 상대로 파트너십 계약을 제안했는데, 그들이 톰을 배신하고 도큐사인과 경쟁 관계인 다른 업체를 인수해 직접적인 경쟁 업체가 되어버린 일도 있었다. 또 한번은 학자금 대출과 관련한 정부의 규제가 변경되어 하룻밤 사이에 도큐사인의 사업 가운데 거의 4분의 1이 날아가기도 했다.

이렇게 한 번씩 시련이 닥칠 때마다 도큐사인은 고통을 감수해야 했다. 하지만 그때마다 톰은 직원들을 독려해 현재의 문제에만 집중하도록 만들었다. 안 그래도 힘든 마당에 아무 소용도 없는 사전 고통과 사후 고통에 시달릴 이유가 없지 않은가. 그는 언제나 세네카의 조언처럼 '현실보다 상상 속의 고통이 더 큰' 사태가 오지 않도록 노력했다. 그 결과 도큐사인은 한때 시가 총액이 거의 500억 달러에 육박하는 상장 회사가 되었다.

지금은 투자자로 변신한 톰은 고통스럽게 터득한 교훈을 자기가 자문하는 다른 회사의 창업자들과 공유하는 일에 최선을 다하고 있다.

"회사의 창업과 성장은 반드시 도전을 수반합니다. 사실 그것은 인생의 일부분이기도 하고요. 그 고통에 어떻게 대처할지는 전적으로 본인의 선택에 달려 있습니다."

톰이 내린 결론은 이렇다. "하지만 설령 고통을 감수한다 해도 같은 고통을 두 번 이상 겪을 필요는 없어요. 그것은 정말로 어리석은 일입니다."

쓸데없는 후회와 불안으로 오늘을 망치지 않는 법

인생에서 고통은 피할 수 없는 부분이다. 4장에서 소개한 게리와 리치의 사례처럼 문제가 생기지 않도록 미리 준비한들, 또는 5장에서 소개한 크리스토퍼와 콜린의 사례처럼 위기를 기회로 바꿔 놓기 위해 애쓴들, 모든 고통을 남김없이 예방하기란 불가능에 가깝다. 모든 일이 언제나 우리 생각처럼 풀리지는 않는다. 때로는 커다란 시련이 우리를 덮치기도 할 테지만, 어차피 그게 인생이다.

문제는 고통 그 자체가 아니다. 그것을 확대 재생산하는 우리의 마음이다. 이미 지나간 고통을 끊어 내지 못하고 현재의 고통으로 끌어안을 이유가 무엇인가. 마찬가지로 상상 속에나 존재하는 미래의 고통을 끌어와 지금 괴로워할 필요가 무엇이란 말인가. 미래의 고통은 우리를 덮치지 않고 그냥 지나갈지도 모르고, 실제로 우리를 덮쳤던 과거의 고통은 우리가 허락하지 않는 한 결코 현재에 머무를 수 없다.

만일 당신이 이미 지나간 고통을 끌어안고 살아가는 사람이라면, 마르쿠스 아우렐리우스의 말을 잘 들어 보길 바란다. "우리의 마음속에 분노와 슬픔을 불러일으킨 상황 그 자체보다, 그 분노와 슬픔이 초래한 결과가 훨씬 더 해롭지 아니한가." 바꿔 말하면 과거나 미래의 고통에 집착함으로써 생기는 부정적인 감정이 고통 그 자체보다 우리에게 훨씬 더 나쁜 영향을 미친다는 뜻이다. 이런 해로운 결과를 막기 위해서는 지난 고통과 오지 않은 미래의 고통이 우리의 마음을 장악하지 못하게 해야 한다.

전등 스위치를 내리듯이 원하는 때 마음속에 휘몰아치는 후회와 불안을 꺼 버릴 수 있으면 얼마나 좋을까. 하지만 마음은 쉽게 뜻대로 움직여지지 않으니, 의식적인 훈련 과정이 필요하다. 다음과 같은 질문을 차례로 해 보는 것이 좋은 방법이 될 수 있다. 지금 겪는 고통의 효용을 알아봄으로써, 고통에 낭비하는 시간과 에너지를 더 생산적인 용도로 활용하는 게 목적이다. 예를 들어 보자.

질문 : 고통이 이미 발생했는가?

1. 그렇다.

    a. 사건이 끝난 뒤에도 고통을 지속하면 어떤 장점이 있는가?

       i.   장점이 있기는 한가?

       ii.

       iii.

    b. 사건이 끝난 뒤에도 고통이 지속하면 어떤 단점이 있는가?

       i.   잠을 이루지 못한다.

       ii. 더욱 즐겁고 생산적인 일에 집중하지 못한다.

       iii. 기타.

    c. 이미 고통을 겪은 입장에서, 앞으로는 같은 일로 여러 차례 고통

을 겪지 않으려면 어떻게 해야 한다고 생각하는가?

i. 이 계획을 세우는 데 전념하고 실행에 옮긴다!

2. 아니다. 앞으로 일어날 것으로 예상된다.

a. 고통이 발생할 가능성을 줄일 방법이 있는가?

i. 있다. → 그 방법을 실행하는 일에 전념하라!

ii. 없다. → 더 이상 이 일에 신경 쓰지 마라. 당신이 통제할 수 있는 일이 아니니 현재를 즐기는 게 낫다!

핵심 정리

1 고통은 인생의 불가피한 일부다. 줄일 수는 있어도 완전히 없애지는 못한다.

2 어떤 경우에도 같은 고통을 두 번 이상 겪어서는 안 된다. 사건이 일어나기 전에 걱정과 불안에 휩싸이는 '사전 고통'이든, 이미 지나간 일로 후회하고 한탄하는 '사후 고통'이든 마찬가지다.

3 불필요하고 백해무익한 사전, 사후 고통을 줄이려면 다음 워크시트의 질문을 차례로 던지고 그에 답해 보면서 생산적인 일에 정신적 에너지를 쏟도록 노력해야 한다. 같은 고통을 두 번 이상 겪지 않는 방법을 모색하라.

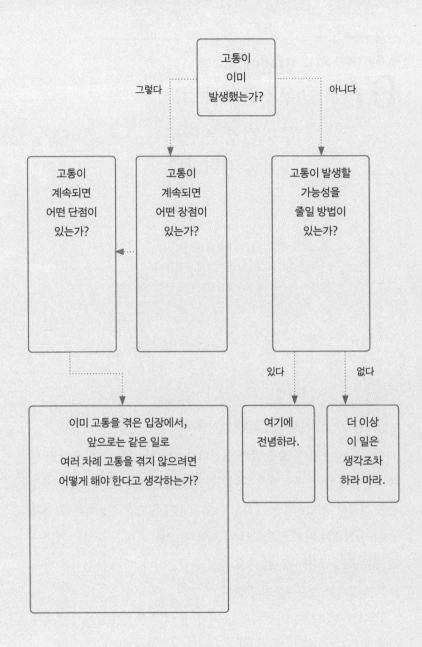

고통이 이미 발생했는가?

그렇다   아니다

고통이 계속되면 어떤 단점이 있는가?

고통이 계속되면 어떤 장점이 있는가?

고통이 발생할 가능성을 줄일 방법이 있는가?

이미 고통을 겪은 입장에서, 앞으로는 같은 일로 여러 차례 고통을 겪지 않으려면 어떻게 해야 한다고 생각하는가?

있다   없다

여기에 전념하라.

더 이상 이 일은 생각조차 하라 마라.

151

CHAPTER

07

인생에는
무조건 나쁜 일도,

무조건 좋은 일도
없음을 기억한다

당신이 가진 축복들을 헤아려 보라.
그리고 그것들을 가지지 못했을 때
당신이 얼마나 갈망했는가를 생각하면서 감사히 여기라.
_아우렐리우스

"그래서, 당신이 진짜 변호사란 말입니까?"

테이블 맞은편에 앉은 남자는 커다란 안경알 위로 한쪽 눈썹을 치켜세우며 물었다. 우호적인 분위기를 기대했던 나는 심문을 당하는 것 같아 적잖이 당황했지만, 그래도 미소를 잃지 않으려고 노력했다. 어쨌든 나는 그에게 나쁘게 보여선 안 되었다. 그는 내가 갓 창업한 햇병아리 같은 회사에 딴지를 걸 수도 있었기 때문이다. 나는 분위기를 바꿔보려고 필사적으로 애쓰며 말했다.

"실패한 변호사에 가깝지요. 도저히 잘 해낼 자신이 없어서 변호사 시험에 합격하자마자 때려치우고 사업을 시작했어요."

내가 생각해도 한심하다는 듯 자조 어린 미소를 지으며 대답했다. 그러나 내 어설픈 농담은 그를 조금도 웃기지 못했다. 노스캐롤라이나 부동산 위원회(NCREC)에서 나온 그 남자는 내가 처음으로 창업한 회사인 '미래의 휴가'에 대해 설명하면 할수록 돌덩이처럼 차가운 눈빛으로 나를 노려보고 침묵을 지킬 뿐이었다. 내가 횡설수설 떠들수록 내 회사는 점점 더 깊은 수렁으로 빠져드는 것 같았다.

"질문이 정리되면 연락드리겠소."

불길한 대답이 내 귓전을 때렸다. 나는 두근거리는 심장을 진정시키며 고맙다고 인사한 뒤에 정부 청사를 나왔다.

초보 사장이 너무 억울한 일을 겪으며 깨달은 것

사건의 발단은 이랬다. 그 만남이 있기 몇 주 전, 나는 NCREC로부터 편지를 한 통 받았다. 내 회사(집주인과 휴양지 숙소를 관리하고 임대하는 전문 업체를 연결하는 온라인 비즈니스)가 노스캐롤라이나주의 규정을 위반했다는 내용이었다. 그들은 우리 회사 같은 첨단 혁신 기업이 자기 뒷마당을 침범하는 게 못마땅한 어느 건물 관리자의 이메일 한 통을 근거로 내 회사가 불법적으로 '중개업'을 하고 있다고 판단했다. 중개업은 법적 요건이 아주 까다로운 법률 용어 가운데 하나였다.

그 이메일을 받고 나는 코웃음을 쳤다. '이 양반들, 제정신이야?' 우리는 에어비앤비나 브르보, 부킹닷컴 등과 똑같은 방식으로 사업을 운영하고 수수료를 받는 온라인 비즈니스였다. 그런 수백억 달러짜리 기업들은 노스캐롤라이나주에서 마음껏 사업을 벌이는데, 나를 포함해 직원이 달랑 두 명밖에 안 되는 내 회사는 도대체 어떤 이유에서 안 된다는 것일까?

나는 이런 내용을 적어 답장을 보냈고, 며칠 후 그들로부터 더 황당한 내용의 편지를 받고 말았다.

'우리는 귀하가 서신에 언급한 업체들을 한 번도 들어 본 적이 없습니다. 하지만 우리는 귀하의 회사는 들어 보았으니, 문제가 되는 것은 귀하의 회사가 아니겠습니까.'

핏덩어리에 지나지 않는 내 회사가 쟁쟁한 상장 기업들보다 더 인지도가 높은 지역도 있나? 절로 헛웃음이 나왔지만, 아무리 생각해도 지금은 웃고 앉아 있을 때가 아니었다. 만일 NCREC가 그런 입장을 끝내 고수한다면 내 회사는 살아남기 어려웠다. 나는 그들에게 면담을 요청했다. 직접 만나 설명하면 훨씬 수월하게 이해를 끌어낼 거라 생각했다.

하지만 그 돌덩이처럼 차가운 남자와 면담을 마치자, 나는 상황이 이전보다 더 나빠졌다는 걱정을 떨치기 힘들었다. 그리고 채 한 주가 지나지 않아 그것은 기우가 아님이 드러났다. NCREC는 결정 사항이 담긴 세 쪽짜리 편지를 보냈다. 거기에는 내 입으로 꺼낸 '실패한 변호사'라는 언급을 근거로, 내 비즈니스를 용인하기에는 너무 위험하다는 판단을 내린다고 적혀 있었다. 이대로 가만히 있으면 그들은 내게 벌금을 부과하고 회사의 간판을 떼어 버릴 터였다.

덜컥 겁이 났다. 내가 평생 처음으로 창업한 회사였다. 잘나가는 직장을 그만두고 사업을 시작하겠다고 아내를 설득하기까지 거의 열 달이 걸렸다. 그런 회사를 창업 1년도 안 되어 제대로 시동도 걸어 보지 못한 채 쓰레기통에 처박히게 둘 수는 없었다. 나는 컴퓨터 화면을 응시했다. 그리고 이메일을 읽고 또 읽으며 구명정이 되어 줄 대책이 떠오르기를 기도했다.

마침내 나는 대책을 발견했다. 어쩌면 나는 내가 생각한 만큼 완전히 실패한 변호사는 아니었던 모양이다.

NCREC가 에어비앤비와 브르보, 부킹닷컴 같은 대기업에 가하지 않는 제재를 내 회사에 적용한 이유는 딱 하나였다. 내 회사가 노스캐롤라이나에 사무실을 두고 일자리를 창출하고 세금을 납부하기 때문이었다. 그들은 자신들에게 공룡 대기업의 중개업을 관리 감독할 근거가 없다는 점을 지적했다. 이 말은, 만일 내가 노스캐롤라이나에서 일자리를 창출하지 않고 세금도 내지 않는다면, 그 대기업들과 똑같은 대접을 받게 될 거라는 뜻이었다.

참 아이러니한 논리였다. 애틀랜타에 사는 내가 노스캐롤라이나에서 창업한 유일한 이유는 남동부에 편중된 기업들을 이쪽으로 유치하려는 목적으로 마련된 스타트업 지원 프로그램에 참여하기 위해서였다. 그런데 이제는 그 주의 규정 때문에 쫓겨나야 하는 처지라니. 더군다나 아직 아내와 내 주거지는 애틀랜타였기 때문에, 내가 매주 두 도시를 오가야 하는 상황을 아내는 결코 달가워하지 않았다.

그 당시 우리 회사의 유일한 직원이자 내가 노스캐롤라이나에서 창출한 유일한 일자리는 신입 사원 수준의 영업직이었는데, 그 정도의 인력을 고용하기에는 애틀랜타나 노스캐롤라이나 더럼이나 큰 차이가 없었다. 더 중요한 대목은 노스캐롤라이나를 벗어나면 훨씬 수익성이 좋은 모델로 운영 방식을 변경할 수 있다는 점이었다. 사실 NCREC로부터 첫 연락을 받고 나서 두 달 동안, 나는 회사의 운영 방식을 순수한 거래 건수 기반에서 효율성이나 수익성이 훨씬 떨어지는 구독 서비스 기반으로 바꾸었다. 이렇게 하면 권력자들의 노여움을 달랠 수 있지 않을까 하고 기대했기 때문이다(비록 실패했지만).

나는 내가 찾은 대책을 확실히 해 두고 NCREC의 반응을 문서화해 놓고 싶은 마음에 회신을 보냈다.

'그냥 확인차 다시 문의드립니다. 제가 노스캐롤라이나에 사무실을 두지 않고 직원도 고용하지만 않으면, 에어비앤비나 브르보가 채택한 거래 모델을 저도 똑같이 활용해도 괜찮을까요?'

그날이 채 저물기도 전에 '예스'라는 답변이 날아오자, 내 비즈니스와 인생의 궤도는 완전히 달라졌다. 하나밖에 없던 노스캐롤라이나 직원과 당장 작별하고 조지아주에서 두 명을 새로 채용했으며, 매주 사야 했던 애틀랜타-더럼 왕복 항공권도 더는 필요없게 되었다. 나로서는 집에서 아내와 함께하는 시간이 늘어난 것만으로도 NCREC에 감사해야 할 판이었다.

혜택은 그것만이 아니었다. NCREC의 압박으로 비즈니스 모델을 재고한 끝에 우리 회사는 매달 거래량과 수입이 두 배씩 증가하는 폭발적인 성장세로 돌아섰다. 그런 까닭에 한때 나를 괴롭게 만들었던 NCREC는 이제 누구보다 고마운 은인으로 남았다.

인생에는 무조건 나쁜 일도, 무조건 좋은 일도 없다

스토아 철학자들은 일찍이 시련과 난관에 감사해야 한다고 강조했다. 마르쿠스 아우렐리우스는 일기처럼 쓴《명상록》에 본인이 직접 경험한 고난을 돌아보며 이렇게 썼다.

'나에게 이런 일이 일어난 것은 나의 불운이다.' 그렇지 않다. 오히려 이렇게 말해야 한다. '이런 일이 나에게 일어나기는 했지만, 현재에 파묻히거나 미래를 두려워하지 않고 고통 없이 견뎌 낸 것은 나의 행운이다.' 그런 일은 누구에게나 일어날 수 있지만, 누구나 고통 없이 견뎌 내지는 못한다. 따라서 그런 일이 일어난 게 불운이라고 생각하기보다 그런 불운을 견뎌 낼 능력을 가진 것이 행운이라고 생각하는 편이 낫지 않을까?

마르쿠스 아우렐리우스를 비롯한 스토아 철학자들은 이미 일어난 사건을 받아들이고 그로부터 교훈을 찾는 것만으로는 충분하지 않다고 믿었다. 고통을 그 사건이 일어난 당시로만 국한하는 자세도 마찬가지다. 진정한 스토아 철학자라면 그보다 한 걸음 더 나아가야 한다. 남들이 '왜 하필 나에게 이런 시련이 닥친 걸까?'라고 한탄하는 일에서 오히려 감사를 느낄 줄 알아야 한다는 것이다.

시련을 감사하게 여기라고? 그게 어떻게 가능하단 말인가? 오스트리아의 정신분석학자이자 의사 알프레드 아들러가 그에 대한 근거를 제시했다.

"의미는 상황이 결정하는 것이 아니다. 우리가 상황에 부여한 의미를 통해 우리는 자신이 결정한다."[32]

그에 따르면 상황 자체는 좋고 나쁘고를 따질 대상이 아니다. 다만 우리가 그 상황에 이런저런 꼬리표를 붙일 뿐이다. 셰익스피어도 햄릿의 입을 빌어 말했다. "좋은 것도, 나쁜 것도 없다. 생각이 그렇게 만들 뿐이다."

상황에 의미를 부여하는 주체는 우리 자신이다. 아들러의 이런 관점을 수용하면 삶에 대한 통제력과 만족도를 회복할 수 있다. 왜냐하면 어떤 상황이 닥치든 보기 나름이고 하기 나름이라고 생각하면, 그 어떤 결과가 나와도 받아들이기가 쉽다. 그것은 결국 자기가 내린 선택과 자기가 한 행동의 결과이기 때문이다. 더 나아가 그런 사람들만이 어떤 결과가 나와도 고마움을 느끼는 단계로 발전할 수 있다.

반대로 상황을 주어진 것으로만 인식하는 사람들은 수동적인 자세를 취하게 되고, 자기가 결과에 미치는 영향력이 미미하다고 생각하기 때문에 결과에 대한 수용력도 현저히 떨어진다. (이에 대해서는 5장에서 언급한 통제의 위치를 참고하라.)

상황을 정의하는 것이 우리 자신이라면, 시련에 어떤 꼬리표를 붙이는 것이 유리할까? 부정적인 꼬리표는 더욱 부정적인 사고와 행동으로 이어진다. 중립적인 꼬리표는 중립적인 사고와 행동으로 우리를 인도한다. 그럼 긍정적인 꼬리표는? 시련에 감사하는 마음은? 그것이야말로 우리를 더 큰 행복으로 이끌며, 수많은 과학적 근거가 이 주장을 뒷받침한다.

감사할 줄 아는 사람은 결국 모든 것을 얻는다

2018년 하버드 대학에서 이루어진 연구는, 감사가 강력하고도 일관되게 더 큰 행복과 연관된다는 사실을 밝혔다. '감사는 더욱 긍정적인 감정을 느끼게 하고, 좋은 경험을 기쁜 마음으로 받아들이게 하며, 건강을 개선하고, 역경에 대처하며, 강력한 관계를 형성하게 한다.'[33] 심리적인 혜택이 전부가 아니다. 다른 연구에 의하면 감사는 수면의 질을 높이고[34], 면역계를 강화하며[35], 통증을 줄이기까지 한다.[36] 게다가 이런 혜택은 한시적으로 끝나지도 않는다. 인디애나 대학의 연구자들에 따르면 '감사하는 마음에 충실할수록 더욱 동화되고 그 혜택을 (……) 마음껏 즐길 수 있다.'[37] 감사로 인한 혜택이 얼마나 강력하고 다양한지를 보여 주는 연구는 점점 쌓이고 있다.

감사에는 좋은 점뿐이다. 하지만 허울뿐인 감사로는 그런 효과를 볼 수 없다. 어떻게 해야 진정으로 감사하는 마음을 가질 수 있을까? 우리가 이 자리에 오기까지 수많은 인연과 신기한 우연으로부터 도움을 받았다는 사실을 이해하면 가능하다. 이것이 비록 우리 시대에 익숙한 사고방식은 아닐지 몰라도, 현명한 사람들이라면 하나같이 보여 주는 겸손한 태도이기도 하다.

우리가 이룬 모든 업적이 순전히 우리 능력 덕분만은 아니라고 말하면, 이는 우리의 문화적 규범과 어긋나 보일지도 모른다. 미국 사람들이 가장 좋아하는 단어 가운데 하나가 '자수성가'이고, 전 세계에서 수많은 이들이 '아메리칸 드림'을 꿈꾸며 생면부지의 땅으로 건너오니 말이다. 하지만 의도적이든 아니든, 우연이든 아니든 우리가 받은 도움을 인정하지 않으면 여러 연구 결과가 일관되게 보여 주듯이 더 큰 행복을 경험할 기회를 놓치게 된다. 겸양의 미덕은 우리가 건방진 얼간이가 되지 않도록 인도할 뿐 아니라 우리에게 좀 더 현실적인 혜택을 가져다준다. 프로 포커 대회 우승자이자 심리학자인 마리아 코니코바는 자신의 책《블러프》에 이렇게 썼다.

기술만으로 되는 일은 없다. 절대. 나는 절대적인 것을 멀리하는 편이지만, 그 말만은 인정하지 않을 수 없다. 삶은 삶이고, 무슨 일을 하든 언제나 운이 작용하기 때문이다. 기술은 새로운 시야를 열어 주고, 새로운 선택을 가능하게 하며, 우리보다 기술이나 눈썰미, 예리함이 떨어지는 사람은 놓치기 쉬운 우연을 포착할 수 있게 해 주지만, 그 우연이 내 편이 아닐 때 기술로 할 수 있는 일은 피해를 줄이는 것밖에 없다.[38]

우리는 각자의 노력과 지혜에 힘입어 오늘까지 왔다. 우연의 역할을 인정한다고 해서 노력의 가치가 줄어들지는 않는다. 우연이 극복해야 할 불운의 형태로 오든, 여정을 좀 더 수월하게 만들어 줄 행운의 형태로 오든, 그것은 우리가 통제할 수 없는 영역이다. 이것을 인정한다고 못난 사람이 되지는 않는다. 그리고 더 나아가 그것을 감사의 마음으로 받아들이면, 우리는 더 행복한 사람이 되는 골든 티켓을 얻은 것이나 마찬가지다.

"나는 세상에서 제일
운이 좋은 사람이에요"

"경보." 크리스토퍼는 천천히 한 음절 한 음절을 또박또박 발음했다.
"어센션 군에 강력한 뇌우 경보가 내려졌습니다."

주방에서 저녁을 준비하던 그의 어머니가 비명을 지르며 달려왔다.
"크리스토퍼, 너 읽을 줄 아는구나!" 어머니는 눈물을 흘리며 아들
을 끌어안고 소리쳤다. "그럴 줄 알았어! 네가 해낼 줄 알았다고!"

평범한 상황이라면, 열네 살 아들이 일기 예보 한 줄 읽은 게 그렇게
까지 호들갑을 떨 만큼 대단한 일은 아니다. 하지만 크리스토퍼 콜먼
Christopher Coleman은 평범하게 삶을 시작한 아이가 아니었다. 루이지애나주
곤잘러스에서 홀어머니가 키우는 일곱 남매 가운데 하나로 태어난 크
리스토퍼는 출생과 동시에 사망 선고를 받은 아기였다. 예정보다 8주
나 일찍, 그것도 목에 탯줄을 두르고 세상에 나온 크리스토퍼는 숨을
쉬지 않았고, 의사는 아무리 애를 써도 이 아기를 소생시킬 수 없었다.
의료진은 이 조그만 몸뚱이에 시트를 덮은 뒤 한쪽 옆으로 치워 놓고,
그의 쌍둥이 여동생을 안전하게 세상으로 데려오는 일에 집중했다.

무사히 태어난 여동생을 신생아 집중 치료실로 옮기고 난 다음에야
의료진은 시트 밑에서 무슨 소리가 들리는 것을 알아차렸다.

"맙소사, 이 아기가 살아 있어!"

의료진은 황급히 응급조치를 시작했지만, 이때 이미 크리스토퍼는
15분이나 산소를 호흡하지 못한 상태였고, 그사이에 광범위한 뇌 손상
이 발생했을 것이 분명했다. 의사들은 젊은 산모에게 헛된 희망을 심

어 주지 않으려고 애쓰며, 이 아이는 설령 살아남는다 해도 평생 심각한 정신적, 육체적 장애를 안은 채 살아야 할 거라고 경고했다. 그리고 퇴원할 무렵이 되자 의사들은 크리스토퍼에게 뇌성 마비라는 판정을 내리며, 그런 아이들을 맡아 주는 기관을 알아보라고 조언했다.

"쌍둥이를 떼어 놓을 수는 없어요." 어머니는 크리스토퍼를 집으로 데려왔고, 그 후 14년의 세월은 그에게나 그의 가족에게나 결코 만만한 시간이 아니었다. 아들을 위해 무엇이 최선인지를 고민하던 어머니는 여섯 살짜리 아들을 장애인을 위한 주립 학교에 등록시켰다. 그러나 학교 측에서는 이 정도로 심한 정신적, 육체적 장애라면 어떤 교육을 해 줘도 의미가 없다는 판단에 크리스토퍼를 한쪽 구석에 앉히고 온종일 벽만 바라보게 했다. 하지만 어머니는 포기하지 않았다. 아이들을 먹여 살리느라 새벽 서너 시까지 일하는 날이 많았지만, 그래도 어떻게든 시간을 내 크리스토퍼를 뇌성 마비 센터에 데려가 언어 치료와 물리 치료를 받게 했다.

크리스토퍼 본인도 포기하지 않았다. 크리스토퍼는 쌍둥이 여동생이 학교에 다니며 읽기와 쓰기 그리고 수학을 배우는 모습을 간절한 눈으로 바라보았다. 그러다가 그는 일곱 살이 되어 이른바 '한밤중 작전'을 실행했다. 형제들이 모두 잠자리에 들고 어머니도 야간 근무를 하러 집을 나가면, 크리스토퍼는 살그머니 여동생의 가방에서 책을 꺼내 화장실로 가져가서는 독학으로 읽기를 공부하기 시작했다.

그렇게 7년 동안 한밤중 작전을 이어 온 결과, 크리스토퍼는 뉴스에 나오는 일기예보를 똑똑히 읽음으로써 어머니를 깜짝 놀라게 했다. 감동한 어머니는 크리스토퍼를 장애인 주립 학교에서 데리고 나와 동네

초등학교에 입학시켰다. 그런데 교사들이 크리스토퍼를 테스트한 결과, 그의 지식이 이미 초등학생 수준을 뛰어넘어 9학년 수준에 달했음을 알게 되었다. 이로써 크리스토퍼를 고등학교에 입학시키기 위한 어머니의 새로운 도전이 시작됐다. 사람들은 기회가 생길 때마다 크리스토퍼에게 고등 교육은 무리라며 어머니를 설득하려 들었다. 그러나 어머니는 이 '기적의 아이'가 모두의 생각이 틀렸음을 입증할 거라 믿어 의심치 않았다. 그런 어머니의 사랑과 투지 덕분에 크리스토퍼는 마침내 고등학교에 입학하게 되었다.

고등학교는 누구에게나 쉬운 곳이 아니다. 그곳에서 벌어지는 따돌림, 파벌, 압박은 보통 학생들도 견디기가 힘들다. 그러니 휠체어 없이는 한 걸음도 걷지 못하고, 불과 몇 달 전만 해도 읽기와 쓰기조차 안 되는 줄 알았던 루이지애나 시골 마을의 10대 흑인 소년에게는 얼마나 가혹했겠는가. 하지만 크리스토퍼는 급우들의 놀림을 자양분 삼아 더욱 집중력을 발휘했고, 자기 능력을 입증하기 위해 몰두했다. 그런 헌신적인 노력 끝에 크리스토퍼는 마침내 스무 살의 나이에 360명 중 5등의 성적으로 고등학교 졸업장을 거머쥐었다.

크리스토퍼는 곧 니콜스 주립 대학에 법대 준비생으로 등록했고, 2년 뒤에는 애틀랜타의 서던 폴리테크닉 주립 대학에 편입해 기술 및 커뮤니케이션 전공으로 학사 학위를 받았다. 크리스토퍼가 편입을 위해 조지아주로 이사를 오는 바람에, 나는 애틀랜타 미드타운의 어느 아파트에서 그를 이웃으로 만나게 되었다.

크리스토퍼의 사연은 단숨에 나를 사로잡았다. 그가 이룬 성취만으로도 감동하지 않을 사람이 어디 있겠는가. 하지만 그의 환한 미소와 긍정적인 태도는 그보다 더 강한 전염성을 발휘했다. 내가 우리 집 강아지 헨리를 데리고 산책할 때 종종 그가 우리와 함께했고, 시간이 갈수록 나는 그에 대해 더 많이 알게 되었다. 한번은 산책 도중에 크리스토퍼가 불쑥 새로운 소식을 전했다.

"나, 얼마 전에 커밍아웃했어요."

"축하해요!" 나는 얼른 그렇게 대답했다. 내 친구 중에도 비슷한 단계를 거치며 힘겨워한 이들이 더러 있어서, 크리스토퍼 역시 한편으로 겁이 나면서도 다른 한편으로는 커다란 해방감을 맛보았으리라 상상했다.

헨리를 데리고 계속 걷다가, 문득 크리스토퍼가 따라오지 않는 것을 알아차렸다. 돌아보니, 그는 아까 그 자리에 어리둥절한 표정으로 휠체어에 앉아 있었다.

"왜 그래요?" 내가 물었다.

"그런 반응은 전혀 예상하지 못했거든요." 크리스토퍼는 그렇게 대답하며 다시 휠체어를 굴려 내 옆으로 다가왔다. 산책은 계속되었고, 크리스토퍼는 커밍아웃하게 된 자세한 이야기를 들려주었다.

동기 부여 강사인 크리스토퍼는 대학 졸업 후에 종교 단체로부터 강연을 해 달라는 요청을 많이 받았고, 따라서 주요 수입원도 그쪽 계통이었다. 그런데 어떤 친구가 그의 휴대 전화에서 우연히 몇몇 문자를 발견하고는, 돈을 주지 않으면 그가 다니는 교회에 그가 게이라는 사실을 폭로하겠다고 협박을 가했다. 겁에 질린 크리스토퍼는 차라리 자기 입으로 털어놓는 편이 낫겠다고 생각해 반자발적 커밍아웃을 하게 되었다. 그런데 그러고 나니 하룻밤 사이에 강연 요청이 거짓말처럼 사라져 버렸다.

그러나 우리의 크리스토퍼는 그 일로 낙담했을지언정 쓰러지지는 않았다. 몇 년에 걸쳐 새로운 시장을 개척한 결과 지금은 코카콜라, 건축 자재 소매 체인 홈디포, 종합 미디어 그룹 컴캐스트, 치킨 패스트푸드 체인 칙필레, 프루덴셜 보험 회사 같은 큰 기업과 그의 모교인 서던 폴리테크닉 주립 대학이 그의 고객 명단에 포함돼 있다. 하지만 그는 프로 미식축구팀인 애틀랜타 팰컨스 같은 스포츠 팀을 대상으로 강연할 때가 가장 즐겁다고 했다. 어느 산책길에서 그가 말했다.

"앤드루, 당신도 봤어야 하는데…. 내 이야기를 들려줬더니 그 덩치 크고 힘센 남자들이 아기처럼 펑펑 울더라고요."

그리고 이야기 끝에 이렇게 말했다.

"그거 아세요? 저는 정말로 세상에서 제일 운이 좋은 사람인가 봐요. 매일 같이 내가 좋아하는 일을 할 수 있으니까요."

크리스토퍼야말로 과학이 설명한 감사의 힘을 보여 주는 살아 있는 증거가 아닐까, 하고 나는 생각했다.

- ## 감사라는 무기를
  ## 가장 효과적으로 사용하는 법

"감사는 사람을 변화시킨다. 기분이 좋아진다. 몸과 마음을 피곤하게 만들던 스트레스와 마음의 짐이 사라진다. 세상을 바라보는 관점이 달라진다. 사람을 대하는 방식이 달라진다. 더욱 중요한 것은 자신을 대하는 태도가 달라진다는 점이다." 미국의 텔레비전 프로듀서이자 작가인 숀다 라임스는 감사의 효과를 이렇게 정리했다.[39]

이제 여러분이 외치는 소리가 들리는 듯하다. "그래, 알겠어요. 그래서 어떻게 하라는 말입니까?"

가장 널리 알려진 방법은 감사할 만한 일을 매일 3~5가지 정도 찾아 기록하는 것이다. 그런데 최근의 연구에 따르면 감사의 효과를 배가시키는 효율적인 방법은 따로 있다.[40] 당신이 감사한 일을 떠올리기보다, 다른 사람들이 당신에게 감사를 표현할 때 그 효과가 훨씬 크다는 것이다.

누군가로부터 감사 인사를 받는 것처럼 기쁜 일도 없다. 하지만 "당신 덕분이에요. 정말 감사합니다"라는 말을 하루에 한 번 들을까 말까하는 평범한 우리로서는 그것이 마음대로 되는 일이 아니다. 더군다나 타인의 마음은 우리의 통제 아래에 있지 않다. 그렇다고 너무 실망하지는 말자. 다른 사람들에게 감사를 강요하지 않고도 비슷한 효과를 경험할 방법이 있다. 바로 '감사의 시각화'다. 그저 누군가가 당신에게 감사의 마음을 표현한 순간을 구체적으로 회상하는 것만으로도 비슷한 효과를 누릴 수 있다.

그런데 이런 감사의 시각화가 통하려면 그 순간을 둘러싼 경험과 사연을 깊이 파고들어야 한다. 왜 그 사람은 당신에게 감사하다고 했는가? 그들은 감사를 표현하기 위해 어떤 말이나 행동을 했는가? 당신은 어떤 말이나 행동으로 대응했는가? 당신은 그들이 감사를 표현하기 전에 어떤 기분을 느꼈는가? 표현한 뒤에는 기분이 어땠는가?

감사의 순간을 세세히 떠올리며 종이에 적어 보라. 그렇게 하면 몇 달쯤 지난 후에도 빠르고 간편하게 그 이야기를 되새길 수 있다. 다른 사람들의 감사하는 마음을 더 깊이 파고들면 들수록 당신에게 돌아오는 혜택도 커진다. 어떤 사연의 효과가 줄어든다고 느끼거나 오롯이 되살리기가 힘들다고 판단될 때는 다른 사례를 떠올려 똑같은 방식으로 세세히 적어 둔다. 필요할 때마다 이런 과정을 되풀이한다. 이 장의 끝부분에 소개한 템플릿을 활용하면 어떻게 적어야 하는지 감이 잡힐 것이다. 매일, 매주 이런 과정을 거치다 보면 감사의 영속적인 본질 때문에라도 점점 쉬워지기 마련이다.

감사의 실천과 관련해 가장 많이 받는 질문 가운데 하나가 '언제 그것을 하면 좋은가?'이다. 어떤 이는 잠자리에 들기 전에 함으로써 수면의 질을 좋게 만든다고 한다. 반대로 나는 아침에 일어나 제일 먼저 감사의 순간을 적는 편을 선호한다. 그러면 남은 하루가 편안해진다. 하지만 언제 하느냐보다 중요한 것은 하느냐 마느냐이다. 그러니 지금 당장 시작해 보는 것은 어떨까?

CHAPTER
07

핵심 정리

1 상황을 받아들이는 것만으로는 충분하지 않다. 스토아 철학은 우리에게 닥치는 모든 일에 감사하라고 가르친다.

2 감사의 혜택은 다양하고 광범해서, 감사를 실천할수록 더욱 감사한 사람이 된다.

3 감사를 실천하는 하루하루를 시작하라. 지금 당장!

감사 연습 템플릿

누군가가 당신에게 감사하다고 말한 사례를 적어 보라.	훗날 그 이야기를 떠올리기 쉽도록 핵심적인 내용을 생각해 보라.
	1. 그 사람이 감사하다고 말하기 전에 내 느낌은…
	2. 그 사람이 나에게 감사하다고 말한 이유는…
	3. 그 사람이 감사를 표현하기 위해 한 말/쓴 글/한 행동의 핵심은… a. b. c. d.
	4. 그 사람이 감사하다고 말한 뒤의 내 느낌은…

CHAPTER

08

결과에
목숨 거는 사람보다
태도가
좋은 사람이 될 것

당신이 어디에 있는가보다 더 중요한 것은
목적지에 도착했을 때 당신이 어떤 사람인가이다.
_세네카

"놈들이 보이기 전에 '죽음의 곡선'을 지나고 싶어, 친구."

조금 전까지만 해도 허장성세가 가득하던 데이비드의 눈빛에 긴장과 공포가 차오르고 있었다. 이제는 장난도, 게임도 아니었다. 말 그대로 죽을 수도 있는 문제였다.

2003년 7월, 어니스트 헤밍웨이의 소설《태양은 다시 떠오른다》덕분에 너무 유명해진 산 페르민 축제와 황소 달리기를 보기 위해 스페인 팜플로나를 찾았을 때의 일이다. 데이비드 역시 나처럼 축제를 보러 이곳에 왔고, 우리는 30분 전에 처음 만났다. 그는 나에게 팜플로나 이야기며 호주 친구들과 신나게 논 이야기 따위를 쉴 새 없이 떠들어

댔다. 행사 관계자들이 게이트를 몇 개 더 열자 광장의 인파가 썰물처럼 빠지기 시작했다. 스페인에 함께 놀러 온 내 친구들이 같이 게이트를 통해 투우 경기장으로 내려가자고 했다. 도대체 무슨 자신감이었는지 나는 이렇게 대답했다.

"난 괜찮아. 데이비드와 함께 여기 있을게."

친구들은 저 멀리 사라졌지만, 데이비드는 코빼기도 보이지 않았다. 그는 이미 우리가 시시덕거리던 골목을 전속력으로 달려 도망가 버린 뒤였다. 콘시스토리알 광장에 덜렁 나 혼자 남은 느낌이었다. 나도 가만히 있을 순 없었다.

황소 달리기는 이 축제의 백미로, 정신 나간 3000명의 참가자가 고삐 풀린 거대한 황소들과 함께 달리는, 일종의 거리에서 벌어지는 투우 같은 행사다. 주최 측은 참가자들을 먼저 출발시킨 뒤, 황소들을 풀어놓을 시간이 다가오면 경로 중간의 게이트들을 열어 달리는 사람들이 황소의 이동 경로 밖으로 벗어날 수 있도록 유도한다. 내 친구들은 그 문을 통해 이동했지만 나는 아직 광장에 그대로 남아 있었다.

폭죽 소리가 들렸다. 황소들을 축사 밖으로 풀어놓았다는 뜻이었다. 폭죽에는 7초짜리 도화선이 달려 있으니, 적어도 7초 전에 뛰쳐나온 소들이 이곳으로 달려오고 있을 터였다. (황소 달리기 코스 중에는 '죽음의 곡선'이라는 이름이 붙은 랜드마크가 있다. 왜 그런 이름이 붙었는지는 독자 여러분의 상상에 맡긴다.)

물론 나도 계획은 있었다. 나와 황소 사이에 열 명 이상의 사람들이 있을 만큼 거리를 유지한다는 계획이었다. 이 정도면 황소 달리기를 체험했다고 할 만하면서도 지나치게 위험하지는 않을 것 같았다. 하지만 '죽음의 곡선'에 접어들자 내 자신감은 크게 떨어졌다. 에스타페타 도로로 들어서니 가장자리에서 달리기에 나설 채비를 마친 다른 참가자들이 보였다. 그들이 내 쪽을 바라보는 듯했지만, 사실 그들의 시선은 나를 넘어 내 뒤를 바라보는 중이었다. 기대감에 찬 그들의 표정이 순식간에 공포로 일그러지나 싶더니, 꽁무니에 불이라도 붙은 사람들처럼 황급히 내 반대편으로 질주하기 시작했다. 그때만 해도 나는 황소들이 얼마나 가까이 왔는지 알지 못하는 상태였다.

그제야 황소들이 보이기 시작했다. 황소들은 무리를 이루어 나를 지나치더니 바로 경기장으로 달려갔다. '하, 생각보다 별것 아니로군!' 나는 속으로 안도의 한숨을 내쉬었다. 하지만 내 주위 사람들은 여전히 필사적으로 달렸고, 이상하다고 생각할 틈도 없이 무리와 떨어져 혼자 질주하는 황소가 불쑥 모습을 드러냈다. (나중에야 알게 된 사실이지만, 그 녀석은 '죽음의 곡선'에서 미끄러져 넘어지는 바람에 무리에서 떨어져 나온 모양이었다. 이 구간이 위험한 이유가 바로 그것이었다.) 그제야 나는 전날 밤에 친구와 나눈 대화를 떠올렸다.

"황소들은 함께 뭉쳐 있을 때는 크게 위험하지 않아. 무리 지어 경기장으로 달려가는 데 전념하니까. 그런데 그 녀석들이 서로 떨어지면 그때는 난리가 나. 잔뜩 겁을 먹고는 군중을 공격하기 시작하거든."

곧 날카로운 비명과 함께 주변 사람들이 일제히 갈라졌다. 다음 순간, 나는 완전히 잘못된 방향으로 뛰고 있음을 직감했다. 정면에 보이는 황소를 향해 곧장 달려들고 있었던 것이다. 재빨리 방향을 틀었다. 다행인지 불행인지, 700킬로그램짜리 괴물이 자기 발 앞에 쓰러진 다른 참가자를 향해 돌진하는 바람에 잠깐 도망갈 기회를 얻었다. 나중

왼쪽 윗부분에 보이는 신문지를 말아 쥔 사람이 나고, 오른쪽 아랫부분에는 용감한 사람들이 막대기를 휘두르며 바닥에 쓰러진 참가자를 구해 내려고 애쓰는 모습이다.

에 길가의 발코니 위에서 전문 사진사가 찍은 사진으로 보니, 황소의 뿔이 스친 희생자의 팔이 마치 물리학 법칙을 비웃듯이 길게 늘어져 있고, 겁쟁이처럼 허둥지둥 달아나는 내 모습이 생생했다.

용감한 팜플로나 사람들이 쓰러진 참가자를 구해 황소 달리기의 종착점인 투우 경기장으로 몰려갔다. 우리가 경기장으로 가는 동안 그 황소는 세 차례나 더 군중을 향해 돌진했다. 결국 그 녀석은 경기장으로 이어지는 터널 안에서 어느 미국인 관광객을 들이받았고, 다른 참가자들이 달려들어 간신히 그 황소를 우리 안으로 몰아넣고 나서야 상황은 종료됐다.

황소 달리기가 끝나고 어느 카페에서 친구들을 다시 만난 나는 커피와 과자를 먹으며 무용담을 늘어놓았다. 말 그대로 위기일발의 순간이었지만, 다친 데 없이 짜릿한 이야깃거리를 챙긴 셈이니 내가 내린 결정은 나쁘지 않은 셈이었다. 끝이 좋으면 다 좋다고 하지 않던가.

그런데… 흠, 정말 그럴까? 결과가 좋았다고 해서 내 결정과 행동에 아무런 흠이 없었다는 뜻은 아니다. 멍청한 행동이 몇 개만 더 있었어도 그것이 중첩되어 정말로 황소 뿔에 들이받혀 나는 길바닥을 나뒹굴었을지도 모를 일이다. 결과의 좋고 나쁨은 반드시 과정의 좋고 나쁨과 일치하지 않는다.

●   현명한 사람은
       노력 대비 결과를 다르게 계산한다

당신이 중요한 시험을 앞둔 수험생이라고 생각해 보라. 합격을 위해 아침부터 밤까지 공부에 매진했다. 출제 경향도 꼼꼼히 파악했고, 기출 문제도 몇 번이고 풀어 봤다. 당일 컨디션을 위해 나쁜 음식은 피하고 비타민도 잘 챙겨 먹었다. 당신은 할 수 있는 모든 것을 했다. 그런데 하필 시험 날 아침에 탄 택시가 접촉 사고를 내고 말았다. 백방으로 애써서 시험장을 찾았지만 결국 문은 굳게 닫혔다. 당신은 실패했다. 그렇지 않은가? 당신이 그간 투자한 시간과 노력이 헛것이 되어 버렸으니, 그것이 실패가 아니면 무엇이란 말인가? 반대로 공부도 별로 안

하고 탱자탱자 놀기만 하던 친구가 문제가 너무 쉽게 출제된 바람에 그날 시험을 잘 쳤다고 해 보자. 그럼 그 친구는 성공한 게 아닐까? 별수고도 하지 않고 좋은 결과를 냈으니, 그거야말로 큰 성공이 아닌가? 팜플로나에서 내가 그랬듯이, 과정이야 어쨌든 결과만 좋으면 되는 거 아닌가?

하지만 스토아 철학자들은 그렇게 생각하지 않는다. 그들은 최종 결과는 우리가 통제할 수 있는 영역이 아니라는 것을 일찍부터 깨달았다. 최선을 다해 공부해도 시험 당일에 어떤 악재가 터질지는 아무도 모른다. 그런데도 결과에 집착하고, 우리의 행복을 전적으로 그에 의지한다면, 그것은 통제할 수 없는 것에 마음을 내준 셈이다.

그렇다면 우리의 통제 아래에 있는 것은 무엇일까? 바로 과정이다. 최고의 결과를 기대하며 무엇을 어떻게 할 것인지는 순전히 우리의 노력 여하에 달려 있다. 그래서 스토아 철학자들은 목표를 달성하기 위해 모든 노력을 하되, 결과에 대한 집착은 버려야 한다고 조언했다. 마르쿠스 아우렐리우스는 "교만 없이 받고 집착 없이 놓아 주라"라는 말을 남겼다. 그것은 결과가 나쁠 때는 물론이거니와 좋을 때도 해당된다.

●   결과에 집착하는 아마추어
                  vs. 과정을 중시하는 프로

결과에 집착하지 않는 자세가 왜 필요하며 어떤 위력을 발휘하는지, 애니 듀크만큼 잘 아는 사람도 흔치 않을 듯하다. 그는 펜실베이니아

대학교 대학원에서 인지 과학을 연구해 박사 학위를 받은 심리학자이자, 의사 결정을 주제로 네 권의 책을 쓴 작가다. 더 놀라운 이력은 그가 한때 가장 중요하게 손꼽히는 두 개의 포커 대회에서 1등을 차지한 유명 프로 포커 선수였다는 점이다.

듀크는 선수로 활동하는 동안 재미있는 사실을 하나 발견했다. 뛰어난 프로 선수일수록 게임에 임할 때 자신이 내리는 결정의 질과 결과의 질을 구분할 줄 안다는 점이었다. 반면 실력이 떨어지는 선수들에게서는 그런 능력과 의지가 보이지 않았다. 실제로 결과가 좋은지 나쁜지 살펴서 좋은 결정이었는지 나쁜 결정이었는지를 가려내는 경향은 워낙 보편적이라 '결과론'이라는 이름까지 붙었다.[41] 그러나 듀크가 발견했듯이, 뛰어난 포커 선수로 성장하는 데 이만큼 방해가 되는 사고방식도 없다.

포커는 확률 게임이다. 자신의 패가 이길 확률이 83퍼센트에 달하면 그 결정은 옳은 것이다. 하지만 질 가능성도 여전히 17퍼센트나 남아 있다. 즉 옳은 결정을 내리고도 나쁜 결과와 마주해야 할지 모른다는 뜻이다. 그런데도 결과에만 초점을 맞추면, 잘못된 의사 결정이 좋은 결과로 인해 보상받고 강화되는 오류가 발생한다. 반대로 나쁜 결과가 나왔다는 이유로, 올바른 결정의 프로세스를 잘못된 방향으로 바꾸는 실수를 범하기도 한다.

듀크는 포커든 인생이든 결과만 가지고 옳고 그름을 정의하지 말라고 강조한다. 그 대신 결과에 다다르기 위해 따르는 과정, 즉 입력값에 집중하라고 조언한다. 그런데 여기에도 장단점이 있다. 나쁜 결과가 올바른 결정을 가리는 실수는 피할 수 있지만, 반대로 좋은 결과가 나왔을 때 모두 내 능력 덕분이라고 주장하기도 애매해지기 때문이다. 듀크는 이렇게 썼다.

> 잘못을 새롭게 정의하면 나쁜 결과가 나왔다고 괴로워하지 않아도 된다. 그러나 이것은 무엇이 '옳은지'도 새롭게 정의해야 한다는 뜻이다. 결과가 좋지 않다고 반드시 우리가 뭔가를 잘못했다는 의미가 아니라면, 결과가 좋다고 반드시 우리가 옳았다는 뜻도 아니기 때문이다. (……) 옳은 일을 하면 기분이 좋아진다. "내가 옳았어." "그럴 줄 알았어." "내가 뭐랬어." 우리는 그렇게 읊조리며 자신을 대견해한다. 우리는 '잘못'의 괴로움을 떨치기 위해 '옳음'의 좋은 기분을 포기해야 할까? 그렇다.[42]

결정의 질을 결과의 질과 분리해서 생각하지 않으면 포커 게임에서 지는 것보다 더 큰 위험이 닥칠지도 모른다.

전직 로켓 과학자인 오잔 바롤은 로켓 과학자들의 생각법을 다룬 책 《문샷》에서 성공이 로켓 과학 역사상 최악의 재앙을 불러온 과정을 상세히 설명한다.[43] 그는 1986년에 이륙 도중 폭발한 챌린저호와 2003년 재진입 때 폭발한 컬럼비아호 사건이 나사의 느슨해진 안전 기준 때문에 발생했다고 지적했다. 나사는 수십 년에 걸친 발사 성공을 통해 잘못된 교훈을 습득했다. 아슬아슬하게 위기를 넘기면 왜 그런 위기가 발생했는지를 따지기보다, 성공했으니 별문제가 없다는 식으로 넘어갔다. 바롤의 지적처럼 이런 식의 결과론은 결국 승무원 열네 명의 목숨을 앗아 간 비극으로 이어지고 말았다.

176

그럼에도 불구하고
그가 최선을 다해 살아가는 이유

2019년 초, 평생 처음으로 상하이를 방문한 나는 친구 에이드리언 월 Adrian Wall과 함께 샹그릴라 호텔 꼭대기의 고급 라운지에 앉아 발아래 펼쳐진 황홀한 야경을 감상했다. 그때 나는 마카오에서 열린 글로벌 리더십 컨퍼런스에 참석하기 위해 상하이에 들른 참이었다. 에이드리언은 당시 상하이에 살고 있었지만, 청년 대표자 기구로부터 강연 요청과 함께 숙박권을 제공받고 이곳에 왔다.

우리는 대학을 함께 다니고 오랫동안 연락을 주고받았지만, 졸업 후에 에이드리언이 지구 반대편에 자리를 잡는 바람에 직접 만나 이렇게 얼굴을 보기는 아주 오랜만이었다. 그는 대학을 마치고 안정된 대기업에 취직하는 대다수 동기들과 달리, 바로 사업을 시작해 20년 동안 다양한 분야에 걸쳐 다섯 개의 회사를 단독 혹은 공동으로 창업했다. 그의 사업 영역은 다섯 개 대륙에 뻗어 있었는데, 우리가 만났을 무렵 그의 주요 관심사는 뉴욕의 유명 음식점 브랜드를 중국과 다른 아시아 국가에 들여오는 일이었다.

스카이라운지에 앉아 술을 한 잔 마시며 이야기를 나누다 보니, 인생이 이보다 더 좋을 수 있을까 하는 생각이 들었다. 우리를 찾아온 기회, 우리가 누린 경험, 그리고 우리 앞에 놓인 미래를 생각하면, 그와 나 모두 믿기 힘들 만큼 좋은 환경을 누리고 있었다. 에이드리언도 스토아 철학을 공부했다는 사실이 문득 떠올라 나는 그에게 '무집착(결과에 집착하지 말라)'의 개념을 어떻게 생각하느냐고 물어보았다.

"너도 모든 일이 순조롭게 잘 풀려 나가니까 무집착이라는 개념을 믿게 되었다고 생각해? 일이 술술 풀리면 결과에 집착하지 않는다고 말하기가 쉬워지잖아."

에이드리언은 술을 한 모금 홀짝이며 멀리 내려다보이는 징안구를 응시했다. 나는 그가 입을 열기 전에 얼른 덧붙였다. "아니면, 이 '무집착'이라는 개념 때문에 일이 잘 풀리는 건 아닐까?"

에이드리언은 나를 돌아보더니 말했다.

"일이 잘 풀리면 그렇게 말하기가 쉽지. 모든 일이 술술 잘 풀리지 않았어도 우리가 그런 생각을 할 수 있었을 거라는 확신은 들지 않아."

우리는 조금 더 그런 이야기를 나누다가 저녁을 먹으러 시내로 자리를 옮겼다.

그러다가 2020년이 되었다.

연초부터 무시무시한 신종 전염병이 중국을 휩쓴다는 뉴스가 나오기 시작했다. 에이드리언의 안부가 걱정되었다. 그의 건강과 사업에 큰 지장은 없는지 궁금했다.

"다들 죽겠다고 난리야. 그래도 우리는 최선을 다해 버티는 중이야."

에이드리언은 조금 낙담했지만 쓰러지지는 않았다. 그해 여름에 내 사업이 회복세로 돌아설 무렵, 그는 어떻게 지내고 있는지 확인해 보았다. 미국보다 중국이 더 빠른 속도로 봉쇄를 푸는 추세여서 이번에는 좀 더 긍정적인 소식을 들을 수 있겠다 싶었다. 하지만 에이드리언의 상황은 더 나빠졌다.

"사업은 괜찮아. 속도는 느리지만 꾸준히 회복하고 있으니까."

안도하려는 순간, 뜻밖의 얘기가 흘러나왔다.

"사실 나 지금 미국에 와 있어. 어머니가 지난 3월에 암 진단을 받으셔서 간병을 도울 겸 돌아온 참이야."

그해가 끝날 때까지 우리는 계속 연락을 주고받았다. 그동안 에이드리언은 줄곧 병상을 지키며 부모님을 위로했지만, 11월이 되자 어머니는 결국 세상을 떠났다. 새해가 밝아도 그의 상황은 어둡기만 했다. 사업은 반토막이 났고, 까다로운 여행 규제로 사업체가 있는 중국으로 돌아가지 못하고 발이 묶였다.

그런데도 에이드리언은 여전히 긍정적인 전망을 잃지 않았다. 어느 K-팝 스타를 브랜드 홍보 대사로 위촉하기 위해 큰 협상을 벌이고 있다며 흥분하는가 하면, 다른 두 명의 세계적인 인물과 함께 청년 대표자 기구의 새로운 조직에서 대표를 맡게 되었다는 소식도 전했다. 가장 놀라운 것은 그가 신경 과학 박사 과정을 공부하려고 준비한다는 소식이었다. 힘겨운 한 해를 보내느라 발걸음은 조금 느려졌지만, 반대로 의욕과 추진력은 예전보다 훨씬 강해진 느낌이었다.

나는 우리가 2년 전에 나눈 대화를 끄집어내며, 아직도 모든 일이 잘 풀렸기 때문에 무집착을 믿게 되었다고 생각하는지 물어보았다. 에이드리언이 힘주어 대답했다.

"천만에, 절대 그렇지 않아. 성공했기 때문에 결과에 대한 집착을 손쉽게 내려놓은 게 아니라는 걸 지금 내가 입증하고 있잖아. 인생이 늘 우리 생각대로 흘러가지는 않으니, 힘든 시기를 견뎌 낼 인생철학이 필요한데, 그게 바로 무집착이야. 상황이 더 나빠질지도 모르지. 그래도 나는 최선을 다할 거야. 그게 좋은 시절에만 해당하는 얘기라면 내가 지금 너에게 이런 이야기를 하지도 않겠지."

결과에 일희일비하는
삶에서 벗어나는 법

다섯 차례나 올림픽에 출전해 메달을 목에 건 수영 선수 조지 보벨은 운동선수로서 거둔 진정한 성과를 이렇게 설명했다.

"메달은 장식품에 지나지 않았다. 나는 시합에 나가려고 몸을 단련하는 운동선수가 아니었다. 나는 마음을 단련했고, 그 보상은 내 인생 전체를 지배했다."

결과에 집착하지 않고 과정에 집중하는 태도야말로 곡절 많은 인생을 건너가야 하는 우리에게 더없이 필요하다. 인생은 좋을 때도 있고 나쁠 때도 있다. 결과에 집착하면 오락가락하는 삶을 살게 되지만, 과정에 집중하면 균형 잡힌 삶을 살게 된다.

우리는 평생 성적, 메달, 직책, 돈과 명예 등 결과에 지배당하는 삶을 살았다고 해도 과언이 아니다. 그렇다면 어떻게 결과만 쫓는 쳇바퀴 같은 삶에서 내려올 수 있을까? 그와 반대되는 선택을 하면 된다. 실패할지언정 도전해 볼 가치가 있는 일은 무엇일까? 너무 소중해서 결과야 어떻든 과정 자체에 의의를 둘 수 있는 일은 무엇일까? 어떻게 하면 그런 일에 더 많은 시간과 에너지를 투자할 수 있을까?

이 장 끝부분에 소개한 워크시트를 출발점으로 활용하라. 워크시트 왼편의 일은 중단하고 오른편 일만 하라는 강요가 아니다. 그저 결과와 과정을 분리해서 생각해 보자는 것이다. 이를 통해 '그럼에도 불구하고 최선을 다하는 태도'를 그려 보자는 뜻이다. 결과에 일희일비하지 말고, 과정에 가치를 두어 스스로 통제하는 삶, 즉 흔들리지 않는 삶을 살도록 하라.

핵심 정리

1 결과만을 바라보고, 그 결과를 도출한 과정을 바라보지 않으면 잘못된 교훈을 얻게 된다.

2 '결과론(결과에 집착하는 사고)'은 치명적인 결과를 가져올 수 있다.

3 '무집착(결과에 집착하기 말라)'을 실천에 옮기려면 과정 그 자체가 너무 소중하고 보람차서 결과는 중요하지 않은 일을 모색해야 한다.

결과보다 과정을 위한 워크시트

오늘 당신이 남의 시선을 의식해서 한 (혹은 하지 않은) 일은 무엇인가?	아무도 알아주지 않고 관심조차 없다 하더라도 꼭 하고 싶을 만큼 가치 있는 일은 무엇인가?
예 직장, 업계, 복장 등	

PART 3

일단 시작하라,
잘하는 방법은
그다음에 고민해도
충분하다

: 결국 잘되는 사람들의 선택과 집중의 기술

CHAPTER
09

아무것도
탓하지 않는다,

그냥
나를 바꾼다

나무 침대에 누워서 아픈 사람은
황금 침대에 누워도 똑같이 아프다.
어디에 있어도 그 사람은 계속 아플 것이다.
_세네카

곁에 아무도 없는데 누군가의 목소리가 들린 적은 없는가? 그 목소리
는 끊임없이 속삭인다. 일을 더 해야 한다고, 그런 말이나 행동은 하면
안 되었다고, 너는 부족하고 아무런 도움도 되지 않는다고…. 나를 깎
아내리는 목소리의 주인은 또 다른 자기 자신이기도 하고, 오래전에
각인된 부모님이나 선생님의 목소리이기도 하다. 하지만 나 자신과
잘 분리되지 않기 때문에 가장 습관적으로 괴롭힘을 당하면서도 범인
을 찾아내지 못한다. 그럴 경우 애꿎은 자기 자신을 탓하며 상황을 바
꾸려고 노력하지만 달라지는 것 없이 비슷한 문제가 되풀이될 뿐이
다. 내가 맥킨지에서 번아웃에 빠졌을 때처럼 말이다.

내가 맥킨지에서 배운
냉혹한 인생의 진실

나는 세계적인 컨설팅 회사 맥킨지 앤드 컴퍼니에서 경영 컨설턴트로 본격적인 사회생활을 시작했다. 그때 나는 열심히 일했다는 말로는 부족할 만큼 정말로 모든 것을 바쳐서 오로지 일만 했다. 한번은 지구 반대편의 동료와 함께하는 프로젝트에 참여하게 됐는데, 그들은 늘 자기네 편한 시간에 전화하라고 요구했다. 이는 몇 달 내내 새벽 여섯 시에 전화를 걸며 하루를 시작하고, 밤 열 시에 통화로 그날을 마감해야 한다는 뜻이었다. 그렇다고 통화를 마치고 잠자리에 드는 것도 아니었다. 한 번 통화할 때마다 그들이 요구하는 과중한 업무를 처리해서 다음 통화 전까지 그 결과를 다른 직원들과 공유해야 했다. 정말 피곤한 노릇이었다.

나 혼자만 그렇게 살았던 것도 아니었다. 맥킨지 직원 중에는 밤새 일하고 잠깐 눈을 붙였다가, 해 뜨기 전에 일어나 사무실로 출근하는 이가 한둘이 아니었다. 그래야 고객들에게 우리의 생산성과 가치를 보여 줄 수 있다고 믿었기 때문이다. 맥킨지는 고객에게 고액의 컨설팅 비용을 청구하는 회사였다. 그런 회사에 다니는 사람이라면 하루도 빠짐없이 자신의 가치를 입증해야 한다. 적어도 우리는 그렇게 생각했다.

이윽고 나는 한계에 다다랐다. 육체적, 정신적 건강이 위태로울 지경이었고, 돈과 지적 자극, 내가 누리는 권세(그래, 권세라고 하자)까지도 내가 치르는 희생과 비교하면 보잘것없이 느껴졌다. 맥킨지는 나하고 궁합이 맞는 직장이 아니었다. 나는 나보다 훨씬 먼저 입사한 선배를 찾아가 아침을 함께 먹을 수 있겠냐고 물었다.

테이블 맞은편에 앉은 러셀은 나에게 눈길을 고정한 채 이따금 고개를 끄덕였다. 나는 부스러진 해시브라운 접시를 앞에 두고 이야기를 시작했다. 나를 옥죄는 피로, 좌절감, 당혹감을 털어놓고, 이제 무엇을 하고 어디로 가야 할지에 대한 고민까지 솔직히 얘기했다.

내가 말을 마치자, 러셀은 커피를 한 모금 마신 뒤 말문을 열었다. 그는 이런 식의 대화가 오갈 때 회사 사람들이 흔히 하듯이, 내 고뇌에 자신의 두려움과 비애를 덧붙이지 않았다. 대신 평생 잊지 못할 통찰을 보여 주었다. 그는 말했다.

"여기는 의도하건 아니건 간에 '불안정한 과잉 성취자'들을 뽑는 곳이야. 무슨 뜻이냐 하면, 여기서 일하는 사람들은 끊임없이 열심히 일하고 불가능해 보이는 일까지 해치우지만, 너무 불안정해서 절대 이만하면 됐다고 생각하는 법이 없는 이들이지. 항상 더 오래, 더 열심히, 죽어라 일하는 사람들이라는 말이야."

내 눈이 동그래졌다. '불안정한 과잉 성취자'라는 말은 생전 처음 들었지만, 나와 내 동료들을 정확하게 표현하는 말 같았다.

"문제는 업무량이 너무 많다는 이유로, 업무 시간이 너무 길다는 이유로, 혹은 집에 가서도 일 생각을 멈출 수 없다는 이유로 맥킨지를 떠나는 사람은 어디를 가도 바뀌지 않는다는 점이야."

이제 동그랗던 내 눈이 찌푸려졌다.

"문제는 맥킨지가 아니야, 다른 데도 다 마찬가지고. 문제는 '그들'이야. 그들을 그런 식으로 일하게 만드는 사람은 다른 누구도 아닌 그들 자신이거든. 그저 일하는 장소를 바꾼다고 일하는 방식이 바뀌지는 않아."

 훌륭한 사부가 모두 그렇듯이 러셀의 말은 구구절절 옳았고, 정확히 나에게 필요한 이야기였다. 고통스러운 진실은 내가 너무 쉽게 다른 누군가에게, 다른 무언가에 책임을 떠넘기려 한다는 점이었다. 문제는 회사가 아니라 내가 일하는 방식이었다. 내가 그런 나 자신을 통제하지 않는 한, 월급을 주는 곳이 어디인지는 아무 상관이 없었다. 끊임없이 회사를 탓하고 이것저것 핑계를 대면서 내 인생을 고해苦海로 만들 터였다.

 이직을 해도, 다른 사람을 만나도
 결국 인생이 그대로인 이유

러셀의 통찰은 진작에 스토아 철학자들도 강조한 내용이다. 내가 회사를 탓하며 내 책임을 방기했듯이, 외부 환경을 문제 삼으며 할 수 있는 일을 미루는 사람에게 세네카는 "병은 사람을 따라간다"는 아주 간단한 말로 일갈했다. 따지고 보면 그런 말을 세네카가 처음으로 한 것도 아니었다. 그보다 5세기 전에 누군가가 소크라테스에게 자기는 도대체 여행을 왜 해야 하는지 모르겠다고 투덜거렸다. 여행을 통해 변화하기를 기대했지만 조금도 달라진 게 없다는 불만이었다. 소크라테스는 잠시도 망설이지 않고 이렇게 대답했다. "자네는 외국에 나갈 때마다 늘 자기를 데리고 가면서 뭘 기대하나?"

 옆집 잔디가 이유 없이 푸르러 보일 때가 있다. 그런데 우리 집 잔디가 누렇게 말라죽은 이유가 마당 관리를 제대로 하지 못해서라면, 설령 옆집으로 이사 간다고 해도 그 집 잔디가 지금처럼 푸르르게 유지될 거라는 보장은 없다. 아마도 또 하나의 마당을 잡초밭으로 만들고 말 것이다. 내가 맥킨지에서 부닥친 현실이 딱 그런 형국이었다. 내가 정신을 차리고 마음을 다잡지 않는 이상, 아무리 도망쳐도 가장 핵심적인 문제, 즉 나 자신에게서 벗어나지 못할 것이었다.

더 큰 문제는 내가 옆집 울타리 너머 푸르른 잔디를 멍하니 쳐다보는 동안, 지금 내 발밑에 있는 우리 집 마당이 아름답게 변할 가능성은 점점 사라져 간다는 점이다. 내가 남의 집 마당을 부러워할 시간에 내 집 마당을 가꾸는 일에 마음을 쏟았더라면 결과는 완전히 달라지지 않았을까?

그런데 옆집 마당을 엿보느라 내 집 마당을 방치하는 멍청한 짓은 나만 하는 실수가 아니라고 한다. 하버드 대학의 연구에 따르면 평균적으로 사람들은 깨어 있는 시간의 46.9퍼센트를 자기가 하는 일이 아닌 다른 것을 생각하면서 보낸다고 한다.[44] 그렇다. 우리는 지금 우리가 있는 곳이 아닌, 다른 어딘가를 생각하느라 인생의 거의 절반을 보내는 셈이다.

인간을 생각하는 동물이라고 한다. 맞다. 인간은 깨어 있는 동안 온갖 생각을 한다. '다른 회사에 갔더라면 어땠을까?' 혹은 '저 사람을 만났더라면 어땠을까?' 하는 백일몽도 그런 생각 가운데 하나다. 사실 떠오르는 생각을 뜻대로 제어하기란 여간 까다로운 문제가 아니다. 그럼에도 불구하고 우리는 생각을 잘 다룰 줄 알아야 하는데, 왜냐하면 현실과 동떨어진 채 흘러가는 딴생각이 우리의 행복을 갉아먹기 때문이다. 이에 대해 하버드 대학의 어느 연구자가 쓴 글을 살펴보자.

"마음의 방황은 사람의 행복을 예측하는 좋은 지표가 된다. 마음이 얼마나 자주 현실을 떠나는지, 떠나서 어디로 가는지를 살펴보면 실제로 우리가 참여하는 활동을 살펴보는 것보다 행복을 예측하기에 훨씬 더 유리하다."

한마디로 마음이 자주 방황하는 사람일수록 불행해질 가능성이 높다. 내가 '맥킨지를 떠나기만 하면 인생이 얼마나 좋아질까?' 하는 생각으로 참담한 하루하루를 보냈듯이 말이다. 그리고 지금 여기에 집중하지 못한 채 쓸데없는 생각으로 불행을 자초하는 사람들이 너무도 많은 현실을 지적하며, 베트남의 승려이자 세계적인 베스트셀러 작가인 틱낫한은 400년 전 데카르트의 명언을 현대판으로 재해석했다. "나는 (너무 많이) 생각한다, 고로 (내 인생을 살기 위해) 존재하지 않는다."[45]

원하는 것을 얻기 위해 가장 먼저 버려야 할 것

"우리가 무슨 짓을 한 거지?"

휴가용 고급 숙소와 고객을 연결해 주는 회사 트래블 키스Travel Keys의 CEO 바비 깁슨Bobby Gibson이 COO 브라이언에게 물었다. 두 사람은 칵테일 잔을 부딪치며 저만치 모습을 드러낸 환한 미래를 바라보았다. 여행업계의 거물 익스피디아와 대박 계약을 맺은 직후였다.

그때만 해도 트래블 키스는 아주 작은 회사에 불과했다. 원래 바비의 부모님이 운영하던 '빌라스 카리베'라는 회사가 전신으로, 카리브해에 호화 주택을 가진 사람들이 자기 집을 여행자에게 휴가용 숙소로 임대하는 절차를 돕는 일을 주로 했다. 그리고 바비가 그 사업을 물려받아 21세기에 걸맞은 회사로 변신시키는 중이었다.

바비는 구글이라는 신문물에 주목했다. 경쟁 업체들이 아무도 사용하지 않으며, 정확한 타겟팅이 가능하다는 이유였다. 오랫동안 인쇄 광고에 의지해 온 그의 부모님은 디지털 방식의 광고로 바꿀 엄두를 선뜻 내지 못했지만, 결국 바비의 확신을 믿고 디지털 광고에 모든 비용을 쏟아부었다.

다행히도 그들의 모험은 성공을 거두었다. 그러자 바비의 부모님은 일선에서 물러나 회사 운영을 아들에게 맡겼다. 회사를 본격적인 디지털 세계로 끌고 갈 방법을 모색하던 그는 당시 온라인 여행업의 거인이던 익스피디아의 제휴 페이지를 통해 제안서를 넣었다. 트래블 키스의 숙소와 익스피디아의 항공편을 묶으면 온라인 여행사와 제휴 관계를 구축할 기회가 생기겠다는 판단에서였다. 그러자 전혀 예상하지 못한 일이 벌어지기 시작했다. 그는 당시를 이렇게 회상했다.

"그때가 2005년이었는데, 익스피디아는 막 휴양지 숙소 임대에 눈길을 돌리기 시작할 무렵이었어요. 에어비앤비가 등장하기 한참 전이었다는 점을 기억해야 합니다. 익스피디아는 이 사업 영역이 앞으로 어떻게 진화할지 이해를 높이고, 쓸 만한 제휴 업체를 찾아볼 목적으로 자문 위원회를 소집했어요. 우리도 거기에 초대된 거고요. 그 회의에 참석해 보니, 업계의 거물들이 다 모인 것 같더군요. 칼 셰퍼드(2016년에 익스피디아가 39억 달러에 인수한 홈어웨이의 공동 창업자), 벤 에드워즈

(휴양지 숙박업체 관리자들의 전국 협회인 VRMA의 회장) 같은 사람들도 보였어요. 회의실로 들어설 때는 아빠 따라 회사에 견학하러 온 어린애가 된 기분이었죠."

겁이 나기는 해도 내색은 하지 않았다. 다른 자문 위원들도 그를 함부로 대하지 않았고, 익스피디아도 그에게 많은 관심을 보였다. 그 회의 이후에 몇 차례 설왕설래가 오갔지만, 양측은 머지않아 트래블 키스가 익스피디아의 홈페이지에 특정 시장의 숙소를 등록할 독점적 권리를 갖는다는 원칙에 합의했다. 이렇게 해서 바비와 브라이언이 뉴욕의 선술집에서 대박을 자축하게 된 것이다.

"익스피디아의 사이트 트래픽은 우리의 수천 배에 달했습니다. 계약서에 서명도 하기 전에 내 눈앞에서 달러 기호가 아른거리기 시작했어요."

트래블 키스의 마당도 건강하고 푸르러 보이기는 했지만, 익스피디아의 마당은 그에 비하면 베르사유 궁전이라고 해도 과언이 아니었다. 바비는 마음이 들떠 기다리기가 힘들었다.

양측의 원칙상 합의가 빠르게 이루어진 데 비해, 구체적인 사항에 모두 합의하기까지는 훨씬 오랜 시간이 걸렸다. 협상이 시작되고 18개월 뒤에 바비와 트래블 키스는 드디어 익스피디아를 상대로 하는 계약서에 서명함으로써 자신들의 비즈니스를 새로운 차원으로 끌어올릴 채비를 마쳤다. 마침내 해낸 것이다. 그런데 그는 정확히 '무엇'을 해낸 것일까?

"무엇을 해냈냐고요?" 이제 바비는 과거를 돌아보는 사람 특유의 지혜가 담긴 차분한 목소리로 되물었다. "직원들도 넌더리를 낼 만큼 회사 운영이 악몽처럼 느껴지기 시작했습니다. 첫해는 규모나 수익 어느 면으로 보나 예약 건수가 평균 이하로 떨어졌어요. 확실히 우리가 샴페인을 조금 일찍 터뜨리기는 한 모양입니다."

익스피디아를 통해 매출과 수익이 폭발적으로 증가하기를 손꼽아 기다린 지 열두 달, 바비와 그의 직원들은 깨달았다. '이런 식으로 남에게 의존하면 안 되는구나. 우리에게 성공을 가져다줄 사람은 우리 자신밖에 없구나. 이제부터라도 우리가 잘하는 일에 집중해야겠다.'

이렇게 해서 바비와 그의 직원들은 그들의 비즈니스에서 가장 중요한 부분, 즉 그들이 제공하는 숙소의 품질과 고객들의 만족도를 예리하게 파고들기 시작했다.

"우리가 최고의 자리에 오를 수 있다고 확신하는 시장에만 초점을 맞추기로 마음먹었습니다. 특히 고객의 만족도에 심혈을 기울였어요. 현지의 컨시어지 서비스가 한 달에 처리할 수 있는 예약이 몇 건이나 되겠습니까? 예약 건수가 늘면 단기적으로 수익은 늘겠지만, 서비스의 질이 망가지기 시작할 테니 결국 회복하기 힘든 타격을 감수해야 합니다."

바비는 또 신규 고객을 유치하는 데 필요한 비용과 기존 고객을 유지하는 데 들어가는 비용을 비교한 결과, 전자가 훨씬 비싸다는 사실을 알아냈다. 그 결과 트래블 키스는 고객의 재예약률에 중점을 두어 높은 마진을 창출했다.

"나는 또 우리 회사가 내가 원하는 만큼 성장하려면 단일 지역에만 초점을 맞추어선 안 된다는 점을 깨달았어요."

트래블 키스는 하와이와 중미, 미국의 스키 시장, 이탈리아, 프랑스

등 세계 각지에 새로운 숙소를 확보하기에 이르렀다. 그리고 모든 것이 통합되었다. 익스피디아와 맺은 '대박 계약'이 실질적인 효과를 가져다주지 못한 반면, 내부로 눈을 돌려 역량을 집중한 결과 회사의 성장률은 이전의 두 배인 30퍼센트까지 올라갔고, 그런 상태가 수년간 이어졌다.

바비는 이렇게 고백한다. "금융 위기 직후인 2009년에 약간의 어려움이 있었지만, 그 이전에 기초를 다진 덕분에 그 어려운 시기에도 이윤을 낼 수 있었습니다. 그런 과정이 없었다면 우리도 살아남지 못했을 거예요."

바비가 확실하게 터득한 교훈은 두 가지로 나누어 볼 수 있다. 첫째, 모든 문제를 한 방에 해결해 줄 마법 같은 방안은 존재하지 않으며, 그의 비즈니스에 성공을 가져다줄 백마 탄 기사 역시 영원히 오지 않는다는 교훈이다. 그런 일을 할 수 있는 것은 비즈니스 그 자체일 뿐이다. 그럼 두 번째 교훈은? 사업은 단거리 경주가 아니라 마라톤이다. 익스피디아가 가져다주리라 믿었던 푸르고 무성한 잔디밭은 하룻밤 사이에 생겨나지 않는다. 대신 여러 해에 걸친 집중과 헌신은 서서히 그런 기적을 불러온다. 정확히 말하면 딱 10년이 걸렸다.

2017년, 바비의 노력은 결실을 보았다. 세계 5대 호텔 체인 가운데 하나로 꼽히는 아코르가 여덟 자리 숫자에 달하는 좋은 금액(정확히 공개되지 않았다)으로 트래블 키스를 인수한 것이다. 그리고 바비를 아코르의 호화 주택 임대 부문 브랜드인 '원파인스테이'의 최고 경영자로 선임했다. 지금도 바비는 모든 문제를 해결해 줄 백마 탄 기사와 같은 신기루에 현혹될 때가 있다며 이렇게 말했다.

"우리는 요즘도 비슷한 일을 겪습니다. 얼마 전에는 사람들이 세계적 호텔 체인 중 하나인 메리어트가 렌탈 프로그램과 로열티 프로그램을 통합해 거둔 성공을 보고, 우리에게도 비슷한 마법이 일어날 거라고 생각하더군요. 하지만 그것은 웹사이트에 집을 몇 채 올리는 일이 아닙니다. 상용화와 메시지 처리, 예약 절차, 그 밖에 신경 써야 할 점이 한두 가지가 아니거든요. 현실 세계는 쉽지 않습니다. 우리가 뭔가를 만들었다고 반드시 사람들이 몰려들라는 법은 없죠. 엄청난 집중과 노력이 필요합니다. 하지만 그래서 재미있기도 해요."

●　　　　　　　　　내가 바뀌지 않으면
　　　　　　　　인생은 절대로 달라지지 않는다

바비의 이야기에는 또 다른 버전도 있다. 바비가 익스피디아와 맺은 계약에만 연연해 트래블 키스의 잠재력을 발현하기 위한 조치를 실행하지 않고, 오로지 외부적인 요인에만 초점을 맞추는 경우다. 이 이야기의 결말은 크게 달라질 것이다. 내실에 전념하지 않았더라면 트래블 키스가 두 배의 성장률을 유지하기란 불가능했을 것이다. 30퍼센트의 연간 성장률을 10년 동안 유지하지 않았더라면 그토록 수지맞는 출구 전략을 구사할 수 있었을지 의문이다. 경영의 내실을 다지는 데 초점을 맞추지 않았더라면 여행업계에도 커다란 충격을 안긴 2008년의 금융 위기와 그 여파를 그토록 잘 견뎌 낼 수 있었을까?

바비와 그의 직원들이 트래블 키스 이야기의 집필을 다른 누군가에게 맡기지 않기로 마음먹은 것이 신의 한 수였다. 만약 그랬더라면 트래블 키스는 한쪽 구석에 찌그러진 조연 역할에 그쳤을 것이다. 바비는 누군가의 동료로 만족하며 그들의 바짓가랑이를 붙잡고 따라가는 대신 "내 모험은 내가 선택한다"는 정신으로 트래블 키스가 전면에 등장하는 이야기를 직접 써 내려갔다.

이제 우리의 삶에서 어떻게 바비 같은 시도를 할 것인가 하는 문제가 남았다. 가끔 우리 모두는 누군가의 성공을 바라보며 '나도 저런 곳에 가기만 하면, 그와 같은 기회를 잡기만 하면, 더 좋은 삶을 살 수 있을 텐데' 하고 생각한다. 하지만 그런 태도로는 절대 행복해지지 않는다는 점이 이미 과학적으로 입증되었다. 그렇다면 어떻게 그런 습관을 버리고 지금 밟고 서 있는 마당을 가꾸는 일에 전념할 수 있을까?

답은 우리 앞마당에 씨앗을 뿌리면(SOW) 된다.

SOW: 멈추고(Stop), 소유하고(Own), 노력하라(Work)

첫째, 다른 곳을 바라보기를 멈춰야 한다(Stop). 이제 당신도 울타리 너머 옆집 마당을 바라보는 것이 당신의 행복에 아무런 도움이 되지 않음을 안다. 왜 쓸데없는 일에 시간과 마음을 허비하는가?

둘째, 지금 당신이 밟고 서 있는 마당을 소유하라(Own). 이미 당신의 마당에 집중하고 있는 53.1퍼센트의 마음에 나머지 46.9퍼센트를 더하면 당신의 잔디밭이 얼마나 더 파랗게 살아날지 상상해 보라.

마지막으로, 당신의 마당을 바람대로 유지하기 위해 열심히 노력하라(Work). 남들이 보기엔 하룻밤 사이에 성공한 것처럼 보이지만 실은 바비가 10년간 노력한 것처럼, 비옥한 정원과 비옥한 마음을 가꾸는 비결은 지속적이고 집중적인 노력이다.

순조로운 출발을 위해 이 장 끝부분에 소개한 워크시트를 참고하라. 이제 마당을 가꾸기 시작할 시간이다.

핵심 정리

1. 현실에 발붙이지 못하면 불만이 쌓인다. 다른 어딘가의 잔디가 정말로 더 푸른지 어떤지는 아무 의미가 없다. 중요한 것은 당신 발아래의 잔디다.

2. 당신이 원하는 결과를 가져다줄 백마 탄 기사나 구세주는 없다. 그런 일을 할 수 있는 사람은 오로지 당신뿐이다.

3. 마음이라는 정원을 가꾸고 꽃을 피우기 위해서는 먼저 씨앗을 뿌려야 한다(SOW).

   a. Stop. 다른 곳에서 해결책을 찾으려는 노력을 중단하라.

   b. Own. 지금 당신이 있는 곳을 소유하라.

   c. Work. 당신이 있는 곳을 당신이 원하는 곳으로 바꾸기 위해 열심히 노력하라.

당신이 원하는 것과 피하고 싶은 것을 확인하라

당신은 지금 무엇을 피해 달아나고 있는가?	구체적으로 그것의 무엇이 문제인가?	상황이 그렇게 될 때까지 당신은 무엇을 했는가?	당신이 원하는 상황을 만들기 위해 무엇을 할 수 있는가?
⑩ 당신의 보스, 업무 시간, 당신의 몸무게			

당신은 지금 어디로 달려가고 있는가?	구체적으로 그것의 무엇이 그토록 마음에 드는가?	당신이 지금 있는 곳에서 그와 비슷한 만족을 얻기 위해 당신이 할 수 있는 행동은 무엇인가?
예 새로운 직장, 새로운 관계, 재정적 이정표		

199

CHAPTER

10

완벽한 때는
결코 오지 않는다,

때는
지금뿐이다

실제로는 매우 간단하다.
만일 뭔가를 하겠다고 하면, 그걸 하면 된다.
_에픽테토스

상당한 연봉이 보장된 직장을 그만두고 첫 회사인 '미래의 휴가'를 창업해 전념하기까지, 꼭 열 달이 걸렸다. 처음 아이디어가 떠오른 때는 서인도 제도의 터크스 케이크스 제도로 가족 여행을 갔다가 점심을 먹던 중이었다. 나는 아름다운 해변 관광을 포기하고 휴양지 숙소 임대 산업의 규모와 업체 등을 조사하며 하루를 보냈다.

그 아이디어는 대번에 나를 사로잡았지만, 직장을 그만두기란 나에게나 아내에게나 절대 간단한 일이 아니었다. 꼬박꼬박 나오던 월급이 사라지고 언제 무슨 일이 생길지 모르는 불확실성 속으로 아내를 설득해 데려가야 했다. 당연히 시간이 걸렸다. 10개월이 지나 이윽고 때가 오자, 나는 사직서를 냈다.

사람들은 흔히 회사를 창업하고 풀타임 근무를 시작하면 처음 한 주 동안에 이전 1년간 부업 삼아 한 것보다 더 많은 일을 하게 된다고 한다. 나도 그랬다. 일단 활주로에 올라서자, 그 무엇도 내 속도를 늦추지 못할 것 같았다.

창업하고 나서 한 달쯤 지났을까. 전 직장의 CEO인 마크한테서 연락이 왔다. 선배 창업가이자 유능한 리더인 그를 진심으로 존경했고 우리는 늘 좋은 관계를 유지했기 때문에, 나는 기쁜 마음으로 약속을 잡았다.

만난 자리에서 마크는 내 사업이 잘 진행되고 있는지 물었고, 회사 사람들이 모두 나를 그리워한다고 전했다. 반가운 얘기였다. 그리고 본론으로 들어가 폭탄을 던졌다.

"우리 고객사에 아주 시급한 일이 생겨 자네 같은 사람이 꼭 필요하게 생겼어."

나는 대답하지 않았다.

"상황이 상황이니만큼, 보수는 섭섭하지 않게 책정했네."

나는 침묵을 지켰다.

"매일 출근하지 않아도 돼. 기껏해야 한 달 동안 주 열 시간에서 스무 시간이면 충분할 거야."

나는 혀를 깨물었다.

"다시 말하지만, 보수는 섭섭하지 않을 정도로 책정했어." 마크가 말을 이었다. "지나치다 싶을 만큼."

그러더니 정말로 깜짝 놀랄 정도의 숫자를 꺼냈다. 머릿속으로 열심히 계산해 보니 연봉으로 환산하면 퇴사 전에 받던 액수의 열 배에 달하는 금액이었다. 머리가 어지러웠다. 뭐라고 대답하지? 어떻게 해야 할까? 그만한 돈이라면 외부의 투자를 끌어들이거나 신규 수입이 들어오지 않아도 최소 6개월은 내 회사를 꾸려 갈 수 있을 텐데.

나는 내가 할 수 있는 유일한 대답을 내놓았다. 정중히 그의 부탁을 거절한 것이다. 다행히 창업을 직접 경험해 본 마크는 나를 이해해 주었다. "내가 자네였어도 같은 결정을 내렸을 거야." 그는 마지못해 인정하듯 그렇게 말했다. "아마도 그게 옳은 결정일 걸세."

그는 나의 행운을 빌어 주며 대화를 마쳤고, 우리는 그렇게 각자의 길로 돌아갔다.

●

'나중에'를 '오늘'로 바꿔
세계에서 가장 성공한 남자

이 글을 읽고 '정신이 나갔군!'이라는 생각이 든다면, 일단 내 설명을 들어 보길 바란다. 세네카는 거의 2000년 전에 "뭔가를 미루는 것은 인생의 가장 큰 낭비"라고 썼다. 경험에 비춰 볼 때, 그것은 사실이다. 회사를 차리는 데 필요한 자신감과 지원과 용기를 끌어내기까지 10개월이라는 시간이 걸렸다. 간신히 일을 시작했고, 그 일을 사랑했다. 물론 두려움도 없지는 않았지만, 동시에 일찍이 경험해 보지 못한 감사를 느끼기도 했다.

마크의 제안은 흠잡을 데가 없을 만큼 완벽했다. 하지만 나는 그것이 독이 든 성배와 다를 바 없음을 알고 있었다. 하나의 프로젝트가 몇 개로 불어날지 몰랐다. 주당 열 시간에서 스무 시간이 마흔 시간 이상으로 늘어날 수도 있었다. 프리랜서로 많은 돈을 버는 일에 중독되면 거기서 벗어나기란 풀타임 직장을 그만둘 때보다 훨씬 힘들 터였다.

나는 이미 오롯이 내 사업에 초점을 맞추면 어떤 이득이 생기는지 알고 있었다. 만약 한번 삐끗해 과거의 고용주에게 양다리를 걸치면, 나는 내가 가장 중요하다고 생각하는 일을 2순위로 미뤄 놔야 할 터였다. 내 회사에 전력을 다하는 삶을 온전히 살아갈 수 없을 게 분명했다. 그것은 정말이지 인생의 엄청난 낭비였다.

솔직히 이번 생에 남은 시간이 얼마나 되는지 나는 알지 못한다. '나중에'라는 말로 꿈을 미루면, 그 꿈은 영원히 이루어지지 않을지도 모른다. 그리고 감히 장담하건대, 이 글을 읽는 모든 사람은 '적당한 시기가 올 때까지' 미뤄 둔 일이 적어도 한 가지는 있을 것이다. 사랑하는 사람에게 청혼하는 일, 부모가 되는 일, 회사를 창업하는 일, 전 재산을 팔아 세계 여행에 나서는 일…. 삶에 가치를 더할 게 분명하지만 때가 아니라는 이유로 미뤄 온 모든 일을 떠올려 보라. '적당한 때'는 영원히 오지 않는다. 때는 오로지 하나밖에 없다. 바로 지금뿐이다.

새롭고 낯선 일에 뛰어들자면 당연히 겁도 나고 힘들다. 관성을 따르는 것보다 더 쉬운 일은 없다. 지금 앉은 자리가 이토록 편안하고 따스한데 왜 미지의 심연으로 뛰어들려 하는가? 답은 질문 속에 있다. 실은 지금 이 자리가 전혀 편안하지 않았던 것이다. 진짜 편안하면 다른 일을 시도할 욕구를 애초에 느끼지 못했을 테니까. 정체된 편안함은 환상일 뿐이고, 자신의 마비 상태를 정당화하는 합리화일 뿐이다.

'나중에'를 '오늘'로 바꿔 가장 성공적인 결과물을 내놓은 사람은 아마도 제프 베이조스일 것이다. 그를 세상에서 가장 부유한 사람으로 만들어 준 회사 아마존에 대한 구상이 머릿속에 꿈틀거릴 무렵, 그는 그것을 전력으로 밀어붙이기 위해서 다니던 회사를 그만두어야 하는지를 심각하게 고민하기 시작했다. 그때 그가 고안해 선택에 적용한 방법이 이른바 '후회 최소화 프레임워크'다.

말은 그럴싸하지만 아주 단순하다. 그것은 "X년 후에 내가 이 일을 하지 않은 것을 후회할까?"라는 간단한 질문으로 시작한다. 베이조스는 훗날 이렇게 설명했다. "나는 80세가 되었을 때 이 시도를 후회하지 않을 자신이 있었다. 인터넷은 머지않아 엄청난 괴물로 성장할 것이고, 나는 거기에 참여하기로 한 내 결정을 후회하지 않을 터였다. 비록 실패한다 해도 후회하지 않겠지만, 시도조차 하지 않으면 반드시 후회할 것이라고 믿었다."[46]

●   인생의 끝에서 후회하는
                                       사람들의 공통점

제프 베이조스뿐만 아니라 대체로 사람들은 한 일보다 하지 않은 일 때문에 더 크게 후회한다. 호스피스 간병인으로 일했던 작가 브로니 웨어는 자신의 책 《내가 원하는 삶을 살았더라면》[47]에서 죽음을 앞둔 환자들이 "다른 사람의 기대가 아니라 나 자신에게 진실한 삶을 살 용기가 있었더라면" 하는 후회를 가장 많이 한다고 썼다. 지은이는 이렇

게 설명한다. "이것은 가장 보편적인 후회다. 인생이 끝나 가고 있음을 깨닫고 나서야 사람들은 비로소 그동안 얼마나 많은 꿈을 그냥 흘려보냈는지 훤히 보게 된다. 대부분 자신이 한 선택 혹은 하지 않은 선택 때문에 꿈의 절반도 이루지 못하고 죽음을 맞는다. 건강은 자유를 가져다주지만, 그것을 잃기 전까지는 깨닫지 못한다."[48]

이런 후회는 현재를 살지 못하는 데에서 비롯된다. 앞서 언급한 하버드 대학의 연구에서 살펴보았듯, 평범한 사람들은 깨어 있는 시간의 약 절반을 자기가 하는 일 이외의 다른 무언가를 생각하며 보낸다. 즉 지금 있는 곳이 아닌 다른 어딘가, 지금이 아닌 다른 시간대를 기웃거리며 살아간다는 뜻이다. 이미 일어난 일에 집착하며 자꾸 뒤를 돌아보거나, 언젠가 꿈을 이루고 성공한 미래를 공상하느라, 정작 현재를 우리가 원하는 대로 만들어 가지 못한다.

세네카가 경고한 '인생의 낭비'가 바로 이것이다. 프랑스 철학자 피에르 아도는 마르쿠스 아우렐리우스의 《명상록》을 주제로 한 탁월한 연구에서 "우리의 능력 안에는 오직 현재밖에 없다. 우리가 살아가는 유일한 시간이 현재이기 때문이다"[49]라는 글을 남겼다. 과거는 우리가 남겨 두고 떠나와 우리 머릿속 말고는 다른 어디에도 두 번 다시 존재하지 않으며, 그조차도 우리가 허락하지 않으면 불가능하다. 마찬가지로 미래는 그 정의 자체가 언제나 '아직 오지 않은 시간'이다. 그렇다면 남는 것은 오로지 지금뿐이다. 이 개념은 아주 제한적이지만 강력한 힘을 발휘한다. 현재밖에 없으니 이에 집중하고 몰입해 우리가 원하는 대로, 우리에게 필요한 대로 현재를 만들어 갈 수 있다.

기회를 놓치지 않는 아주 간단한 방법,
"일단 해 보자"

"나는 한 번도 안정적인 인간이었던 적이 없어요. 규칙적인 인간도 아니었고요."

캐스린 페트랄리아Kathryn Petralia가 고백이라도 하듯 비밀스럽게 말했다. 만약 그를 아는 사람이라면 고개를 갸웃할 만했다. 그는 2017년 포브스가 선정한 '세계에서 가장 영향력 있는 여성 100인'에 이름을 올렸다. 또 중소기업과 소비자가 손쉽게 대출을 받을 수 있도록 돕는 자동 대출 플랫폼 캐비지Kabbage를 공동으로 창업해 거의 10억 달러에 이르는 거액을 받고 아메리칸 익스프레스에 매각했다. 지금은 창업과 함께 여덟 자리 숫자에 달하는 큰돈을 투자금으로 유치한 온라인 마켓 플레이스 드럼Drum의 공동 대표로 있다. 그런 거물이 자신을 되는대로 사는 인물로 표현하다니. 하지만 나는 그 말에 동의할 수밖에 없었다. 그는 모든 준비가 갖춰질 때까지 기다리고 숙고하는 사람은 아니다.

캐스린은 2008년에 다니던 직장인 레볼루션 머니Revolution Money를 그만두고 캐비지를 창업했다. 첫 회사를 창업할 당시 자녀가 없었던 나와 달리, 그에게는 돌봐야 하는 아들이 있었다. 또 회사에서 고정 수입을 벌어와 안정적으로 살림을 꾸려 갈 아내가 있었던 나와 달리, 그는 집안에서 유일하게 생계를 책임지는 가장이었다. 그런 사람이 어떻게 확신과 용기를 얻어 창업이라는 모험에 뛰어들었을까?

"기회가 찾아왔을 때 이것저것 재고 비교하며 깊이 고민하는 성격은 아니었어요. 괜찮겠다 싶으면 일단 시도하고, 그것을 최선으로 만들어 가는 거죠. 대학 때부터 지금까지 그런 식으로 도전하고 성취하며 경험을 쌓았던 것 같아요."

짐작대로 '지금, 여기'의 접근법을 가진 캐스린은 전형적인 경로와는 조금 다른 인생을 걸어왔다. 고등학교 때부터 읽기와 쓰기를 좋아한 캐스린은 대학에서도 영문학을 전공했고, 훗날 영문과 교수가 되기를 꿈꿨다. 즐겁게 영문학을 공부하던 어느 날, 한 친구가 부탁이 있다며 찾아왔다. 얼마 전 새롭게 시작한 사업체에 컴퓨터를 잘하는 그가 합류하기를 바란다는 것이었다.

"그때가 90년대 초라 컴퓨터를 만져 본 사람이 많지 않을 때였어요. 하지만 저는 일곱 살 때부터 가지고 놀아서 컴퓨터가 제2의 천성 같은 것이었어요."

예상 못 한 기회였지만, 그는 일단 해 보자고 마음먹고 학문의 세계에 작별을 고했다. 그리고 데이터 압축 분야에 특화된 스타트업에 뛰어들었다. 캐스린은 여기서 일하는 동안 우연히 창업 아이디어를 발견했는데, 바로 카탈로그였다. 기업체들이 소비자에게 우편으로 발송하지만 포장도 뜯기지 않은 채 버려지는 어마어마한 양의 카탈로그를 보면서 '이런 건 온라인으로 보내면 좋을 텐데' 하고 생각했던 것이다.

자신을 이 회사로 영입한 친구에게 아이디어를 얘기했더니, 그는 큰 관심을 보이며 투자를 약속했다. 이렇게 해서 캐스린은 처음으로 기술 관련 스타트업을 창업했다. 그 후로 인터넷 컨설팅 회사에서 일하다가 컴퓨크레딧CompuCredit으로 옮겨 레볼루션 머니의 창업에 기여한 뒤, 급기야 본업을 그만두고 금융 서비스 스타트업에 참여하게 되었다.

캐스린이 캐비지를 창업하게 된 것도 따지고 보면 기회를 주저 없이 붙잡는 그의 성격 덕분이라고 할 수 있다. 캐스린이 아직 레볼루션 머니에 몸담고 있던 2008년, 애틀랜타에서 변호사로 활동하던 롭 프로바인이라는 친구가 사업 구상을 들고 그를 찾아왔다. 이베이 거래 기록 같은 비전통적 데이터 소스를 활용해 대부분의 은행이 대출을 승인하지 않는 소기업의 대출 여부를 자동으로 판단하는 프로그램을 만들자는 것이었다. 이번에도 캐스린은 흔쾌히 대답했다. "그거 좋은 아이디어네. 그런 거라면 내가 도울 수 있어."

이렇게 해서 롭과 캐스린은 가장 큰 성공을 거둔 금융 기술 스타트업인 캐비지를 창업했다. 캐비지는 10년이 넘는 기간에 자본금 4억 달러, 대출과 채권 발행을 포함해 수십억 달러에 달하는 자본을 조성하는 실적을 거두었다. 12년에 걸쳐 150억 달러가 넘는 자금을 소기업에 대출하는 성과를 거둔 끝에 캐스린은 이제 다시 한번 움직여야 할 때라는 판단을 내렸다.

"PPP 프로그램(2020년 코비드 팬데믹으로 어려움에 처한 영세 비즈니스를 지원하기 위해 미국 연방 정부가 내놓은 급여 보호 프로그램) 덕분에 예상보다 성과가 좋았어요. PPP 대출 기관으로서 우리가 하는 일이 아주 중요하기도 했고요. 캐비지를 설립할 당시만 해도 소규모 비즈니스를 운영하는 분들에게 신용이 얼마나 중요한지, 그런 소규모 비즈니스가 전체 경제에서 얼마나 중요한 역할을 하는지 등을 제대로 이해하지 못했어요. 나는 죽는 순간까지도 우리가 PPP에서 한 일을 자랑스럽게 생각할 것 같아요. 정말 놀라웠어요. 내가 영세 비즈니스에 자금을 대출하는 경험을 하게 되리라고는 상상도 하지 못했어요."

하지만 캐스린은 일이 잘 풀려 가는 동안에도 자신을 둘러싼 세계에 커다란 위기가 도사리고 있음을 알게 되었다. "수백만 명이 일자리를 잃었는데 어떻게 시장이 기능을 유지하는지 믿어지지 않았어요. 세상이 온통 무너져 내리는데 어떻게 시장만 계속 성장할 수 있죠?"

가만히 앉아서 적당한 때를 기다리거나, '그때 이렇게 했더라면 좋았을 텐데' 하고 후회하는 성격과는 거리가 먼 캐스린은 자신의 재정적 안정뿐만 아니라 더 큰 금융 기관의 지원을 받게 될 고객, 그리고 두둑한 보상을 나눠 가질 캐비지의 직원들을 위해 2020년에 아메리칸 익스프레스에 회사를 매각했다. 그리고 지금은 아직 걸음마 단계인 기술 스타트업의 성장을 위해 열심히 노력 중이다.

캐스린은 도전 앞에서 주저하는 사람이 아니다. 찾아온 기회를 일단 붙잡고 최선을 다해 그것을 최고의 결과로 만든다. 대학에서 진로를 바꾸었을 때나, 처음으로 스타트업을 시작했을 때나, 캐비지를 창업했을 때나 마찬가지였다. 완벽한 때는 결코 찾아오지 않는다. 그러니 일단 시작해 보라. 지금 여기에서 할 수 있는 일에 집중하면 그때 비로소 일이 완벽해진다는 것을 그는 경험으로 보여 준다. 그는 이렇게 말했다.

"잘 안될 수도 있지만, 시도해 보지 않으면 우리가 뭘 할 수 있었는지조차 알 길이 없잖아요."

●　　　　　　　　　　뭔가를 미루는 것이야말로
　　　　　　　　　　　인생의 가장 큰 낭비다

영어에서 present라는 단어가 '지금'이라는 뜻과 '선물'이라는 뜻을 둘 다 가지게 된 것은 우연이 아니다. 라틴어로 '전(before)' 혹은 '앞(in front of)'을 뜻하는 접두사 'prae-'와 '있다(be)'를 뜻하는 동사 'esse'가 결합한 præesse의 현재분사가 바로 present다.[50] 따라서 시간을 말할 때 present는 말 그대로 우리 앞에 있는 시간, 바로 현재다.

present의 '선물'이라는 뜻은 '누군가에게 무언가를 가져가서 건네주는 것'이라는 의미의 고대 프랑스어에서 비롯되었다.[51] 이런 현실적인 의미를 생각하면 우리 앞의 시간, 즉 '지금'은 선물이다. 그것은 우리가 받을 수 있는 최고의 선물이기도 하다. 하지만 늘 받고 있기 때문에 너무 당연하게 여긴다. 그리고 절대 '지금'이 될 수 없는 과거나 미래에 초점을 맞추고 싶어 한다.

과거를 돌아보고 교훈을 끌어내서는 안 된다는 의미가 아니다. 그래야 한다. 미래의 계획을 세울 필요가 없다거나 그것이 바람직하지 않다는 뜻도 아니다. 필요하고 바람직하기도 하다. 다만 그것들은 모두 현재의 행동으로 뒷받침되어야 한다. 현재와 동떨어진 채 후회를 일삼거나 공상을 이어 가는 것은 아무 의미 없는 시간 낭비일 뿐이다. 내 눈앞에 선물로 다가온 현재를 공허하게 날려 버리는 행위일 뿐이다.

과거로부터 배우고, 미래를 계획한다고 해도 우리는 오로지 현재만을 살아갈 수 있다. 현재 같은 시간은 어디에도 없다. 그러므로 거기에 온전히 집중해야 한다.

핵심 정리

1   인생은 오로지 현재만을 살아갈 수 있다.

2   현재는 선물이다. 그러나 너무나 익숙하고 끊임없이 주어지기 때문에, 불확실한 미래를 꿈꾸거나 더는 존재하지 않는 과거를 회상하며 이 선물을 낭비하는 경우가 많다.

3   오늘의 기회를 내일로 미루거나 '적당한 때'를 기다리기보다, 제프 베이조스가 고안한 '후회 최소화 프레임워크'를 이용해 그 '적당한 때'를 지금으로 만들어야 한다.

후회 최소화 프레임워크

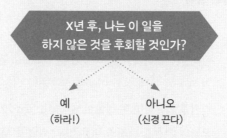

후회 최소화 워크시트

무엇에 관한 결정을 내리고 싶은가?	이 일을 하지 않으면 미래에 후회할까?	할 것인가? 말 것인가?
ⓔ 전직, 이사, 관계		

11

모든 일을
잘하려 애쓰지 않는다,

정말 중요한 일에만
집중한다

> 특정 장소에 가려는 사람은 한 길만 택해야지,
> 동시에 많은 길을 가려고 시도해서는 안 된다.
> 후자는 걷는 게 아니라 방황하는 것이기 때문이다.
> _세네카

크리스마스 날 아침, 나는 새벽부터 깨어 있었다. 눈은 말똥말똥했고 너무 설레어 몸이 덜덜 떨릴 지경이었다. 산타 할아버지가 다녀가셨을까? 내 선물은 잘 갖다 놓으셨을까? 하지만 우리 집에는 온 가족이 모여 한꺼번에 선물을 풀어야 한다는 규칙이 있었다. 이윽고 부모님이 커피잔을 손에 들고 올라와 준비가 끝났다는 신호를 보내자, 나와 여동생은 우당탕 거실로 달려갔다.

크리스마스트리 근처에 여러 가지 선물이 놓여 있었지만, 내가 찾는 선물은 단 하나, 바로 '닌텐도 게임보이'였다. 부모님은 모두 소아과 의사였고, 스크린 타임이라는 용어가 생기기 훨씬 전부터 아주 엄격한 스크린 반대주의자였다. 여동생과 나는 하루에 30분밖에 텔레비전을 볼 수 없었고, 그나마 그런 권리를 누리기 위해서는 그전에 먼저 60분 동안 책을 읽어야 했다. 비디오 게임은 상상하기도 어려운 완전한 금지 항목이었다.

그래서 나는 더 힘센 누군가에게 호소하기로 마음먹었다. 부모님은 아무리 졸라도 게임보이를 사 주지 않을 게 뻔했지만, 산타 할아버지라면 그 엄격한 규칙을 피할 수 있지 않을까? 나는 산타 할아버지에게 매일 메시지를 보냈다. 그리고 크리스마스가 오자 어린아이다운 희망과 기대감이 가득한 눈으로 무엇보다 중요한 단 하나의 선물을 찾아 주위를 두리번거렸다.

그때였다. 가족이 준비한 선물과는 포장부터가 다른 선물이 거기 있었다. 너무나도 아름답고 우아한 자태로 당당히 놓여 있는 이 선물은 그분이 직접 가져다 놓은 것이 틀림없었다. '감사합니다, 산타 할아버지!' 나는 미끄러지듯 달려가 상자를 열기 시작했다. 그때까지 인생을 통틀어 가장 간절히 원하던 선물이 내 손에 들어온 것이다. 그 순간의 행복과 만족감이란!

그리고 6개월이 지나 내 생일이 다가왔다. 그 무렵 게임보이는 이미 광채를 잃은 다음이었다. 그사이에 닌텐도의 숙적인 게임 회사 세가는 자그마치 컬러 스크린이 달린 경쟁 제품 '게임 기어'를 내놓았다. 나는 생일 선물로 그걸 가져야 했다. 그것만 가지면 더는 소원이 없었고, 환희는 영원할 터였다, 그렇지 않은가?

더 많이 가질수록
덜 행복해지는 역설

어린아이의 탐욕을 조롱하기란 쉽다. 하지만 내 어린 시절의 이야기에는 모든 사람에게서 발견되는 공통점이 있다. 바로 무언가를 손에 넣어야 행복해질 거라는 기대다. 누군가는 상이나 타인의 인정을 받으면 행복해질 거라고 생각한다. 다른 누군가는 승진을 하거나 새로운 무언가가 시작될 때 행복도 함께 오리라 기대한다. 대상이 무엇이건 간에 핵심은 하나다. 이미 가진 것이 아니라 아직 가지지 못한 것을 욕망한다는 것.

욕망의 대상을 소유하면 적어도 한동안은 행복에 휩싸인다. 하지만 조금만 지나도 우리는 그것에 익숙해진다. 그것을 가진 상태가 새로운 일상이 되고, 우리는 또다시 무언가를 원한다. 이번에야말로 모든 것이 달라질 거라고, 정말로 행복해질 거라고, 그 행복은 영원할 거라고 기대한다. 무한 반복이다.

그렇다고 그런 자신을 미워하지 말자. 이게 정상이라고 하니까, 사람은 다 그렇다니까 말이다. 심리학에서는 인생에서 커다란 변화를 겪고도 금방 상대적으로 안정된 행복 수준으로 돌아가는 경향성을 '쾌락의 쳇바퀴' 혹은 '쾌락의 적응'이라 부른다. 긍정적 사건 혹은 부정적 사건은 단기적으로는 우리를 행복하거나 불행하게 만든다. 하지만 시간이 지나면 적응력을 발휘해 예전과 비슷한 상태로 돌아간다. 쳇바퀴 위에서는 다람쥐나 햄스터가 쉬지 않고 달려도 늘 같은 자리를 벗어나지 못하듯이, 우리는 끊임없이 행복을 추구하면서도 출발점을 벗어나지 못한다.

날씨처럼 일상적인 요소가 감정에 풍파를 일으킬 때는 물론이요, 평생의 꿈을 이루는 환상적인 순간이나 가슴이 찢어질 듯한 비극적인 사건을 겪은 경우에도 평균으로 회귀하려는 심리적 경향이 나타난다. 행동경제학자로 노벨 경제학상을 수상한 대니얼 카너먼 교수는 흔히 겨울철의 혹독한 추위와 싸우는 미국 중서부 지방 사람들보다 햇살 좋고 온화한 기후에서 살아가는 캘리포니아 사람들이 더 행복할 거라고 생각하지만, 실제로 전체적인 삶의 만족도는 두 집단 사이에 별 차이가 없음을 보여 주었다.[52]

더 놀라운 연구 결과도 있다. 복권 당첨자들이 일상생활에서 느끼는 쾌락과 행복감은 비당첨자, 심지어는 하반신이 마비된 사람들보다도 낮다.[53] 이는 와인 감식가가 1996년산 샤토 라피트 로칠드를 한 잔 마실 때 느끼는 쾌감이 편의점에서 산 20달러짜리 와인을 마시는 일반인의 쾌감보다 더 크지 않다는 사실과 같은 맥락이다. 더 많이 가진다고 더 큰 행복과 성취감을 느끼는 것은 아니다. 오히려 더 까다로워진 기준을 만족시키지 못하는 경우가 많다.

●
　　　　　　　　　똑똑한 사람들이
　　　　　　멀티태스킹을 하지 않는 이유

심리학자들이 '쾌락의 적응'을 발견해 이름 붙이기 수천 년 전에 이미 스토아 철학자들은 그 문제의 원인과 해결책을 알고 있었다. 세네카는 "정말 가난한 사람은 너무 적게 가진 사람이 아니라 너무 많은 것을 갈망하는 사람이다"라고 썼다. 에픽테토스는 반대로 "부자가 되고 싶으면 금고에 쌓인 돈을 늘릴 것이 아니라 욕망을 줄이라"라고 가르쳤다. 원하는 것을 얻는다고 행복해지지 않는다. 이미 가진 것을 원하는 것이야말로 만족으로 향하는 지름길이다. 행복은 욕망의 대상을 거머쥐어야 얻을 수 있는 무언가가 아니라, 올바른 마음가짐만 있으면 지금 당장 실현할 수 있는 그 무엇이다.

이 진리는 스토아 철학자들의 독점적인 지식이 아니다. 노자는《도덕경》에서 '충분히 가졌음을 아는 사람이 진정한 부자다'라고 가르쳤다. 불교는 인간의 모든 고통이 더 많이 소유하려는 탐욕에서 비롯된다고 설파한다. 작가이자 신학자인 프레드릭 비크너는 히브리어의 인사말 '샬롬'이 "온전하고 행복한 삶에 필요한 모든 것을 갖춘 충만함을 의미한다"고 지적하며, 우리가 누군가에게 "샬롬"이라고 인사할 때 더 많이 가지라고 기원하는 것이 아니라, 이미 가진 것으로 만족하고 충만하기를 기원하는 것임을 강조한다.[54]

여러 문화권에서 그토록 오래전부터 만족과 행복의 본질을 알아냈는데 왜, 어떻게 해서 우리는 아직도 소유를, 행복을 갈망하는 것일까? 더 안타까운 점은 모든 것이 빠르게 돌아가고, 남들의 생활을 속속들이 들여다보기 쉬운 요즘 세상에서 이런 경향이 더욱 짙어지고 있다는 사실이다. 사람들은 더 많이 가지고, 더 많은 일을 경험하며, 아무것도 놓치지 않기를 바란다. 이전과는 비교도 안 될 만큼 빠르게 유행을 쫓고 자기 계발에 매진하지만, 그 무엇에도 만족하지 못하고 끊임없이 부족한 자기 자신만 발견한다.

거기에는 기술 발전도 한몫을 거든다. 한 번에 더 많이 가지고 시도하고 도전하려는 욕망을 기술이 실현해 줄 수 있다는 환상, 즉 멀티태스킹에 대한 환상을 심어 주기 때문이다.

해야 하고 할 수 있는 일이 너무 많은 세상에서 멀티태스킹은 기본값으로 정착되었다. 근무 시간에 처리해야 할 일이 너무 많다고? 줌으로 회의하면서 이메일을 확인하라. 출근 시간에 늦었다고? 스마트폰으로 우버를 부르면서 사내 인트라넷에 접속하라. 부모님과 통화하는 일이 불편하다고? 인스타그램을 띄워 놓고 새로운 소식을 살피며 형식적으로 대꾸하면 된다.

이런 생각의 가장 큰 문제점은 무례를 저지르는 것도 아니고(사실은 무례하다), 위험하다는 것도 아니다(사실은 위험하다). 가장 큰 문제는 실제로 우리가 하는 것이 우리가 기대하는 멀티태스킹이 아니라는 점이다. 리치 디비나가 4장에서 지적했듯이, 또한 여러 연구가 일관되게 보여 주듯이, 사람의 마음은 한 번에 여러 가지 일을 처리하지 못한다. 단지 이 일과 저 일 사이를 아주 빠른 속도로 왔다 갔다 할 뿐이다. 우리의 바람과는 달리 사람의 뇌는 멀티태스킹 능력이 없다. 기술의 발달로 더 많은 일을 한 번에 처리할 수 있다는 기대감이 높아졌지만, 신화는 신화일 뿐이다.

누군가는 어쨌거나 일하는 속도는 빨라진 거 아니냐고 반문할지도 모른다. 언뜻 보면 그렇게 착각할지도 모르지만, 여기저기 왔다 갔다 하느라 벌이는 실수와 그를 복구하는 데 드는 노력을 고려하면 결코 속도가 빨라졌다고 볼 수 없다. 클리블랜드 클리닉의 두 연구자가 〈타임〉에 기고한 글에 이런 대목이 나온다. "벌새가 이 꽃에서 저 꽃으로 휙 날아갔다가 다시 처음 꽃으로 휙 날아오듯이, 이 프로젝트와 저 프로젝트 사이를 끊임없이 오가면 (……) 아주 간단한 임무도 제대로 수행할 능력이 떨어지고" 주의력과 학습 능력, 집중력에 "굉장히 부정적인 영향을 미친다." 더 많은 일을 하려다가 실수가 잦아지고 부주의해지면서 단 하나의 일도 제대로 못 하는 정반대의 결과를 초래한다는 뜻이다.[55]

정말 중요한 일은 한두 가지밖에 안 된다

그렇다면 정답은 무엇일까? 멀티태스킹이 환상에 불과하다고 하더라도, 현실은 정반대로 돌아가고 있지 않은가? 세상은 너무 빨리 변하고 대응해야 하는 변수들은 따라가기 벅찰 만큼 늘어난다. 모든 수단을 동원해 온갖 변화에 대응해도 뒤처질 것 같은 마당에, 과연 무엇을 선택해서 어떻게 집중한다는 말인가? 이런 '올인' 전략이 실패로 돌아가면 어쩐단 말인가?

그런 고민에 전문가들은 대체로 반대의 대답을 내놓는다. 즉 모든 일을 적당히 해내는 쪽보다는 정말 중요한 일을 탁월하게 잘하는 쪽이 성공한다는 것이다. 비즈니스 전략가이자 베스트셀러 작가인 그렉 맥커운은 자신의 책 《에센셜리즘》에서 무의미한 다수가 아닌 본질적인 소수에 집중할 것을 강조하며 재미있는 사례를 언급한다. 바로 '최우선(priority)'이라는 단어는 원래 복수형이 없다는 사실이다. 즉 다른 모든 일을 제치고 가장 우선시하는 일이 '최우선'이다. 정의를 생각해 봐도 단수형일 수밖에 없다. 이 단어가 영어에 도입된 1400년대부터 1900년대까지 500년 동안은 그런 개념이 유지되었다. 하지만 현대에 이르러 우리의 욕망이 단어 사용에 반영되며 '최우선'에 복수형이 생겼다. 얄팍한 속임수가 아닐 수 없다.

따라서 정답은 많은 일을 해내는 것이 아니다. 독일의 산업 디자이너 디터 람스 역시 이 부분을 강조해 "더 적게 일하는 대신 더 잘하라"라는 유명한 말을 남겼다. 이 교훈을 트위터의 창업자 잭 도시만큼 제대로 이해하고 실천한 사람도 드물다. 겉으로 보기에 그는 수십억 달러짜리 상장 회사 두 개, 트위터(현 엑스X)와 스퀘어(현 블록Block)를 비슷한 시기에 설립한 멀티태스커의 표본으로 보일지 모르지만 속사정은 다르다. 도시는 먼저 트위터에 전념했고, 사실상 회사에서 쫓겨난 상태에서 스퀘어에 전념했다.

사실 그는 CEO 역할을 '편집장'이라고 표현할 만큼 "적은 것이 좋은 것"이라는 원칙을 강력히 옹호했다. 그는 말했다. "우리가 할 수 있는 일은 천 가지가 넘지만, 그 가운데 정말로 중요한 일은 한두 가지밖에 없다."[56] CEO는 회사가 할 수 있는 모든 일을 파악하도록 돕는 사람이 아니라, 반드시 해야 하는 한두 가지 일에 집중하도록 돕는 사람이라는 뜻이다.

잭 도시는 CEO 역할뿐 아니라 개인 스케줄을 관리함에 있어서도 선택과 집중을 원칙으로 삼았다. "요일마다 주제를 나누었다. 월요일은 경영 회의와 회사 운영에 필요한 일을 하는 날, 화요일은 제품 개발에 전념하는 날, 수요일은 마케팅과 커뮤니케이션, 성장에 집중하는 날, 목요일은 개발자와 파트너십을 위한 날, 금요일은 기업 문화에 집중하는 날이다."[57] 도시는 하루하루 핵심을 정해 더 적게 일하지만, 확실히 잘 해내도록 자신과 동료를 독려했다.

이런 마음가짐과 접근법으로 도시는 좋은 회사를 만들었다. 우리 시대의 위대한 혁신가 스티브 잡스도 비슷한 얘기를 했다. "집중이란 백 가지 다른 좋은 아이디어를 거절함을 뜻한다. (……) 사실 나는 내가 한 일만큼이나 내가 하지 않은 일들이 자랑스럽다. 혁신이란 천 가지 일에 '아니오'라고 말하는 것이다. 아주 신중하게 선택해야 한다."[58] 세계에서 제일 큰 헤지펀드를 설립한 투자의 전설 레이 달리오는 자신의 책 《원칙》에 이렇게 썼다.

> 원하는 것은 무엇이든 가질 수 있어도, 원하는 모든 것을 한꺼번에 가질 수는 없다. 인생은 맛보기로 기대할 수 있는 것보다 더 맛있는 대안이 수두룩한 거대한 뷔페와도 같다. 목표를 선택한다는 말은, 자기가 원하거나 더욱 절실히 필요한 것을 얻기 위해 다른 무언가를 거절한다는 뜻이다. 어떤 이들은 시작도 하기 전에 이 지점에서 실패한다. 적당히 괜찮은 대안을 거부하기가 두려워 너무 많은 목표를 한꺼번에 추구하다가 하나도 이루지 못한다. 무엇을 선택해야 좋을지 모르겠다고 낙담하거나 주저앉지 말라. 선택하고 집중하면 훨씬 더 많은 것을 가질 수 있다. 과감하게 선택하고 실행에 옮기라.[59]

하나같이 좋은 얘기지만, 실전에선 과연 어떨까?

혁신은 덜 중요한 천 가지 일에 '아니오'라고 말하는 것이다

마이클 콘Michael Cohn은 화려한 경력을 무려 세 개나 가지고 있는 인물이다. 그는 클라우드 컴퓨팅 자문 서비스 회사 클라우드 셰르파Cloud Sherpas의 창업자이자, 시드 엑셀러레이터(초기 스타트업을 대상으로 투자와 보육 등을 지원하는 기관)인 테크스타 애틀랜타Techstars Atlanta의 창립 임원이며, 벤처 캐피털 회사인 오버라인Overline의 공동 창업자이자 임원이다. 눈부신 성과만큼이나 많은 일을 해냈을 거라는 세간의 기대와 달리, 그는 자신의 성공 비결로 '위대한 아이디어에 전념하기 위해 괜찮은 아이디어를 거절하는 능력'을 꼽았다. 그리고 그 과정이 언제나 쉽게, 그리고 자연스럽게 진행되지는 않았다고 고백한다.

"2008년에 클라우드 셰르파를 시작하고 나서, 우리는 구글이 지메일 같은 소비자 앱을 모든 규모의 비즈니스에 제공하기로 한 것에 주목했어요. 우리는 구글에 연락해 당신들의 소프트웨어 재판매를 돕는 협력사가 되고 싶다고 했죠. 그들은 잠시 망설였지만, 결국 구글 앱스의 재판매 및 지원 라이선스를 확보한 최초의 다섯 개 협력사 가운데 하나로 우리를 선정해 줬습니다."

이렇게 해서 재판매 및 컨설팅 비즈니스로 진입한 클라우드 셰르파는 구글 엔터프라이즈 생태계의 주도적인 협력사로 빠르게 자리 잡았다. 회사의 비전이 가시화되자 마이클은 투자를 유치하기 위해 투자자 겸 성공한 기업가 존 핼릿을 만났다. 마이클은 존에게 깊은 영감을 받았다. 그리고 몇 주간 다양한 투자 옵션과 함께 일할 방식을 모색한 끝에, 존에게 경영권을 넘기는 조건으로 협상을 타결했다. 모든 사람을 놀라게 만든 이 결정에 대해 마이클은 이렇게 회상했다.

"비즈니스가 성장하는 중이었고 전망도 밝았지만, 저는 초짜 CEO 였습니다. 기업 운영에 관해서는 모르는 게 너무 많아 존에게서 경영을 배우고 싶었어요. 제가 성장의 병목이 되고 싶지는 않았습니다."

존은 2010년에 클라우드 셰르파의 운전대를 넘겨받았다. 그 무렵은 회사가 셰르파툴즈SherpaTools라는 새로운 사업을 추진하기 시작한 참이었다. 컨설팅을 진행하다 보니, 구글 앱스를 사용하는 비즈니스 고객들은 특정 기능의 첨가를 요구하거나 특정 오류를 제거해 달라는 등 비슷한 요청 사항을 꾸준히 제기했다. 하지만 구글은 그 문제 해결에 큰 관심을 보이지 않았기에, 클라우드 셰르파가 직접 자체적인 소프트웨어를 구축하게 되었고, 그것이 바로 셰르파툴즈였다.

셰르파툴즈가 구글 마켓플레이스에 들어가고 얼마 지나지 않아, 전세계 4만 개의 도메인에서 이 무료 소프트웨어를 다운받았다. 이만하면 성공적이라고 할 만했다. 그런데 본격적인 문제가 그때부터 나타났다. 마이클의 말을 들어 보자.

"그때 문제가 생겼습니다. 우리가 피터의 돈을 훔쳐 폴에게 주는 격임을 알게 된 겁니다. 즉 우리가 개발한 소프트웨어와 현장에 나가 있는 우리 컨설턴트가 서로 경쟁하는 꼴이 된 겁니다. 셰르파툴즈를 서비스하려면 우리 컨설턴트들을 현장에서 철수시켜야 하지만, 컨설턴트가 현장에 나가 있어야 고객에게 시간당 수수료를 청구해 돈이 회사로 들어오지 않겠습니까? 이렇게 되니 아주 현실적인 재정적 문제가 생기기 시작했어요."

이때 마이클은 존에게서 평생 잊지 못할 교훈을 배웠다. 존은 마이클에게 이렇게 말했다. "우리가 둘 다 할 수는 없어. 둘 다 좋은 비즈니스지만, 서로 다른 비즈니스이기도 하거든. 그 둘을 묶어 두면 둘 다 발목이 잡히는 형국이 되지. 셰르파툴즈는 독자적인 회사로 떼어 내는 게 좋겠어."

마이클은 확신이 서지 않았다. 셰르파툴즈 역시 클라우드 셰르파와 마찬가지로 자기 자식인데, 아직은 둥지에서 쫓아낼 준비가 되지 않았다고 느꼈다. 하지만 결국 그는 존을 영입한 이유가 이런 전문성을 배우기 위해서였다는 생각에 마음을 고쳐먹었다.

"그제야 아귀가 들어맞았어요. 인수 합병을 거론할 때 1 + 1 = 3이 되어야 한다는 말을 흔히 하는데, 우리는 정반대의 경우였어요. 합계가 부분을 더한 값보다 작아지니, 2 + 2 = 3이 되는 형국이었거든요."

이제 두 회사는 독립된 별개의 비즈니스로 기능하기 시작했다. 베터클라우드BetterCloud라는 이름으로 재탄생한 셰르파툴즈는 1억 8000달러가 넘는 벤처 캐피털을 조성했고, 세계적인 서비스형 소프트웨어(SaaS) 운영 관리 플랫폼으로 성장했다. 클라우드 셰르파 역시 자꾸만 발목을 잡던 셰르파툴즈를 떼어 버림으로써 기업형 클라우드 컨설턴트 회사로 기하급수적인 성장을 이루다가, 마침내 2015년에 이르러 4억 1000만 달러에 포춘 글로벌 500대 기업에 이름을 올린 액센추어에 매각되었다.

"컨설팅과 기술 구축, 이 두 가지를 다 붙잡고 있었더라면 절대 이런 성과를 거두지 못했을 거예요. 각각의 비즈니스에 100퍼센트 집중해야 했는데, 초기 단계에서는 한 지붕 밑에서 그 두 가지를 동시에 해낼 방법이 없었습니다."

모든 것을 해낼 수 없으니, 정말 중요한 일에 전념해 더 큰 성과를 낸다. 회사를 운영하며 얻은 이 인생 교훈을 마이클은 투자자이자 자문가로 스타트업을 선별하고 보육할 때도 적용한다.

"신규 스타트업을 지원하고 육성하는 기관인 테크스타에 지원서를 낸 1000개의 스타트업 가운데 10개를 선정했어요. 13주의 보육 과정을 거치면서 설립자들과 함께 지내다시피 했는데, 절반쯤 지나니 윤곽이 드러나기 시작하더군요. 허둥거리는 모습이 역력한 업체들은 제쳐두고 정말로 성공 가능성이 보이는 업체에만 관심을 집중하기란 쉬운 일이 아니었지만, 이제는 나도 클라우드 셰르파에서 쌓은 경험 덕분에 어느 정도 준비가 된 상태입니다."

마이클은 이미 많은 성취를 이룬 사람치고 깜짝 놀랄 만큼 젊다. 앞으로 그의 미래가 어떻게 될지는 아무도 모르지만, 때가 되면 마이클은 또 100퍼센트의 집중력을 발휘해 멋진 미래를 펼쳐 갈 것이다.

●   핵심적인 것들에
                    시간과 에너지를 집중하는 법

점점 더 많이 가져야만 직성이 풀리는 세상에서, 어떻게 하면 소유에 대한 갈망을 내려놓고 눈앞에 있는 것에 감사할 수 있을까? 점점 더 많은 일을 해내야 한다고 강요하는 세상에서, 어떻게 하면 정말로 중요한 일을 골라내 그것에만 집중할 수 있을까?

마르쿠스 아우렐리우스가 《명상록》에 쓴 글에서 선택과 집중을 훈련하는 방법을 엿볼 수 있다. "갖지 못한 것에 집착하지 말고, 가진 것 중에 그대가 최고로 꼽았던 것을 생각하라. 아직 그것을 갖지 못했을 때 얼마나 간절히 그것을 원했는지 돌아보라." 즉 더 가지려고 애쓰지 말고, 당신이 가진 것에서 소중함을 깨우치는 것이다.

이미 당신이 손에 쥔 소중한 것의 목록을 작성하는 일부터 시작하자. 이 장 끝부분에 소개한 워크시트를 이용해도 좋다. 여기에는 재산, 경력, 사랑하는 사람, 건강, 그 밖의 많은 것이 포함된다. 처음부터 완벽한 목록을 만들려고 무리하지 말고, 하나하나 차근차근 포함해 나가라.

이 목록을 손에 들고 각각의 항목을 들여다보라. 그리고 갑자기 한 항목이 사라져 버렸다고 상상해 보자. 예를 들어 어렵게 구한 직장이 하루아침에 문을 닫아 실업자가 되었다고 상상해 보자. 사랑하는 사람이 세상을 떠나 두 번 다시 그와 대화할 수 없다고 상상해 보자. 소중한 물건이 망가지거나 도난을 당해 대체할 방법이 없다고 상상해 보자. 이런 식으로 각각의 항목을 파고들며 시각화에 집중한다. 정말로 그런 상황이 닥쳤을 때의 기분을 느껴 본다.

바로 그거다! 시각화 뒤에 그것을 보거나 생각하면, 예전에는 느끼지 못했던 애착이 샘솟을 것이다. 흔히 하는 말처럼, 없어 봐야 그 소중함을 깨닫는다. 또 장기적으로는 우리의 행복에 별 도움이 되지 않는 것들을 쫓느라 마음과 시간을 낭비하는 습관을 떨쳐 버릴 수 있다.

핵심 정리

1   인간은 쾌락에 적응하기 때문에, 갈망의 대상을 쫓는 것은
    장기적으로 당신을 더 행복하게 만들어 주지 못한다.

2   행복과 성공에 이르는 가장 확실한 방법은 더 많은 대상을
    소유하는 것이 아니라, 가진 것에 감사하고 정말 중요한 일
    에만 시간과 마음을 쏟는 것이다. 여러 개의 좋은 것 중에서
    제일 좋은 것 하나를 선택하라.

3   스토아 철학의 부정적 시각화를 연습하면 이런 사고방식을
    개발하는 데 도움이 된다.

    a. 당신이 지금 가진 것, 소중하게 생각하는 것의 목록을 작성한다.

    b. 이것들을 하나하나 떠올리며 그것을 잃어버렸을 때 당신의 삶이
       어떨지 상상해 본다.

    c. 새롭게 느낀 감사와 기쁨으로 각각의 항목을 다시 돌아본다.

부정적 시각화를 위한 워크시트

이미 가진 소중한 것들의 목록을 작성한다.	그것을 잃어버렸다고 가정할 때 어떤 감정에 사로잡힐지 적어 본다.
예 사랑하는 사람, 직업적 위상, 업적, 재산	

일단
시작하라,
잘하는 방법은
그다음에 고민해도
충분하다

그 일들이 어려워 보여서 감행하지 못하는 게 아니다.
감행하지 않기 때문에 어려워 보이는 것이다.
_세네카

막 걸음을 뗀 스타트업 창업자들이 자문을 요청하면, 나는 시간이 허락하는 한 수락하려고 노력한다. 그 시기에 겪는 막막함과 고단함을 누구보다 잘 알고 있기 때문이다. 그래서인지 그들은 어둠 속에서 등불을 찾듯 내 이야기에서 정답을 찾고 싶어 한다. 그들은 내가 회사를 세우기 전에 무슨 일을 했는지, 창업 과정은 어떠했고 어려움은 어떻게 극복했는지 등 아주 구체적인 질문을 던진다. 나는 최선을 다해 답해 주지만, 마지막엔 내 경로를 본보기 삼지 말라는 경고를 꼭 붙인다. 그때나 지금이나 사람은 누구나 자기만의 길을 개척해야 한다는 것이 나의 굳은 믿음이다.

한번은 내 말끝에 붙은 경고를 듣고 나서 어느 창업자가 이렇게 되물었다.

"사람은 누구나 자기에게 알맞은 일을 해야 한다는 말씀이로군요."

내가 대답했다.

"꼭 그렇지는 않습니다. 자기에게 알맞은 일을 해야 한다기보다는 일단 하고, 그다음에 그걸 자기에게 알맞게 만들어 가야 한다는 생각이니까요."

이 둘의 차이는 단순한 표현의 차이를 훨씬 뛰어넘는다.

'자기에게 알맞은 일'은 도전하고 실수하고 그것을 수정하는 행동이 쌓여 이루어진 결과물이다. 그러므로 처음부터 자기에게 꼭 맞는 일이란 없으며, 미숙하더라도 무엇이든 해 봐야 길이 보인다. 그런데도 사람들은 도전을 꺼리는데, 어딘가에 '정답'이 있으며 그것을 찾을 때까지 기다리기 때문이다. 하지만 이런 생각은 완벽한 결정을 내리지 못할지도 모른다는 두려움을 키워 한 걸음도 나아가지 못하게 만든다. 경험에 비춰 볼 때, 이런 마음가짐은 크게 잘못되었다.

단 하나의 정답으로 만족하기에 세상은 너무 복잡하다. 완벽한 답을 찾기보다는 가진 정보를 종합해 최대한 좋은 답을 찾고, 그 '좋은 답'을 '최고의 답'으로 만들기 위해 노력하는 것을 목표로 삼아야 한다. 회사를 세우거나 제품을 만들 때, 초기 아이디어가 정답인 경우는 거의 없다. 관건은 어떻게 그 아이디어를 실행에 옮길 것인가, 그리고 어떻게 어려움이 닥쳐도 포기하지 않고 버틸 것인가이다.

대표적인 예가 바로 페이스북이다. 페이스북도 처음에는 그저 그런 또 하나의 소셜 네트워크일 뿐이었다. 오히려 마이스페이스^MySpace와 프렌드스터^{Friendster} 같은 웹사이트가 훨씬 많은 사용자를 보유하고 있었다. 그러나 마크 저커버그와 그의 동료들은 그저 그런 아이디어를 최고의 아이디어로 키워 냈다. 그들은 서서히, 그리고 주도면밀하게 캠퍼스를 훑으며 대학생들에게 접근해, 특정 대학에 소속된 사람들끼리 연결해 주는 폐쇄적인 소셜 네트워크에 대한 수요를 끌어냈다. 그리고 사람들이 어느 정도까지 서로 연결되는지, 어떻게 연결되는지를 파악하는 그래프를 만들어 대상층을 특정하는 새로운 기법으로 광고를 유치했다. 모바일이 대세로 떠오르자, 발 빠르게 그 플랫폼에 집중했다. 인스타그램과 왓츠앱을 비롯한 미래의 잠재적 경쟁자를 인수했다. 그 밖에도 그들이 한 일은 많다. 그들은 단 하나의 정답을 고집하지 않고 다양한 정답을 만들어 냈다. 일단 길을 선택하고, 그에 따른 후속 행동을 통해 그 선택을 자신의 '정답'으로 만들어 갔던 것이다.

●
더 고민한다고 더 좋은 성과가 나오지 않는다

완벽한 답을 찾으려고 주저하는 대신 일단 무엇이든 해 보겠다고 결심해도, 막상 쉽지 않으리라는 점을 잘 안다. 우리 시대에는 정보가 너무 많다. 사소한 결정을 내리는 데도 수십 가지 대안과 수백 가지 분석이 존재한다. 그러니 일일이 따지고 확인해 보지 않을 수가 없다. 그러다 큰 손해라도 입으면 어쩌겠는가.

그러나 정보의 과부하 상태에서 옵션을 저울질하다 보면 빠르게 분석력이 마비된다. 그런 상황에 놓이면 좋은 답에 다가가기는커녕 제자리에 정체되어 아무 답도 찾아내지 못한다. 질문을 더 많이 하는 것이 오히려 해가 되는 지경에 이르는 것이다. 그래서 하버드 대학교의 심리학 교수인 엘렌 랭어는 차라리 직감에 따라 빠르게 결정을 내리라고 조언한다.

> 질문을 더 많이 제기하는 것에는 논리적인 멈춤점이 없으니 도움이 되지 않는다. 그보다는 질문을 멈추고 직감적으로 결정하는 쪽이 낫다. 그래야 올바른 결정을 내려야 한다는 집착에 빠지지 않고 올바른 결정을 내릴 수 있다.[60]

물론 분석은 도움이 된다. 다만 어느 순간에 이르면 분석을 더 치밀하게 해도 만족도에는 큰 차이가 없어진다. 이때는 분석에 들이는 에너지를 줄이고, 적당한 것을 골라 실행하는 편이 낫다. 예를 들어 점심 메뉴로 샌드위치와 파스타 중 하나를 고를 때는 선택에 따른 만족도 차이가 크기 때문에 고심해서 골라야 한다. 하지만 샌드위치를 선택한 다음에 속 재료를 고를 때에는 이거나 저거나 큰 차이가 없으므로 빨리 결정하는 게 낫다. 그리고 나서 이미 내린 결정을 신뢰하고 밀어붙이는 편이 훨씬 높은 만족도를 가져온다. '역시 참치 샌드위치는 괜찮은 선택이었어'라고 생각하고 먹으면 배고픈 때를 놓치지 않으면서도 더 맛있게 느끼는 것이다.

정답을 찾으려고 지나치게 고심하기보다 적당히 내린 결정을 믿고 따르면 더 좋은 결과로 이어진다는 것은 심리학 실험으로도 증명되었다. 하버드 대학교의 심리학 교수인 로버트 로젠탈은 한 초등학교에서 20퍼센트의 학생들을 무작위로 뽑아 그 명단을 교사에게 주면서 아이큐가 높은 학생들이라고 말했다. 그러고 나서 8개월 후에 테스트를 실시했는데, 명단에 오른 학생들이 다른 학생들보다 평균 점수가 높았다. 비록 그들의 아이큐는 평균 수준이었지만, 그들을 똑똑한 학생이라고 믿고 더 열심히 가르치고 격려한 교사 덕분에 정말로 높은 성취를 이루게 된 것이다. 이 실험에서 증명한 믿음과 칭찬의 긍정적 효과를 일컬어 '로젠탈 효과'라고 한다.

평범한 학생을 믿음과 노력으로 탁월하게 성장시켰듯이, 선택보다 중요한 것이 선택 이후의 실천이다. 따라서 완벽한 선택을 내리려고 지나치게 고민하거나 주저하지 말자. 적당히 괜찮은 것을 선택하고 그것을 최고로 만들기 위해 노력하라. 진정한 성공 여부는 처음 떠오른 아이디어가 아니라 그것을 더 좋게 만들려는 노력과 인내의 단계에서 결정된다.

● 완벽이 아니라
'적당히'면 충분하다

스타트업 업계에서도 'MVP'라는 용어를 사용한다는 사실을 아는가? 창업가이자 비즈니스 컨설턴트인 에릭 리스가 자신의 책《린 스타트업》에서 처음 제시한 개념으로, '최소 기능 제품(Minimum Viable Product)'의 줄임말이다.[61] 그는 이렇게 설명한다.

"최소 기능 제품은 얼리 어답터의 공감을 끌어낼, 딱 그만큼의 기능(더도 말고)만 가진 제품이다. 그들 가운데 일부가 그 상품을 구매하거나 피드백을 제공한다."[62]

최소 기능 제품은 기대치를 낮추는 일이 얼마나 필요하고 유익한가를 대변한다. 처음부터 완전한 제품을 내겠다고 고심할 게 아니라 최소 기능만 갖춘 제품을 조금이라도 빨리 출시하면, 일부 소비자들의 피드백을 빨리 받을 수 있고, 더욱 신속하게 올바른 방향으로 고칠 수 있다. 즉 완성도보다 속도에 방점을 찍으라는 뜻이다.

진짜 최고의 첫 제품은 당신 머릿속에 들어 있는 이상적인 버전이 아니라 가장 빨리, 가장 싼 가격으로 출시할 수 있는 버전이다. 당장 소비자의 손에 넘겨도 큰 무리가 없을 정도의 제품이다. 최소 기능 제품이 중요한 이유는 소비자들의 진짜 피드백을 받아 볼 수 있기 때문이다. 꼭 출시해 봐야 아느냐고, 설문조사만 해 봐도 알 수 있지 않느냐고 반문하고 싶은가? 그렇지만 사람들은 설문조사에 솔직하게 답변하지 않는다. 고의로 거짓말하는 게 아니라 의도를 행동으로 옮기지 않는 '의도-행동 격차' 때문이다. 하지만 사람들에게 당장 주머니에서 돈을 꺼내 놓으라고 하면 더 쉽게 진실이 드러난다.

최소 기능 제품은 소비자들의 반응을 날것 그대로 불러오고, 제품의 문제점이 무엇인지를 낱낱이 드러낸다. 그때부터 더 나은 제품을 만들기 위한 노력을 시작할 수 있다. 그래서 스타트업 창업자들은 "완벽한 제품을 좋은 제품의 적으로 만들지 말라"는 훈계를 귀가 따갑도록 듣는다. 이 말은 18세기 프랑스의 작가 볼테르가 남긴 "Le mieux est l'ennemi du bien"에서 비롯되었는데, 원래 뜻은 이것이다. "완벽을 추구하면 좋은 결과에 방해가 된다."

그래도 일단 해 보는 것이 겁난다면 세계적인 창업가들의 초창기 모습이 어땠는지 찾아보길 권한다. 2004년의 페이스북과 1995년의 아마존을 지금의 모습과 비교해 보라. 마크 저커버그와 제프 베이조스는 일단 빨리 세상에 제품을 내놓은 일이 얼마나 중요한지를 알고 있었다. 그러지 않으면 개선 방향을 명확히 알 수 없기 때문이다. 그들이

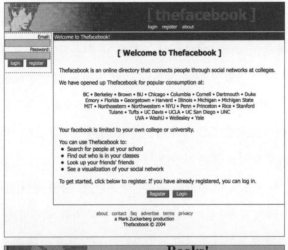

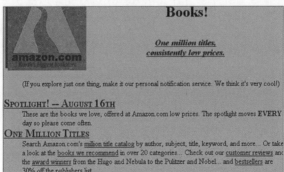

세상에서 제일 가치가 크고 인정받는 회사를 만들 수 있었던 이유는 이런 빠르고 반복적인 프로세스를 이용했기 때문이다.

이들과 달리 완벽한 제품을 고집하다가 시장에서 검증할 기회를 놓치고 수십억 달러를 허공에 날린 거물들도 있다. 지금은 파산한 세계적인 서점 체인 보더스 그룹을 만든 루이스 보더스가 창업한 온라인 슈퍼마켓 웹밴은 2001년 문을 닫기 전까지 2년도 안 되는 기간에 10억 달러 이상을 허공에 날렸다. 디즈니와 드림웍스의 CEO를 지낸 제프리 카젠버그와 이베이의 전설적인 CEO였던 멕 휘트먼이 만든 숏폼 동영상 스트리밍 서비스 퀴비 역시 거의 20억 달러에 달하는 투자를 유치해 놓고 출범 6개월 만에 간판을 내렸다. 두 사례 모두 내적인 눈높이가 워낙 높았던 탓에 제품의 초기 버전을 시장에 내놓을 의지도, 능력도 끝내 보여 주지 못했다. 정말로 그런 제품을 원하는 사람이 있는지, 어떤 모습을 갖추어야 하는지 등 아이디어를 시장에서 검증할 기회를 가져 보지도 못한 것이다.

아이러니하게도 이 실패한 거물들은 이전에 다른 방식(일단 시작해 놓고 거기서부터 개선해 간다)으로 성공한 경험이 있다. 하지만 이미 큰 성공을 경험해 눈높이가 올라간 창업자들이 완성도에 대한 기준을 다시 낮추기는 쉽지 않았을 것이다. 그래서 링크드인의 창업자이자 페이팔의 공동 창업자이며 에어비앤비의 초기 투자자이기도 한 리드 호프만의 조언은 더욱 소중하다.

"자기 제품의 첫 버전이 부끄럽지 않은 사람이라면 너무 늦게 출시한 것이다."

일단 하다 보면
창의성과 탁월함이 솟아난다

"어떻게 해서 그렇게 훌륭한 블로그를 만들게 됐습니까?"

컨퍼런스에 참석한 패널들이 다 함께 저녁 식사하는 자리에서, 같은 테이블에 앉은 어느 참석자가 내 옆에 앉은 남자에게 물었다. 그는 최대한 정중한 태도로 대답했는데, 그 말이 아직도 내 귓전에 울리는 듯하다.

"글쎄요, 처음에는 블로그에 매일 뭔가를 올렸어요. 썩 마음에 들지 않는 글이어도 꼭 하루에 하나씩은 올리는 게 목표였죠. 그때는 나 말고 방문자가 한 명도 없었는데, 시간이 지나니까 한 명 두 명 찾아오더라고요. 그때쯤에는 이미 꽤 많은 내용을 올린 다음이었어요. 그러니까 말하자면… 블로그를 하면서 블로그를 키웠달까요."

그가 주는 조언은 간단하다. 일을 잘하고 싶으면, 무언가를 이루고 싶다면, 일단 그 일을 시작하라는 것. 하다 보면 생각지도 못한 길이 보이고, 결과가 쌓이면 질적으로 달라진다. 창의성과 탁월함은 과정에서 솟아나는 것이지, 처음부터 발견되는 것이 아니다. 그러니 허접하고 별로여도 우선 시작하고 보라. 어떻게 잘할지는 그다음에 생각해도 충분하다.

예술가만큼 완벽주의로 인한 압박감에 시달리는 사람들도 없을 것이다. 텅 빈 캔버스, 텅 빈 악보, 커서만 외로이 깜빡이는 컴퓨터 모니터…. 그런데 영감이 떠오르지 않아 시작조차 못 하는 괴로운 상태를 극복하는 방법도 '그냥 하는 것뿐'이라고 역설하는 예술가가 있다. 아시아계 미국인으로 구성된 록밴드 슬랜츠^{Slants}의 창립 멤버이자 베이시스트 사이먼 탐^{Simon Tam}이다.

사이먼은 여러 방면에서 활동하는 다재다능한 아티스트다. 음악가이자 회고록《슬랜티드^{Slanted}》를 써서 상을 받기도 한 작가이고, 브로드웨이에 자신의 쇼를 올린 공연 기획자이자 강연가다. 하지만 그 모든 활동보다 그를 더 유명하게 만든 사건은 따로 있으니, 밴드 슬랜츠의 이름에 대한 권리를 두고 대법원에서 치열한 법정 공방을 벌인 일이다. (원래 '비탈, 경사' 등을 의미하는 slant라는 단어는 '찢어진 눈'처럼 동양인을 비하하고 멸시하는 표현으로 쓰인다. 사이먼 자신을 포함해 멤버 전원이 아시아계 미국인으로 구성된 이 밴드는 동양인을 멸시하는 세태를 비판하기 위해 밴드 이름을 슬랜츠로 정했고, 상표청이 '비속하고 불쾌감을 주는 이름'이라는 이유로 상표 등록을 불허하자 소송을 제기했으며, 끝내 대법원에서 승소해 큰 파장을 일으켰다.-역자 주)

오랜 법정 공방을 이어 오던 사이먼과 동료들에게 2017년 1월 18일은 매우 중요했다. 미합중국 대법원에서 구두 변론을 해야 하는 날로, 슬랜츠는 진술 전에 새 앨범을 발표함으로써 사람들의 이목을 끌고자 했다. 하지만 앨범 작업이 순조롭지 않았다. 마감일이 닥쳐오는데도 밴드 멤버 몇몇은 영감이 떠오르지 않는다는 말만 되풀이했다. 하지만 사이먼의 생각은 정반대였다.

"생각하면 좀 우습다. 배관공이 막힌 변기를 수리할 때 영감이 떠오르기를 기다리나? 외과 의사가 수술실에 들어가기 전에 영감을 기다리나? 변기를 고치고 환자를 수술하는 일은 배관공과 외과 의사가 하는 일이다. 뮤지션은 무엇을 하는 사람인가? 음악을 만들고 연주하는 사람이다. 작가는? 글을 쓰는 사람이다. 그냥 일을 시작하면 된다."

사이먼과 그의 동료들은 그냥 일을 시작하자는 뜻에서 '슬랜츠 캠프'라는 것을 만들었다. 원칙은 무조건 아이디어를 가지고 와야 한다는 것뿐이었다. 꼭 위대하거나 훌륭한 아이디어일 필요도 없고, 최종 결과물에 반드시 그 아이디어를 사용한다는 법도 없지만, 무조건 가져오기는 해야 했다. 그들은 가사 파트와 음악 파트로 나누어 따로 작업한 다음, 함께 모여 다듬는 식으로 작업을 진행했다.

"영감이 떠오를 때까지 기다릴 시간이 없었다. 시간이 많다고 영감이 저절로 떠오르는 것도 아니지 않은가. 영감은 작업하는 과정을 통해 떠오르지, 그 전에 미리 떠오르지 않는다."

이렇게 해서 필요한 것보다 훨씬 많은 서른 곡의 새 노래를 만들었다. 그리고 그 가운데 마음에 드는 곡들을 골라 대법원 출석을 사흘 앞둔 1월 15일에 두 장의 EP판 중 하나를 발표했다.

영감보다 성실함을 중시하는 사이먼은 늘 완벽을 추구하다가 기본적인 할 일조차 제대로 해내지 못하는 사태를 경계했다.

"완벽을 추구하다가 뇌가 마비되는 일을 뮤지션들도 흔히 겪는다. 예를 들어 앨범 작업을 하다가 최종 결과물을 완벽하게 만들어야 한다는 집착에 사로잡히면 아무것도 하지 못한다. 최종 결과물에 온갖 신경을 기울이느라 제일 먼저 해야 할 일, 즉 연주를 제대로 시작하지도 못하는 것이다."

"쓰기도 마찬가지다. 7만 단어짜리 책도 시작은 단 하나의 단어일 뿐이다. 바로 이것이 수많은 밴드가 남의 곡만 연주하거나, 작가들이 다른 사람에게 의뢰받은 글만 쓰다가 끝나는 이유다. 하지만 따지고 보면 최종 결과물은 수많은 작은 부분이 모여서 이루어진다. 책, 앨범, 그림, 이 모든 것이 속담에 나오는 코끼리 이야기와 비슷하다. 코끼리를 잡아먹는 유일한 방법은 한 번에 한 입씩 먹어 치우는 수밖에 없다."

성실한 행동주의자 사이먼은 음악 작업에도 이런 접근법이 통한다는 것을 알고 있었다. 늘 그랬기 때문이다.

"우리가 이런 식으로 작업한 것은 이때가 처음이 아니었다. 그 전에 발표한 여섯 장의 앨범도 모두 미리 정해진 출시 날짜에 맞춰서 나왔다. 우리는 앨범이 완성되기를 기다렸다가 홍보 투어 일정을 잡지 않는다. 새 앨범을 홍보하기 위한 투어 일정을 먼저 잡아 놓고 거기서부터 역순으로 계산해 작업을 진행했다."

"생각해 보면 좀 이상하긴 하다. 다른 사람 밑에서 일할 때는 정해진 시간에 나가서 일한다. 그런데 크리에이터가 되면 늘 왜 지금 일을 시작하면 안 되는지 핑계를 찾아내려 한다. 하루가 끝날 때, 핑계가 그럴 듯하다고 해서 일이 저절로 완성되는 것도 아닌데 말이다."

●　　　　　　　　　　내면의 끈질긴 완벽주의자들을
　　　　　　　　　　　　처리하는 확실한 방법

우리는 흔히 완벽을 뜻하는 단어 perfect를 상태를 묘사하는 형용사라고 생각한다. 하지만 perfect에는 형용사 말고도 '완벽하게 되어 가는 과정'을 의미하는 동사 용법도 있다. 그리고 형용사에서 동사로 초점을 바꾸면 훨씬 유용할 때가 많은데, 마무리가 아닌 시작에 방점을 찍음으로써 눈높이를 낮춰 주기 때문이다.

〈뉴욕 타임스〉 베스트셀러 1위를 차지한《무조건 행복할 것》의 저자 그레첸 루빈은 '눈높이'를 낮추는 것과 '기준'을 낮추는 것의 차이점을 이렇게 설명한다. "기준을 낮추는 것은 평범해도 괜찮다는 뜻이고, 눈높이를 낮추는 것은 장애물을 치우겠다는 뜻이다."[63] 눈높이를 낮춘다는 말은 대충 아무렇게나 만들고 거기에 만족하겠다는 뜻이 아니다. 시작을 가로막는 장애물을 제거함으로써 새롭고 흥미로운 일에 도전하고 더 좋은 사람으로 성장하는 목적을 달성하겠다는 뜻이다. 비판과 비난만 일삼는 내면의 완벽주의자들의 입을 다물게 하겠다는 결심이다.

직장에서든 집에서든, 창의성을 발휘해야 하는 일이든 일상적인 일이든 간에, 이런 내면의 목소리를 극복하기 위해서는 조금 더 과학자처럼 생각할 필요가 있다. 구체적으로 말하자면 우리의 결정과 행동을 반석에 새겨야 할 계명이 아니라 실행하고, 추적하고, 검증해야 하는 일종의 실험으로 취급하자는 뜻이다. 그러기 위해서는 다음과 같은 단계를 따르는 과학적 방법론을 이용해야 한다(이 장 끝부분에 출발점으로 삼을 워크시트를 소개했다).

1. 답을 찾고 싶은 질문이나 내리고 싶은 결정을 정의한다.
2. 그 답이나 행동이 어떤 것일지 예측한다.
3. 이 예측이 정확한지 검증할 단계별 계획을 수립한다.
4. 각각의 단계에서 발견한 내용을 관찰한다.
5. 그 발견을 통해 배우거나 깨달은 내용을 기록한다.

6. 결론을 도출한다.

7. 필요한 경우, 이상의 과정을 반복한다.

이런 방법론은 소설을 쓸 때나 새로운 처방약을 시험할 때, 혹은 직장을 옮길지 말지를 결정할 때도 활용할 수 있다. 이를테면,

1. 질문: 내 어린 시절을 허구화하면 좋은 자전적 소설이 될까?

2. 예측: 그렇다.

3. 단계별 계획: 집필을 시작한다.

4. 관찰: 쓴 내용을 다시 읽어 본다. 믿을 만한 사람에게 보여 주고 피드백을 부탁한다.

5. 문서화: 나에 관한 내용이 아니라 해도 이런 글을 읽고 싶을까? 다른 사람들도 이야기에 빠져들어 다음 장을 읽고 싶어 할까?

6. 결론: 아니다.

7. 반복: 새로운 질문—이야기를 근본적으로 뜯어고쳐야 하나? 아니면 이야기를 풀어 가는 방식을 고쳐야 하나?

8. 기타 등등.

핵심은 얼어붙은 채로 가만히 시간만 보내지 말고 당장 시작하는 것이다. 하지만 그러기 위해서는 자신을 미리 정해진 궤도에 가두어서는 안 된다. 해 보고, 안 되면 수정하고, 또 해 보면 된다. 마르쿠스 아우렐리우스가 '네 것이 될 때까지 인내하라'고 한 것은 틀린 일을 고집스럽게 밀어붙이라는 뜻이 아니다. 끊임없이 도전하고 살피고 변화를 시

도하면서 진정한 내 것이 되도록 소화하는 과정을 견디라는 뜻이다. 남의 말이나 성공 경험에 집착하는 것도 해롭기는 마찬가지다. 테스트와 실험을 통해 계속해서 배우고 반복하고 다듬어야 한다. 자, 이제 작업복을 걸치고 첫발을 떼어 보자.

핵심 정리

1 완벽은 좋은 결과의 적이며, 종종 무언가를 더 잘 해내는 동력이 아니라 시작도 못 하는 상황을 합리화하는 변명으로 사용된다.

2 '분석의 마비' 혹은 빈 종이를 앞에 두고 얼어붙는 현상을 극복하려면 눈높이를 낮추고 어떻게 첫발을 뗄 것인지를 결정하는 일부터 시작하라.

3 기준을 낮추지 않고도 눈높이를 낮추기 위해서는 과학적 방법론을 활용한다.

   a. 질문한다.

   b. 예상한다.

   c. 단계별 계획을 수립한다.

   d. 계획을 실행하면서 결과를 관찰한다.

   e. 결과를 문서화한다.

   f. 결론을 끌어낸다.

   g. 필요한 경우 이를 반복한다.

과학적 방법론 워크시트

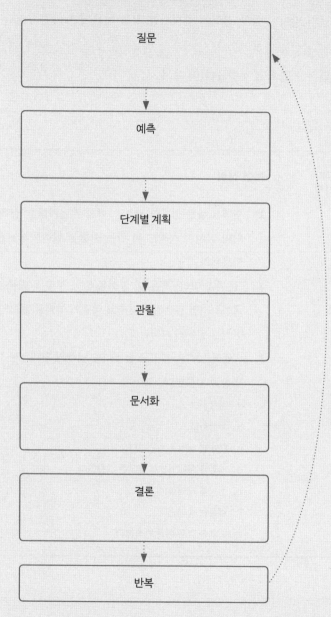

1년 뒤
후회하고 싶지
않다면

중요한 사람이 되는 것도 좋지만,
더 중요한 건 좋은 사람이 되는 것이다.
_세네카

"누구 없어요? … 아무도 없나요?"

매사 무관심하거나 불량한 학생들만 모인 고등학교 어느 반을 맡은 담임 선생님이 된 기분이었다. 내 앞에 앉은 사람들은 아무도 나를 바라보지 않았고 내가 무슨 말을 해도 묵묵부답이었다. 도대체 무슨 일이 일어난 거지? 여기는 외딴 고등학교가 아니라 열정으로 무장한 동료들이 온갖 아이디어를 속사포처럼 쏟아 내던 스타트업이 아닌가. 물론 처음에는 우리 회사도 아주 짜릿했다. 그러다가 어느 순간 모든 것이 변했다. 헤밍웨이가 자신의 책《태양은 다시 떠오른다》에서 묘사한 파산처럼 서서히 다가오더니 갑자기 덮쳤다. 한 주 한 주 지날 때마다 의견을 내는 사람이 점점 줄기 시작하더니, 어느 순간 말하는 사람은 오직 나뿐이었다. 내 말에 동의하는 목소리도, 반대하는 목소리도 들리지 않았다.

확실히 계획에 없던 변화였다. 사장 중에는 직원들에게 '주인의식'을 가지라고 강조하는 이들이 많다. 나는 한 걸음 더 나아가고 싶었다. 왜 주인의식만 가져야 하는가? 모든 직원 한 사람 한 사람이 진짜 회사의 주인이 되면 안 되나? 그래서 나는 직위나 역할을 불문하고 모든 직원에게 스톡옵션을 나눠 주었다.

그리고 직원들에게 어떤 아이디어든 주저하지 말고 제안할 것을 요청했다. 애초에 이 비즈니스의 아이디어를 떠올릴 수 있었던 이유는 내가 이 업계에 속한 사람이 아니었기 때문이다. 오랜 세월 기존의 방식에 얽매인 사람에게 당연한 것이 외부 사람에겐 다르게 보인다. 하지만 이제 나도 몇 년 동안 이쪽 분야에서 일하는 사이에 또 한 명의 내부인이 돼 버렸다. 그래서 나는 직원들에게 강조했다.

"탁월하고 혁신적인 아이디어가 내 머리에서 나올 가능성은 크지 않습니다. 이제는 여러분 머리에서 나와야 해요."

이를 위해 아이디어 보드를 만들어 누구나 쉽게 새로운 제안을 하고, 매주 팀별 회의에서 그것을 발표하도록 했다. 그 회의를 처음 열기로 한 날, 나는 직원들이 내놓을 새롭고 기발한 아이디어를 기대하는 마음에 무척 설레었다. 그러나 3주가 지난 현재, 팀별 회의는 나 혼자 떠드는 자리가 돼 버렸다. 너무 혼란스럽고 실망스러웠다. 그런 마음을 아는지 모르는지, 직원들은 말없이 제자리로 돌아갈 뿐이었다.

그날 오후, 나를 직접 보좌하는 직원 중 한 명과 점심을 먹으며 그를 붙잡고 속마음을 털어놓았다. 그라면 내가 느끼는 좌절감에 맞장구를 치거나 적어도 이해하는 척이라도 할 줄 알았다. 하지만 그의 반응에 나는 할 말을 잃었다.

"그게 그렇게 놀랄 일인가요? 대표님은 우리가 내놓은 모든 아이디어를 짓밟아 버리잖아요. 다들 대표님이 공격할 걸 아니까 두려워서 입을 못 여는 거라고요."

정말 충격적이었다. 이게 도대체 무슨 소리지? 나는 나 자신을 방어하고 싶었다. 그와 다른 직원들에게 반격을 퍼붓고 싶었다. 그들은 틀렸다! 하지만 나는 입을 꾹 다물고 식사를 마친 뒤 내 자리로 돌아갔다. 책상 위에는 2년 전 선불교 책에서 감명 깊게 읽어 늘 되새기려고 직접 종이에 써서 붙여 놓은 문구가 있었다. '문제는 다른 사람들이 아니다.' 그래, 알겠다고. 어디 한번 나를 돌아보자.

나는 그 누구의 아이디어도 짓밟은 적이 없고, 그 누구를 공격한 적도 없다. 심지어 직원들의 참여를 얼마나 간절히 원하고 높이 평가하는지 귀에 딱지가 앉을 만큼 강조하지 않았던가. 하지만 내가 뭐라고 말한들, 내 행동이 그렇지 않다면 다른 의미로 비칠 게 분명했다.

나는 로스쿨에서 변호사가 되기 위한 훈련을 받았다. 학교에서는 법적 추론을 논의하는 접근법으로, 한 학생이 어떤 주장을 내놓으면 나머지 학생들이 그 주장을 무너뜨리곤 했다. 그 주장이 무너지면 다음 아이디어로 넘어가 같은 과정을 되풀이해서 결국 정답을 찾아낸다. 이런 과정을 개인적으로 기분 나쁘게 생각하는 학생은 아무도 없다. 아이디어와 각 개인은 완전히 분리되어 있기 때문이다. 이것은 로스쿨 학생들이 사고력을 기르는 방법일 뿐이다. 변호사 중에 성가실 만큼 논쟁적인 사람이 많은 것은 그런 이유다.

그러나 이상주의적인 혁신가와 창의성으로 똘똘 뭉친 인재들이 가득한 비즈니스 세계는 다르다. 사람과 아이디어를 분리해서 생각하려고 해도, 자꾸만 그 둘을 종합해서 바라보는 분위기가 있다. 그러니 내 딴에는 "아니야, 그 아이디어는 이러저러해서 안 돼"라고 얘기해도, 듣는 사람은 "당신의 아이디어와 마찬가지로 당신 역시 우리 회사에 별 가치가 없어요"라고 듣게 되는 것이다. 새로운 아이디어를 원한다면서도 아이디어(와 사람)에 비수를 꽂으니, 직원들로선 말문을 닫을밖에. 결국 문제는 말은 스타트업 CEO처럼 하고, 행동은 변호사처럼 한 나에게 있었다. 세네카는 "죄악은 종종 그 스승에게 돌아온다"는 말을 남겼다. 죄악은 바로 내 발 앞에 도사리고 있었다.

●

<h2 style="text-align:center">회의 시간에 아무도
아이디어를 내지 않은 이유</h2>

유명 정치인들은 그들이 남긴 말과 함께 기억된다. 독일 폭격기가 런던을 쑥대밭으로 만들 때 윈스턴 처칠이 한 라디오 연설, 자신의 꿈을 펼쳐 보임으로써 미국 인권 운동의 역사를 바꾼 마틴 루서 킹 주니어 박사의 연설, 스코틀랜드 독립을 위해 목숨을 바친 윌리엄 월리스가 전사들 앞에서 외친 연설 등 우리는 여전히 그들이 남긴 말에서 영감을 찾는다.

물론 말에는 힘이 있다. 하지만 행동이 뒷받침될 때만이다. 빈 수레가 요란하다고, 알맹이 없는 말처럼 덧없는 것도 없다. "애들이 늘 부모 말을 듣지는 않지만, 부모의 행동은 늘 따라 한다"는 격언이 대대손손 내려오는 이유다. 그리고 믿기 힘들 만큼 좋은 글을 많이 남긴 스토아 철학자들도 말의 허무함을 잘 알고 있었다. 번드르르하게 말한들, 그것을 실천하지 않으면 말짱 도루묵이다. 그래서 마르쿠스 아우렐리우스는 이렇게 자신을 타일렀나 보다. "옳은 일을 하라. 나머지는 중요하지 않다."

행동은 어렵다. 마음먹은 바를 말과 글로 표현하기보다 일관되게 행동으로 보여 주는 일은 훨씬 어렵다. 그래서 언행이 일치되지 않는 현상은 우리 주변에 너무도 흔하다. 특히 기업 중에서도 말과 행동의 불일치를 보여 주는 유명한 사례들이 많다. 에너지 기업 엔론은 "존중, 성실, 소통, 그리고 탁월함"을 사시社是로 내걸고는 뒤로 최악의 회계 부정을 저질러 탐욕과 부패의 대명사로 전락했다. 공동 작업 공간을 제공하는 회사인 위워크는 "세상의 의식을 고양한다"라는 사명을 내세웠지만, 비리와 연고주의로 인해 결국 파산하고 말았다. 메디컬 스타트업 테라노스의 창업자 겸 CEO인 엘리자베스 홈즈는 자신이 개발한 '에디슨'이 아주 적은 혈액만으로 각종 질병을 진단하는 "혁명적인" 기술이라고 주장했지만, 내부 고발자의 폭로로 이 회사의 주장은 사실이 아니며, 실제로는 다른 회사의 검사 장비를 이용해 혈액 검사를 진행했음이 드러났다.

정도는 달라도 이런 언행 불일치의 사례를 찾으려고 들면 부지기수로 나열할 수도 있다. 일상적인 실천에 힘쓰기보다 세상을 바꾼다는 식의 거창한 사명 선언문을 내세우는 회사도 수두룩하다. 그리고 이제는 모두가 기업의 비윤리성에 어느 정도 체념한 듯하다. 어떤 이들은 말한다. 하루가 다르게 변하는 세상에서 어떻게 기업의 언행일치를 기대하느냐고, 윤리적인 기업은 어느 정도 환상이며 기업이란 오로지 돈을 벌기 위해 존재할 뿐이라고 말이다.

그 말이 맞을지도 모른다. 어려운 정도正道 옆에 쉬운 샛길이 있으면 그곳으로 가고 싶은 마음이 드는 게 기업이나 사람이나 마찬가지 아니겠는가. 하지만 이런 생각에 반대하는 이들도 있다. 그들은 어렵고 힘들어 보여도 올바른 길을 가는 것이 나중에 보면 가장 빠르고 쉬운 길이라고 말한다. 회사를 운영하는 CEO든, 삶을 이끌어 가는 개인이든, 말에 지나지 않고 결심을 행동으로 실천할 신념과 의지가 있다는 것은 단단한 로드맵을 가졌다는 뜻이다. 그리고 지도를 가진 사람은 크게 방황하거나 돌아감 없이 꾸준히 앞으로 나아간다. 결국 그들이 더 빠르고 쉽게 목표를 달성한다.

●   어려워도 옳은 길을 가라,
          나중에 보면 그 길이 가장 쉽고 빠르다

벳시 포어Betsy Fore는 정도를 걸어가는 기업가 중의 한 사람이다. 〈포브스〉의 '30세 미만 30인'과 BBC의 '영감을 불러일으키는 여성 100인'에 선정되었던 벳시는 발명가이자 제품 개발자, 그리고 CEO로 10년 넘게 경험을 쌓아 온 인물이다. 반려견을 위한 웨어러블 기기를 만드는 원더우프WonderWoof를 창업했고, 영국에서 제일 잘나가는 장난감 브

랜드로 성장한 마인드 캔디^{Mind Candy}에서 핵심 역할을 담당했으며, 지금은 유아식 회사인 타이니 오가닉스^{Tiny Organics}의 공동 창업자 겸 공동 CEO를 맡고 있다.

벳시는 회사를 세우기 전에 제일 먼저 사명부터 생각했다. 겉으로만 그럴싸한 사명이 아니라 반드시 실천하고 싶은 사명 말이다.

"저는 뭔가 아이들과 관련된 일을 하고 싶었어요. 이전부터 해 온 일이 그쪽이기도 했고, 때마침 아들을 임신 중이기도 했고요. 아이들이 더 재미있고 바람직한 삶을 살 수 있도록 돕는 일이 뭘까 하고 구상하고 있었죠. 그런 와중에 의사로부터 임신성 당뇨병이 생겼다는 얘기를 들었어요. 그때부터 공동 창업자와 함께 영양과 관련한 영역을 파고들기 시작했어요. 그리고 조사를 거듭할수록 우리가 아이들의 성장에 미칠 수 있는 가장 큰 영향은 영양의 영역이라고 확신하게 되었습니다."

유전적으로 당뇨 병력이 있는 데다가 어려서부터 가공식품을 자주 먹은 벳시는 20대가 되자 신체 개조를 결심하고 결국 채식주의자가 되었다. 시간은 좀 걸렸지만, 그는 식물이 자기 몸과 마음에 양분을 제공하는 방식은 가공식품과는 완전히 다르다는 점을 깨닫게 되었다.

"부모님은 제가 제일 먼저 깨우친 단어 세 개가 '맥도널드, 콜라, 감자튀김'이었다고 하셨어요. 내 아들은 절대 그렇게 키우고 싶지 않았어요. 그때 나는 아들에게 줄 수 있는 최고의 선물이 그의 몸에 양분을 제공하는 음식을 사랑하게 하는 것이라는 결론을 내렸어요. 말하자면 채소를 좋아하는 습관 같은 것 말이죠.

사실 채식주의자가 된 지 5년이 지나고도 저는 정말로 채소가 좋아지지는 않았어요. 내 뇌가 채소는 몸에 좋다는 걸 알고 있으니 억지로 먹는 형국이었죠. 그 이유를 조사하다가, 사람의 입맛과 취향은 생후 4 개월에서 7개월 사이에 형성된다는 사실을 알게 되었어요. 그때 우리는 이것이 내 아들뿐만 아니라 그 세대 전체에게 줄 수 있는 선물임을 깨달았습니다. 너무 늦기 전에 아이들의 손에 이런 음식을 쥐여 주면 어떨까, 그 아이들의 삶이 조금은 달라지지 않을까, 하고요."

이렇게 해서 벳시는 공동 창업자와 함께 2018년에 타이니 오가닉스를 창업했다. 단순히 채소가 많이 들어간 유아식을 제공하는 차원이 아니라, 아이들이 몸에 좋은 음식을 선호하는 입맛을 기르도록 돕는 것이 목표다. 현재 타이니 오가닉스는 미셸 오바마가 이끄는 '더 건강한 미국을 위한 파트너십'과 힘을 합쳐 채소 위주의 입맛을 강조하는 유아식 운동을 전국적인 차원으로 전개하고 있다. 벳시는 또 개인적으로 오바마 여사의 '조기 미각 형성 회의'를 도우며 자신과 회사의 언행일치를 실천하고 있다.

회사의 목표와 철학이 단단하면, 모든 결정에 기준점이 생기고, 모든 행동에도 일관성이 생긴다. 하지만 이런 일관성을 유지하기란 말처럼 쉬운 일이 아니다. 때때로 회사의 언행일치를 시험대에 올려놓는 사건이 생기는데, 그중 하나가 플라스틱 사용 문제였다. 초창기에 브루클린의 100가구를 대상으로 사업을 시작한 벳시는 부모들이 플라스틱을 사용하지 않으려고 노력한다는 점을 알게 되었다. 그리고 벳시 역시 아이들이 더 건강한 삶을 살도록 돕는 원대한 비전을 추구하는 회사라면, 지구를 파괴하는 일에 동참해선 안 된다는 결정을 내리기에 이른다.

갓 태어난 회사를 운영하는 벳시 입장에서는 타이니 오가닉스가 식품 회사일 뿐 환경 기업은 아니라고 설명하는 쪽이 더 쉬웠을 것이다. 혹은 회사가 자리 잡을 때까지만 플라스틱을 사용하겠다고 타협할 수도 있었을 것이다. 그러나 벳시와 타이니 오가닉스는 그러지 않았다. 그들은 변명에 의존하지 않고 말과 행동을 조화시키는 데 집중했다. 결국 타이니 오가닉스는 1년의 시행착오 끝에 세계 최초로 플라스틱을 사용하지 않도록 생산 과정을 재설계하는 데 성공했다.

"굉장히 일이 많고 시간도 오래 걸렸습니다. 하지만 긴 호흡으로 바라보면 일관성을 유지하는 쪽이 훨씬 쉽습니다. 우리가 무엇을 지지하는지, 무엇을 이룩하려 하는지를 명확히 하면 탄탄한 로드맵과 뼈대가 나옵니다. 중요한 결정을 내릴 때도 흔들리지 않을 수 있고, 자신의 결정이 옳다는 확신이 있으면 제아무리 어려운 행동도 훨씬 쉬워지기 때문입니다."

2년 연속 500대 기업에 선정된 놀라운 비결

회사에 그토록 깊은 구멍을 뚫어 놨으니, 내가 직접 정면으로 그 문제를 해결하는 수밖에 없었다. 다음 회의 때, 나는 솔직히 고백했다.

"내가 위선자였어요. 여러분의 아이디어를 듣고 싶다고 해 놓고, 정작 누가 아이디어를 제시하면 그걸 살리기보다 죽이는 쪽에 초점을 맞추었으니까."

잠시 말을 끊고 회의실을 둘러보았지만, 아무도 나와 눈을 마주치려

하지 않았다.

"그저 말로만 이제부터 그러지 않겠다고 약속한다 해서 오늘 당장 무언가가 달라지지는 않을 것입니다. 우선 여러분의 신뢰부터 회복해야겠죠. 오늘은 이것이 나의 진심이라는 것을 여러분에게 말해 주고 싶습니다."

어색한 침묵이 감돌았다. 30초가 지나자 갑자기 직원들이 새롭고 혁신적인 아이디어를 마구 쏟아내기 시작… 했으면 좋았겠지만, 그런 일은 일어나지 않았다. 그 주, 그다음 주까지 아무도 입을 열지 않았다. 하지만 몇 주가 더 지나자 조금씩 침묵이 깨졌다. 나는 누가 무슨 말을 하거나 어떤 아이디어를 제시하면 먼저 반응하지 않고 다른 사람들이 생각할 여유를 갖도록 노력했다. 그러자 좀 더 편안하게 말을 꺼내는 사람들이 점차 늘어났다. 아직은 설익은 아이디어를 과감하게 주장하고 나서는 직원도 있었다.

이번에도 변화는 천천히, 그러다가 갑자기 찾아왔다. 회사 근처 스타벅스에서 커피를 마시며 태너가 제안한 아이디어는 3년 동안 자그마치 51배에 달하는 연간 매출 증가를 가져다주어 2년 연속으로 〈Inc.〉가 선정한 500대 기업에 오르는 성과로 이어졌다. 제이슨이 내놓은 또 다른 아이디어는 회계 보고와 실적 추적 방식을 바꾸어 문제를 조기에 발견함으로써 수백만 달러의 비용을 절약하게 해 주었다. 솔랜다는 회사의 목표 설정 방법을 바꾸는 아이디어로 훨씬 더 투명하고 협력적인 업무 프로세스를 만들었다. 내가 이 글을 쓰는 지금도, 완전히 새로운 비즈니스를 가능하게 하는 클리프의 아이디어부터 그 비즈니스의 확장 가능성을 높여 주는 카렌의 작업에 이르기까지, 수없이 많은 아이디어가 쏟아지고 있다.

● 이제 그만
자리에서 일어나서 행동할 것

토요일 아침부터 네 살 된 딸이 나를 깨우더니 벽장에서 보라색 코트를 꺼내 달라고 졸랐다. 애틀랜타의 6월에 코트라니, 조금 당황스러웠다. 그런데 며칠 전에 딸이 다니는 유치원의 인스타그램 계정에서 본 사진이 떠올랐다. 아이들이 요즘 단추 채우기를 연습한다며 올린 사진이었다. 나는 딸에게 단추 채우기를 해 봤느냐고 물었다. 아이는 "아니, 너무 어려워" 하고 대답했다.

나는 딸에게 아빠도 마찬가지라고, 아빠도 너무 어려워서 꼭 연습해야 하는 일들이 많다고 얘기했다. 중국어가 너무 어려워서 아침마다 공부해야 하고, 건강을 유지하려고 매일 체육관에 가는데, 어떤 날은 너무 힘들어서 땀에 흠뻑 젖어 돌아온다고 말했다. 또 회의나 중요한 미팅을 앞두고 해야 하는 말이나 배우고 싶은 내용을 적어 두는데, 까먹기는 쉽고 기억하기는 어렵기 때문이라고 말했다. 그리고 세상에 쉬운 일은 별로 없고 거의 모든 일이 단추 채우기처럼 어려워서 연습해야 하는 일들이라고 말했다.

가만 듣고 있던 딸이 어서 코트를 찾아 달라며 이렇게 말했다.

"단추 채우기 연습하려고. 단추 채우기는 힘들잖아. 힘든 일은 연습해야 해."

●

1년 뒤
후회하고 싶지 않다면

'올핸 꼭 다이어트에 성공하겠어', '운동을 꾸준히 할 거야', '책을 열심히 읽어야지'… 각자 결심한 바는 다를 테지만, 그것을 실천에 옮기지 못하면 신뢰에 흠집이 생기고, 자존감이 녹슬기 시작한다는 점은 똑같다. 그런데 우리 모두 경험했다시피, 결심을 실천에 옮기지 못하는 경우는 너무 흔하다. 그래서 심리학자들이 따로 이름을 붙여 두었을 정도인데, '가치-행동 격차'가 그것이다.

이 격차를 없애기 위해서 어떻게 해야 할까? 우선 가치를 명확히 하고, 그것과 일치하지 않는 행동을 가려낸다. 그래야 앞으로 그런 일이 생기지 않도록 하는 더 어려운 작업으로 나아갈 수 있다.

먼저 꼭 지키고 싶은 다섯 가지 핵심 가치를 정의한다. 다음에는 그 가치와 정확히 일치하지 않았던 행동 사례를 찾되, 되도록 최근의 사례를 떠올리는 게 좋다. 마지막으로 각각의 가치에 다음과 같은 사항을 적용해 본다.

1. 가치와 일치하지 않는 행동은 무엇이었나?
2. 행동이 일치했다면 어떻게 보였을까?
3. 그와 비슷하게 어려운 상황에서 행동이 가치와 일치한 사례를 특정할 수 있나?
4. 질문 3을 출발점 삼아, 가치와 일치하는 행동을 하기 위해 오늘 당장 해야 할 일, 혹은 하지 말아야 할 일은 무엇인가?

5. 앞으로 몇 주 동안 매일 이 가치를 추적해 자신의 반응을 점검한다. 한 주 내내 말과 행동 사이의 불일치가 한 건도 일어나지 않을 때까지 질문 1-4를 되풀이한 뒤, 다음에 언급한 가치로 넘어간다.

처음에는 이 훈련이 자신의 현실을 비추는 아주 부담스러운 거울처럼 느껴질지도 모른다. 그러나 계속 연습할수록 거울에 비친 모습이 훨씬 마음에 들 것이다. 위에 쓴 글은 간단해 보이지만 실제로 해 보면 욕이 나올 만큼 어려울 수도 있다. 그래서 연습이 필요하다. 자, 이제 말을 멈추고 행동을 시작할 시간이다.

CHAPTER
13

핵심 정리

1 말은 값어치가 없다. 중요한 것은 오로지 행동이다.

2 사람들은 지도자의 말을 늘 따르지는 않지만, 그의 행동은 늘 따라 한다.

3 말과 행동의 격차를 줄이기 위해 다음과 같은 연습을 활용하라.

   a. 가치를 설정한다.

   b. 그 가치와 맞지 않는 행동을 가려낸다.

   c. 과거에 가치와 행동이 일치했던 상황을 찾아낸다.

   d. 가치와 행동의 격차를 메울 방법을 그려 본다.

   e. 필요한 만큼 점검하고 가다듬는다.

가치-행동 격차 메우기

무엇이 일치하지 않는가?	일치하는 상황은 어떠한가?	이전에 일치한 적이 있는가?	격차를 메우기 위해 하거나 하지 말아야 할 행동은?	오늘/이번 주는 어땠나?

당신이 설정한 가치

↕ 격차

일치하지 않는 행동

좋은 태도가
품격 있는 삶을 만든다

"정의가 없으면 평화도 없다!"

행진하는 이들이 계속 구호를 외쳤다. 마스크를 쓴 채 딸이 탄 유모차를 끌고 언덕을 오르며 따라 외치려니 저절로 숨이 찼다. 더군다나 조지아주의 한여름 뙤약볕 아래서 땀이 줄줄 났다. 그렇지만 함께 걸어가는 아내의 결의에 찬 표정을 보니 새롭게 힘이 솟는 듯했다.

나는 이 책 내내 스토아 철학이 우리에게 어떤 혜택을 선물하는지 조목조목 설명했다. 스토아 철학은 우리가 인생의 주인으로 거듭나도록 돕는다. 통제할 수 없는 일에 들이는 시간과 에너지를 거두어 통제할 수 있는 일에 집중하라고 말한다. 그렇다면 통제할 수 있는 일과 통제할 수 없는 일은 어떻게 구분할까? 이를 가장 잘 요약한 사람은 에픽테토스가 아닐까 싶다.

우리가 통제할 수 있는 것은 의견, 목적, 욕망, 혐오, 한마디로 우리의 행동을 좌우하는 모든 것이다. 우리가 통제할 수 없는 것은 육신, 재산, 명성, 명령, 한마디로 우리의 행동이 아닌 모든 것이다.

달리 말해, 우리는 우리의 생각과 행동만 통제할 수 있을 뿐이며, 나머지는 통제할 수 없다. 이것은 일관되게 내 삶을 이끌어 온 강력한 원칙이다. 그런 내가 시위 현장에 있다니, 웬일일까? 시위란 그릇된 제도나 문화를 바꾸기 위해 시민들이 벌이는 노력인데, 그런 것들이야말로 통제 불가능한 대표적인 대상이 아닌가. 그렇다면 나는 무늬만 스토아 철학 신봉자였던 걸까? 내가 이 책에서 그토록 옹호한 내용이 다 헛소리였단 말인가?

동료 시위자가 치켜든 팻말에는 마르크스주의 철학자이자 여성운동가 앤절라 데이비스가 한 유명한 말이 쓰여 있었다. "나는 내가 바꿀 수 없는 것을 더는 받아들이지 않는다. 나는 내가 받아들일 수 없는 것을 바꾼다." 정말 스토아 철학과는 거리가 있어 보였다. 하지만 나는 그 말을 부정할 수 있을까? 내 딸에게도 개인의 힘으로는 통제 불가능한 일에는 아예 신경을 끄고 살라고 가르치고 싶은 걸까?

에픽테토스의 글을 처음 읽으면 '통제'의 기준이 너무 높아 오히려 행동이 제한되는 느낌이다. 하지만 곰곰이 생각할수록 에픽테토스와 앤절라 데이비스의 말은 서로 다르지 않다는 걸 알게 된다. 타인의 평가나 지난 과거처럼 우리 힘으로 어쩔 수 없는 일을 머리와 마음에서 몰아내고, 소중한 시간과 에너지를 어디에 어떻게 쓸지 스스로 결정하는 순간, 우리가 통제할 수 있는 영역이 확장된다. 비록 지금은 우리 힘으로 어쩔 수 없는 문제로 보여도, 이를 해결하기 위한 행동이 자꾸 쌓이면 달라진다. 그러므로 완전한 통제력을 갖지 못했다고 좌절할 필요가 없다. 거대한 사회 변화도 개인의 선택과 행동이 모여 이루어진다.

세네카는《마음의 평온에 대하여》에서 이렇게 썼다.

> 현명한 사람은 억압받는 상황에서도 자신을 전면에 내세울 기회를 찾아낸다. (……) 따라서 우리는 상황이 어떤지에 따라, 혹은 행운의 여신이 제공하는 기회에 따라 확장하거나 수축해야 한다. 하지만 어떤 경우에도 반드시 움직여야 하며, 가만히 얼어붙어 있어서는 안 된다.

스토아 철학은 잘못된 일을 목격하고도 아무 행동도 하지 말고 체념하라고 가르치지 않는다. 오히려 변화를 불러올 능력과 책임을 포기해서는 안 된다고 주장한다. 이런 식으로 생각하니, 곳곳에서 주인의식을 가지고 자기 자신뿐 아니라 환경까지 바꾼 여러 사례가 눈에 들어오기 시작했다.

조지아주 블루리지의 숙소 관리자들은 9월을 극비수기로 꼽는다. 여름이 끝나면 여행객들은 다시 직장과 학교로 돌아가 바쁜 나날을 보낸다. 그래서 대부분의 숙소 관리자들은 9월이면 손실을 최소화하려고 작은 지출도 줄인다. 하지만 이 시기를 창의적으로 극복하려는 사람들이 전면에 나서기 시작했다. 그들은 이 지역을 방문할 이유를 만들면 9월이라도 사람들이 찾아오지 않을까 하고 생각했다. 그래서 바비큐를 곁들인 블루스 축제를 개최하기 시작했고, 결과는 놀라웠다. 숙소마다 예약이 쇄도했고, 한번 축제에 참여한 사람들은 내년에도 재방

261

문하고 싶어 했다. 블루리지의 지도자들은 계절과 여행 패턴이라는 환경을 어쩔 수 없는 것으로 받아들이지 않고, 적극적으로 나서서 변화를 이끌었다.

배우 리즈 위더스푼도 마찬가지다. 그는 30대에 받은 재무 상담에서 이미 전성기가 지났다는 평가를 받았다. 당연히 잠시 실의에 빠졌다. 당시에 그에게 들어오는 대본 역시 그 사실을 증명하고 있었기 때문이다. 하지만 앞으로 살아야 할 날이 창창한 그는 아직 전성기가 오지 않았다고 확신했다. 그리고 앤절라 데이비스처럼 텔레비전과 영화 산업의 현실을 받아들이지 않기로 마음먹었다. 그는 다른 여배우들과 힘을 합쳐 직접 대본을 선택하기 시작했고, '빅 리틀 라이즈Big Little Lies'와 '작은 불씨는 어디에나(Little Fires Everywhere)' 같은 텔레비전 시리즈를 제작해 커다란 찬사를 끌어내는 데 성공했다.

다시 한번 세네카를 인용하자면, "우리가 용기를 내지 못하는 것은 상황이 어려워서가 아니라 용기를 내지 못하기 때문에 상황이 어려워진다." 따라서 통제 가능한 영역을 축소할 게 아니라 의도적으로 늘리는 것이 정답이다. 받아들일 수 없는 현실을 바꾸기 위해 할 수 있는 일에 집중하고 행동에 옮겨야 한다.

●   생각과 행동을 바꾸었더니
            뒤따라온 놀라운 변화들

지금까지 우리는 스토아 철학의 가르침을 13가지 원칙으로 나누어 개별적으로 살펴보았지만, 현실에서는 이 원칙들이 서로를 지탱하고 보완하며 종합적으로 작용한다. 세네카가 강조하는 용감한 행동이야말로 스토아 철학이 제시한 원칙들의 종합판이며, 현실에서는 내 친구 버니스 킹Bernice King이 원칙들의 살아 있는 사례가 될 것 같다.

버니스 A. 킹 박사는 인권 운동의 상징인 마틴 루서 킹 주니어 박사의 막내딸이자 그의 업적과 철학을 기리고자 애틀랜타에 설립된 킹 센터의 CEO다. 또한 아버지와 마찬가지로 목사이자, 변호사이다. 알다시피 그는 아버지와 할머니가 암살당하는 등 어려서부터 상상조차 하기 힘든 시련을 여러 차례 겪었다. 그러나 그는 고난에 굴복하거나 모른 척 외면하지 않고, 그것을 배움과 성장의 기회로 삼았다. 장애물을 딛고 일어서서 꿋꿋하게 나아가는 그의 태도는 스토아 철학이 말하는 주인의식의 현현이다. 여기서는 대표적인 두 가지 사례를 살펴보고자 한다.

첫 번째 이야기는 버니스가 킹 센터의 CEO로 임명되었을 무렵에 시작된다. 애틀랜타시와 우호적인 관계를 유지하고 싶었던 그는 당시 시장이었던 카심 리드를 만난 자리에서 예상치 못한 요청을 듣고 당황했다. 시장이 킹 센터의 외관이 좀 아름다웠으면 좋겠다고 직설적으로 말한 것이다. 부모님의 마지막 안식처이자 유산이 구현된 장소를 대놓고 깎아내린 무례한 발언을 듣고 버니스는 어떻게 했을까? 보통 사람이었다면 그냥 못 들은 척 무시해 버렸겠지만, 그는 이를 변화의 계기로 삼는다.

버니스는 곧 아버지의 서거 50주기가 다가온다는 사실에 주목했다. 애틀랜타의 관광 명소인 킹 센터에 50주기를 맞아 더 많은 관광객이 찾아올 거라 예상한 그는 시장의 발언을 계기로 삼아 보수 공사를 추진하기로 결정했다. 하지만 어떻게 예산을 확보한단 말인가? 대대적인 리노베이션을 진행하기엔 시간과 예산이 모두 부족했다. 그래서 그는 킹 센터에서 가장 눈에 잘 띄는 곳인 '반성의 연못'에 초점을 맞추었다. 이 연못은 실외에 있어서 모든 방문객에게 개방된 곳이자, 부모님의 마지막 안식처이기도 했다. 따라서 이곳을 새단장하면 효과와 의미를 모두 극대화할 수 있었다.

버니스는 리드 시장을 찾아가 연못 공사에 필요한 30만 달러를 지원해 달라고 부탁했다. 그런데 시장은 예비비 50만 달러를 공사에 사용하도록 승인해 주었다. 예상을 뛰어넘은 지원이었지만 충분한 금액은 아니었다. 하지만 역경에 굴복하지 않는 그답게, 공사의 의의를 역설하며 업체를 설득했고, 다행히 지원금 내에서 리노베이션을 마무리 지을 수 있었다.

킹 센터 보수 공사를 둘러싼 버니스의 경험담은 스토아 철학의 13가지 원칙이 어떤 방식으로 작동하는지를 보여 준다.

- 버니스는 킹 센터의 가치를 생각했다. (1장)
- 그는 또한 재정적인 한계를 잘 알고 있었다. (2장)
- 그는 시장의 비판적인 견해를 역이용하면 어떨까 하고 생각했다. (3장)
- 그는 50주기를 앞두고 철두철미하게 준비했다. (4장)
- 그는 시장의 말에 좌절하기보다 보수 공사의 기회로 삼았다. (5장)
- 그는 아버지의 비극적 죽음으로 인한 슬픔을 두 번 이상 겪지 않

고, 아버지의 사명과 유산을 되살리는 기회로 삼았다. (6장)

- 따라서 감사한 마음으로 공사를 준비할 수 있었다. (7장)
- 그는 자신이 통제할 수 있는 일, 이를테면 예산 확보와 공사비 협상에 집중했다. (8장)
- 그는 결과보다 지나간 일에 집착하거나 쓸데없는 공상에 빠져 시간을 낭비하지 않고, 오로지 현재에 집중했다. (9~10장)
- 그는 적게 일하고 더 좋은 성과를 내는 접근법에 따라 반성의 연못에 초점을 맞추었다. (11장)
- 그는 전면 공사가 아닌 부분 공사를 목표로, 눈높이를 낮추고 일단 일을 시작했다. (12장)
- 그는 말에 그치지 않고, 행동으로 옮겨 꾸준히 실행했다. (13장)

버니스는 시장의 말에 기분이 상해 그와의 관계를 단절해 버릴 수도 있었다. 하지만 그는 더 나은 결과를 위해 자신이 할 수 있는 일들에 집중했다. 그 결과 킹 센터의 외관 개선은 물론 시장과의 관계 개선까지, 두 마리 토끼를 잡았다. 버니스의 사례는 스토아 철학을 우리 삶에 적용할 때 어떤 효과를 얻을 수 있는지를 분명히 보여 준다. 하지만 버니스의 이후 행적은 스토아 철학의 위력과 잠재력이 이보다 훨씬 클수 있다는 점을 입증한다.

2020년 미국 대통령 선거 이후, 몇몇 주의회가 투표와 관련한 여러 규정을 개정하려는 움직임을 보이기 시작했는데, 이것이 소수자의 투표권을 제한하려는 속셈이라고 생각하는 사람들이 많았다. 이때 가장 신속한 대응에 나선 주가 버니스의 고향인 조지아주였다. 개정안이 조지아주의 하원과 상원을 거치는 동안 버니스는 시민, 정치, 종교, 비즈니스 등 각 분야의 지도자들이 모인 화상회의에 참여해 이 개정안이 통과되는 사태를 막기 위한 대책을 논의했다.

버니스는 나에게 당시 상황을 이렇게 설명했다. "회의를 마칠 무렵, 이것이야말로 아버지가 평생을 바친 일의 핵심이자 어쩌면 그 정점일지도 모른다는 생각이 들었어요. 만약 우리에게 투표권을 비롯해 우리의 목소리를 낼 통로가 없었다면 어땠을까요. 우리는 정부와 정책이 가져온 결과를 놓고 한마디도 할 수 없었을 거예요. 같은 맥락에서 우리는 무조건 이 법안의 통과를 막아야 했습니다."

그렇게 해서 버니스는 주인의식이 투철한 사람답게 행동하기 시작했다.

"우선 앤디 삼촌(앤드루 영 대사. 마틴 루서 킹 주니어와 함께 초창기 인권 운동을 주도했으며, 이후 정치에 입문해 조지아주 하원 의원과 유엔 대사, 애틀랜타 시장 등을 역임했다.-역자 주)과 함께 막후에서 지역 내 비즈니스 지도자들과 소통하기 시작했습니다. 그들과 대화하다 보니 2020년에 아버지의 동료이자 민권 운동의 거인이었던 존 루이스(1987년부터 사망할 때까지 33년 동안 하원 의원을 지냈다. 1965년 '셀마 몽고메리 행진' 때 주 방위군의 공격으로 두개골 골절상을 입고 쓰러지는 장면이 텔레비전으로 방송되어 흑인에 대한 탄압의 실상이 알려졌다.-역자 주) 의원과 C. T. 비비안(마틴 루서 킹 주니어의 야전 사령관이라 불린 인물. 친구이자 동료 활동가였던 존 루이스와 같은 날 세상을 떠났다.-역자 주) 목사가 세상을 떠났다는 사실이 떠올랐어요. 존 루이스는 셀마에서 투표권을 쟁취하기 위한 싸움을 벌이다가 에드먼드 페투스 다리에서 머리에 벽돌을 맞은 분이고, 비비안 목사 역시 같은 싸움에 나섰다가 법원 계단에서 폭행당한 끝에 피를 흘리며 투옥되었으며, 우리 아버지는 결국 목숨까지 잃었죠. 그 세 분이 목숨을 걸고 지키려 했던 바로 그 권리를, 지금 조지아주 입법부가 빼앗으려 하고 있었습니다."

버니스는 자신의 가치를 알고 있었다. 만약 위에 언급한 세 사람의 자녀들이 한목소리를 낸다면 그 가치가 더욱 증폭될 것이라는 생각에, 그는 알 비비안과 존-마일스 루이스에게 연락을 취했다. 그들도 흔쾌히 동참할 뜻을 밝혔다. 또 버니스는 그들의 경계를 분명히 인식했다. 그들은 정치인이 아니었지만, 그들의 목소리는 특히 비즈니스 사회에 상당한 영향력을 발휘했기에 우선 그 분야에 초점을 맞추기로 했다.

그러는 동안 버니스는 폐부를 찌르는 비판을 받아들여야 했다. "나는 어떻게 해야 나만의 영역을 개척할 수 있을지를 평생 고민했습니다. 나를 대하는 모든 사람은 누구나 내 부모님의 유산을 먼저 떠올려요. 어느 날 문득, 나만의 영역은 부모님의 유산임을 깨달았습니다. 진정한 나만의 영역은 누구나 존경해 마지않는 부모님의 유산을 적극적으로 활용하고 증폭하는 능력을 기르는 일이었습니다. 그것이 내가 긍정적인 사회 변화를 돕는 방법입니다."

버니스는 개정안이 주지사의 책상에 도착하기 전에 그것을 저지해야 한다는 일념으로 행동 계획을 수립했지만, 그와 동료들의 노력에도 불구하고 주지사는 투표법 개정안에 서명했다. 하지만 최대의 위기 상황에서도 그는 절망하지 않았다. "나에게는 어머니가 남긴 말씀이 최고의 교훈이었어요. 어머니는 위기가 닥친다고 내 인생이 끝나지는 않는다는 사실을 보여 주셨습니다. 우리에게는 위기를 도약의 발판으로 바꿀 능력이 있어요."

법안이 통과되자, 버니스는 같은 문제로 두 번 고통받지 않았다. 이미 일어난 일을 두고 지난 시간을 돌아보며 좌절하는 대신, 알과 존-마일스의 도움으로 전국의 언론사에 공개서한을 보내 그들의 싸움을 대중운동으로 끌고 갔다. 그리고 그들의 노력은 시민들이 조국을 더욱 평등한 나라로 만들기 위해 싸운 모든 세대의 지도자들에게 감사하는 계기를 마련해 주었다. "우리 부모님들의 노력이 없었다면 우리의 목소리도 그만한 가치를 인정받지 못했을 거예요."

이런 노력만큼이나 중요한 것은 버니스가 특정한 결과에 집착하지 않았다는 점이다. "우리의 여정에는 끝이 없습니다. 물론 궁극적인 목표를 마음에 품고 있지만, 그 여정의 모든 단계를 일일이 통제할 수는 없어요. 우리가 할 수 있는 일은 지치지 않고 매일같이 필요한 만큼의 노력을 기울이는 것뿐입니다."

"모든 세대는 정말 믿기 힘든 일을 해냈습니다. 하지만 내 어머니의 말씀처럼 자유는 절대 그저 주어지지 않아요. 모든 세대가 힘을 합쳐 쟁취해야 합니다. 지금 우리 세대는 자유를 쟁취하기 위해 싸우는 중입니다."

앞으로도 매일, 매주, 매달, 오만가지 일들이 버니스를 끌어당길 것이다. 지금도 강연과 기고와 출연 요청이 끊이지 않는다. 하지만 버니스는 '적지만 더 나은 것'의 힘을 잘 알고 있다. "지금 당장 내가 집중해야 하는 일은 바로 이 싸움입니다. 나는 여기에 모든 것을 걸었어요."

모든 것을 거는 사람은 자칫 비현실적이고 실현 불가능한 목표를 세우기 쉽다. 하지만 버니스는 눈높이를 낮추는 자세가 기준을 낮추는 것과 다르다는 점을 안다. 그는 완벽보다는 더 빨리 일을 시작하는 데 중점을 두었고, 그랬기 때문에 빠르게 세력을 키워 갈 수 있었다. 처음에는 가까운 지인들과 싸움을 시작했다가, 알과 존-마일스 같은 동료들이 참여하고, 막후에서 눈에 띄지 않게 움직이다가 결정적인 순간에 대중운동으로 전환한 것이다.

버니스는 부모님의 유산이자 자신의 신념을 지키기 위해 행동을 미루지 않는다. "조지아주 입법부가 투표권을 어떻게 제한할지 논의하기 시작했다는 소식을 들었을 때 솔직히 화가 났습니다. 하지만 나는 이런 감정을 긍정적인 행동으로 바꾸어야 했어요. 비폭력 운동은 본래 그런 것입니다. 분노를 파괴적이지 않은 무언가로 바꾸는 것, 그것이 비폭력 운동입니다."

그것은 또한 스토아 철학이 말한 주인의식의 본질이기도 하다. 마르쿠스 아우렐리우스가 이미 오래전에 말하지 않았던가. "좋은 사람은 어때야 하는지 논쟁하느라 더는 시간을 낭비하지 말라. 그냥 좋은 사람이 돼라."

후회 없는 인생을 살아갈
당신을 응원하며

2012년 9월 말, 데이비드 커밍스는 샌프란시스코로 돌아갔다. 하지만 이번에는 잠재적인 투자자를 만나러 간 것이 아니었다. 3년 전에 빌 걸리에게서 뒤통수를 한 대 세게 얻어맞은 뒤, 데이비드는 고전적인 방식으로 사업 자금을 끌어오는 일에 전념했다. 즉 고객의 주머니에서 돈을 끌어오는 방식이다.

2003년부터 해마다 9월에 세계적인 소프트웨어 기업 세일즈포스는 샌프란시스코에서 연례 최대 규모의 글로벌 IT 컨퍼런스 '드림포스 컨퍼런스'를 개최한다. 서비스형 소프트웨어(SaaS)가 하는 모든 일을 축하하기 위해 전 세계에서 비즈니스 리더들과 엔지니어들이 몰려든다. 데이비드와 파닷에게는 컨퍼런스가 열리는 시기는 '슈퍼볼 주간'과 마찬가지인데, 참석자들이 파닷의 이상적인 고객층을 대변하기 때문이다. 그래서 이번에 파닷은 연간 마케팅 예산의 절반이 넘는 비용을 투자해 대규모 부스를 설치했다. 기존 고객과 맺은 관계를 굳건히 다지고, 새로운 고객에게 다가갈 기회를 얻기 위해서였다.

이 컨퍼런스는 또한 협력사와의 관계를 강화하는 기회이기도 하다. 직원들과 함께 교대로 부스를 지키던 데이비드는 파닷의 제일 큰 협력사의 관계자를 만나기 위해 행사장에서 몇 블록 떨어진 곳으로 자리를 옮겼다. 협력사는 대규모 상장 기업답게 마케팅 역량이나 사이트 트래픽 등이 애틀랜타의 신생 기업과 비교되지 않는 수준이었다. 파닷은 고객들이 이 회사의 사이트에서 직접 자사 제품을 구매할 수 있도록 하는 대신 발생한 매출의 15퍼센트를 커미션으로 지급하는 거래를 협상하는 중이었다.

구름 한 점 없는 샌프란시스코의 하늘과 베이 브리지의 수려한 경관이 한눈에 내려다보였고, 그날 행사장에서 몇 건의 신규 계약을 체결한 탓에 데이비드는 잔뜩 고무돼 있었다. 이 회사와 맺은 협력 관계가 어디까지 이어질지 자못 궁금했다. 그런데 상대방은 형식적인 인사가 끝나기도 전에 대뜸 쏘아붙였다.

"지금 뭐 하시는 거예요?"

데이비드의 얼굴이 순간 딱딱하게 굳어 버렸다. 난데없는 소리에 어떻게 대응해야 할지 도무지 알 수 없었다.

"당신의 경쟁 업체들이 지금 얼마나 많은 자금을 유치하고 있는 중인지 모르세요? 계속 이런 식으로 나가다가는 지옥에서조차 기회를 잡지 못할 거예요."

데이비드는 약간 당혹스러웠다. 세계 최고의 벤처 캐피털리스트에게서 투자를 유치하지 말라는 조언을 들었던 그였다. 지난 몇 년 사이에 회사를 자그마치 2000퍼센트나 성장시킨 그였다. 현재의 고객과 미래의 고객들이 줄을 지어 찾아오는 행사장 부스를 막 빠져나온 그였다. 그런데 이 사람, 그의 회사 수익 가운데 15퍼센트를 가져간다고 기뻐하던 바로 그 파트너가 지금 그에게 일을 제대로 하지 못한다고 훈계하는 것인가?

하지만 데이비드는 3년 전의 그가 아니었다. 지금의 그는 다른 누군가가 만든 게임의 규칙을 따라야 한다고 믿는, 확신 없는 기업가가 아니었다. 지금의 그는 다른 누군가가 임대료도 내지 않고 자기 마음속에 들어와 주인 행세를 하도록 내버려두던 왕년의 데이비드가 아니었다.

지금의 데이비드는 스스로 자신만의 게임을 만들고, 그 게임의 규칙을 정하며, 어떤 기준에 비춰 봐도 흠잡을 데 없이 사업을 꾸려 가는 사람이었다. 사실 그에게는 비밀이 있었다. 지금 맞은편에 앉아 훈계를 늘어놓는 이 잘난 파트너는 상상조차 못 하겠지만, 데이비드는 지난주에 자그마치 1억 달러에 파닷을 매각하는 계약서에 서명한 상태였다. 본 계약이 마무리되면 데이비드와 그의 공동 창업자는 그 1억 달러 가운데 단 한 푼도 외부 투자자에게 나눠 줄 필요가 없었다. "빠르게 투자를 유치해서 빠르게 소진한다(raise and burn)"는 벤처 캐피털 특유의 사고방식에 물든 이 파트너가 데이비드에게 그런 식으로는 게임에서 승리하지 못한다고 온종일 훈계를 늘어놓는다 해도, 한마디도 데이비드의 귀에 들어오지 않을 터였다.

데이비드는 최대한 우호적인 태도로 대화를 눈앞의 비즈니스로 돌려놓았다. 어떻게 하면 매출이 늘어날지를 두고 새로운 아이디어를 논의한 끝에, 두 사람은 안도감을 느끼며 헤어졌다. 아마 상대방은 머지 않아 데이비드가 자신의 현명한 조언에 따를 것이 틀림없다고 생각할 터였다. 하지만 부스로 돌아온 데이비드는 이미 다른 생각을 하고 있었다. 이제 다시 일로 돌아갈 시간이었다.

이제 새롭게
시작할 시간이다

파닷이 세일즈포스에 매각된 뒤, 데이비드는 애틀랜타의 기술 관련 벤처 업계의 터줏대감 같은 인물이 되었다. "아무리 소중한 것을 가지고 있어도 함께 나눌 사람이 없으면 즐길 수 없다"는 세네카의 가르침을 가슴에 새긴 데이비드는 자기가 모은 부를 다른 사람들과 공유하는 일에 헌신하고 있다. 그는 자선 활동은 물론이고 초기 단계의 기업에 대한 투자, 기업가들의 허브 역할을 하는 '애틀랜타 테크 빌리지'의 설립, 여러 기업의 이사 및 자문 역할 등 앞날이 창창한 기업가들이 주인의식을 기르도록 돕는 일에 정성을 기울이고 있다. 그뿐 아니라 그는 파닷을 떠난 뒤에도 여러 기업을 창업해 그중 두 개의 회사를 유니콘 기업의 지위에 올려 놓았다.

데이비드는 지금도 사색을 멈추지 않는다.

"나는 지금도 배움과 성장을 거듭합니다. 창업자 중에는 회사의 매각이 끝이라고 생각하는 사람이 많아요. 그다음에는 어떻게 할 것인가? 거기가 종착점이라면, 거기에 도달한 다음에는 무엇을 할 것인가? 나에게는 파닷의 매각이 끝이 아니었습니다. 단지 시작의 끝일 뿐이었지요."

이 책을 마무리할 때가 된 지금, 나는 여러분도 그런 정신적 풍요로움을 누렸으면 한다. 세네카의 말처럼 "모든 새로운 시작은 다른 시작의 끝에서 비롯된다." 지금 막바지에 다다른 것은 마음의 세입자로 살아온 세월이다. 이것은 자책하거나 슬퍼해야 한다는 뜻이 아니다. 말그대로 이미 지난 일일 뿐이다. 우리 앞에는 새로운 시작이 놓여 있다. 우리 앞에는 우리가 마음먹고 어떻게 행동하느냐에 따라 달라질 우리의 인생이 놓여 있다. 그것을 누군가에게 줘 버릴지, 스스로 소유할지를 결정할 사람은 우리 자신밖에 없다.

이제 여러분은 첫 번째 단계, 즉 배움의 단계를 마쳤다. 이제 다음 단계, 실행의 단계로 나아갈 때다. 다시 한번 에픽테토스를 인용하자면, "실천으로 보여 주기 위해 배우지 않았다면 뭐 하러 배웠는가?" 그 과정이 쉽다고 우길 생각은 없지만, 내 딸이 내게 한 말처럼 "어려우니까 연습해야 한다." 여러분은 플레이북을 끝까지 읽었으니 코치가 될 준비를 마친 셈이다. 이제 인생이라는 경기장으로 뛰어나갈 시간이다.

호루라기 소리가 들리는가? 연습은 이제부터 시작이다.

주석

1 Jordan Peterson, podcast with Tim Ferriss, "Jordan Peterson on Rules for Life, Psychedelics, the Bible, and Much More," The Tim Ferriss Show, March 2, 2021.

2 Sam Altman, Twitter post, January 25, 2019, 12:03 pm, https://twitter.com/sama/status/108 8844809878425600?lang=en.

3 Taylor Swift, "I Forgot That You Existed," on Lover, Republic Records, 2019.

4 James Clear, "The Evolution of Anxiety: Why We Worry and What to Do About It," James Clear (blog), https://jamesclear.com/evolution-of-anxiety.

5 Shannon Lee, Be Water, My Friend: The True Teachings of Bruce Lee (New York: Flatiron Books, 2020), 121–122.

6 Margaret Mead and James Baldwin, A Rap on Race (New York: Laurel, 1971).

7 Jim Collins, Good to Great: Why Some Companies Make the Leap and Others Don't (New York: Harper Business 2001). (짐 콜린스, 《좋은 조직을 넘어 위대한 조직으로》, 강주헌 옮김, 김영사, 2015)

8 Viktor E. Frankl, Man's Search for Meaning (Boston: Beacon Press, 2014). (빅터 프랭클, 《죽음의 수용소 에서》, 이시형 옮김, 청아출판사, 2020)

9 Frankl, Man's Search for Meaning, 98.

10 Frankl, Man's Search for Meaning, 118.

11 Frankl, Man's Search for Meaning, 119.

12 Marc Andreessen, "The Only Thing That Matters," from his June 25, 2007, blog now posted at Pmarchive, https://pmarchive.com/guide_to_startups_part4.html.

13 Rahul Vohra, "How Superhuman Built an Engine to Find Product/Market Fit," First Round Review (blog), https://review.firstround.com/how-super human-built-an-engine-to-find-product-market-fit.

14 Laurens Bianchi, "How Hotmail Became a Viral Hit Once," ViralBlog (blog), https://www.viralblog.com/research-cases/how-hotmail-became-a-viral-hit-once.

15 Andrew Chen, "New Data Shows Losing 80% of Mobile Users Is Normal, and Why the Best Apps Do Better," @andrewchen (blog), https://andrewchen.com/new-data-shows-why-

losing-80-of-your-mobile-users-is-normal-and-that-the-best-apps-do-much-better.

16 Jay-Z, "99 Problems," in The Black Album, Roc-A-Fella Records, 2003.

17 Plessy v. Ferguson, 163 U.S. 537 (1896).

18 Charles Thompson, "Plessy v. Ferguson: Harlan's Great Dissent," Kentucky Humanities 1 (1996).

19 "DODReads 2017 Book of the Year—The Meditations of the Emperor Marcus Aurelius Antoninus," DODReads, January 31, 2017, https://www.dodreads.com/dodreads-2017-book-of-the-year-the-meditations-of-the-emperor-marcus-aurelius-antoninus/.

20 Philip G. Zimbardo, Psychology and Life (Chicago: Scott Foresman, 1985), 275.

21 Amy Norton, "Self-Confident Children May Be Healthier as Adults," Reuters, June 19, 2008, https://www.reuters.com/article/us-self-confident-idUS COL95829220080619.

22 Lee, Be Water, My Friend, 135.

23 Lee, Be Water, My Friend, 136.

24 Lee, Be Water, My Friend, 147.

25 Colin O'Brady, The Impossible First: From Fire to Ice—Crossing Antarctica Alone (New York: Scribner, 2020).

26 O'Brady, The Impossible First, quotes in this section from 96–97.

27 O'Brady, The Impossible First, 108.

28 O'Brady, The Impossible First, 229.

29 O'Brady, The Impossible First, 122.

30 O'Brady, The Impossible First, 261.

31 Ryan Holiday and Stephen Hanselman, Lives of the Stoics: The Art of Living from Zeno to Marcus Aurelius (New York: Portfolio, 2020), 246. (라이언 홀리데이, 스티븐 핸슬먼,《스토아 수업》, 조율리 옮김, 다산초당, 2021)

32 Alfred Adler, What Life Should Mean to You (New York: Little, Brown, and Company, 1937), 14. (알프레드 아들러,《다시 일어서는 용기》, 유진상 옮김, 스타북스, 2021)

33 "Giving Thanks Can Make You Happier," Harvard Health Publishing, November 2021, https://www.health.harvard.edu/healthbeat/giving-thanks-can-make-you-happier.

34 Linda Wasmer Andrews, "How Gratitude Helps You Sleep at Night," Psychology Today, November 9, 2011, https://www.psychologytoday.com/us/blog/minding-the-body/201111/how-gratitude-helps-you-sleep-night.

35 Summer Allen, "Is Gratitude Good for Your Health?," Greater Good Magazine, March 5, 2018, https://greatergood.berkeley.edu/article/item/is_gratitude_good_for_your_health.

36 "Gratitude: How Can You Benefit from the Practice?," Baystate Health, November 1, 2019, https://www.baystatehealth.org/news/2019/11/gratitude-and-your-brain.

37 Christian Jarrett, "How Expressing Gratitude Might Change Your Brain," New York, January 7, 2016, https://www.thecut.com/2016/01/how-expressing-gratitude-change-your-brain. html.

38 Maria Konnikova, The Biggest Bluff: How I Learned to Pay Attention, Master Myself, and Win (New York: Penguin, 2020), location 4461－4464 [Kindle version]. (마리아 코니코바, 《블러프》, 김태훈 옮김, 한국경제신문, 2021)

39 Shonda Rhimes, "Shonda Rhimes on Why Finding Things to Be Grateful for Is Essential," Shondaland, January 22, 2021, https://www.shondaland.com/inspire/by-shonda/ a35284661/shonda-rhimes-being-grateful/.

40 Andrew Huberman, podcast, "The Science of Gratitude & How to Build a Gratitude Practice," Huberman Lab Podcast #47, November 22, 2021.

41 Annie Duke, How to Decide: Simple Tools for Making Better Choices (New York: Portfolio, 2020), 21. (애니 듀크, 《인생을 운에 맡기지 마라》, 신유희 옮김, 청림출판, 2022)

42 Annie Duke, "Redefining Wrong in Poker, Politics, and Beyond," Behavioral Scientist, February 26, 2018, https://behavioralscientist.org/annie-duke-redefining-wrong-poker-politics-decisions/.

43 Ozan Varol, Think like a Rocket Scientist: Simple Strategies You Can Use to Make Giant Leaps in Work and Life (New York: PublicAffairs, 2020), 249. (오잔 바롤, 《문샷》, 이경식 옮김, 알에이치코리아, 2020)

44 Steve Bradt, "Wandering Mind Not a Happy Mind," Harvard Gazette, November 11, 2010, https://news.harvard.edu/gazette/story/2010/11/wandering-mind-not-a-happy-mind/.

45 Thích Nhất Hạnh, Twitter post, April 25, 2015, 10:21 am, https://twitter.com/ thichnhathanh/status/591970177861849088.

46 Jeff Bezos, "Jeffrey P. Bezos on Courage," Academy of Achievement video, 2001, https:// achievement.org/video/jeff-bezos-12/.

47 Bronnie Ware, The Top Five Regrets of the Dying: A Life Transformed by the Dearly Departing (Carlsbad, CA: Hay House, 2019). (브로니 웨어, 《내가 원하는 삶을 살았더라면》, 유윤한 옮김, 피플트리, 2013)

48 Susie Steiner, "Top five regrets of the dying," Guardian, February 1, 2012, https://www. theguardian.com/lifeandstyle/2012/feb/01/top-five-regrets-of-the-dying.

49 Pierre Hadot, The Inner Citadel: The Meditations of Marcus Aurelius (Cambridge, MA: Harvard

University Press, 2001).

50 Patricia T. O'Conner and Stewart Kellerman, "Is the Present a Gift?," Grammarphobia (blog), June 28, 2013, https://www.grammarphobia.com/blog/2013/06/present.html.

51 Ibid.

52 Jason Gots, "Daniel Kahneman: Why Moving to California Won't Make You Happy," Big Think, August 1, 2012, https://bigthink.com/think-tank/daniel-kahneman-moving-to-california-wont-make-you-happy.

53 Philip Brickman, Dan Coates, and Ronnie Janoff-Bulman, "Lottery Winners and Accident Victims: Is Happiness Relative?," Journal of Personality and Social Psychology 36, no. 8 (1978): 917–27.

54 Frederick Buechner, Listening to Your Life: Daily Meditations with Frederick Buechner (New York: HarperOne, 1992).

55 Dr. Cynthia Kubu and Dr. Andre Machado, "Why Multitasking Is Bad for You," Time, April 20, 2017, https://time.com/4737286/multitasking-mental-health-stress-texting-depression/.

56 Greg McKeown, Essentialism: The Disciplined Pursuit of Less (New York: Currency, 2014), 156. (그렉 맥커운,《에센셜리즘》, 김원호 옮김, 알에이치코리아, 2014)

57 McKeown, Essentialism, 212.

58 Zameena Mejia, "Steve Jobs: Here's What Most People Get Wrong About Focus," CNBC, October 2, 2018, https://www.cnbc.com/2018/10/02/steve-jobs-heres-what-most-people-get-wrong-about-focus.html.

59 Ray Dalio, Principles: Life and Work (New York: Simon & Schuster, 2017), 172. (레이 달리오,《원칙》, 고영태 옮김, 한빛비즈, 2018)

60 Ellen Langer, Mindfulness (New York: Da Capo Press, 2014), 197. (엘렌 랭어,《마음챙김》, 이양원 옮김, 더퀘스트, 2022)

61 Eric Ries, The Lean Startup: How Today's Entrepreneurs Use Continuous Innovation to Create Radically Successful Businesses (New York: Currency, 2011). (에릭 리스,《린 스타트업》, 이창수, 송우일 옮김, 인사이트, 2012)

62 Eric Ries, "Venture Hacks Interview: 'What Is the Minimum Viable Product?'" Startup Lessons Learned (blog), March 23, 2009, startuplessonslearned.com/2009/03/minimum-viable-product.html.

63 Gretchen Rubin, "Lower the Bar," Gretchen Rubin (blog), February 25, 2011, https://gretchenrubin.com/2011/02/lower-the-bar/.

참고문헌

- Epictetus. The Enchiridion & Discourses, trans. George Long (Welwyn, UK: Ukemi, 2016).

- Marcus Aurelius. Meditations, trans. George Long (New York: Dover, 1997).

- Seneca. On the Shortness of Life, trans. Aubrey Stewart. 2017. Kindle.

- Seneca. On the Tranquility of the Mind, trans. Aubrey Stewart. 2017. Kindle.

- Seneca. The Tao of Seneca: Practical Letters from a Stoic Master, narr. John A. Robertson, 3 vols. Tim Ferriss Audio, 2016.

- Holiday, Ryan, and Stephen Hanselman. The Daily Stoic: 366 Meditations on Wisdom, Perseverance, and the Art of Living. New York: Portfolio, 2016. (라이언 홀리데이, 스티븐 핸슬먼,《데일리 필로소피》, 장원철 옮김, 다산초당, 2021)

- Irvine, William B. A Guide to the Good Life: The Ancient Art of Stoic Joy. New York: Oxford University Press, 2009. (윌리엄 B. 어빈,《좋은 삶을 위한 안내서》, 이재석 옮김, 마음친구, 2022)

- Pigliucci, Massimo, and Gregory Lopez. A Handbook for New Stoics: How to Thrive in a World Out of Your Control; 52 Week-by-Week Lessons. New York: The Experiment, 2019.

- Robertson, Donald. How to Think Like a Roman Emperor. New York: St. Martin's Press, 2019. (도널드 로버트슨,《로마 황제처럼 생각하는 법》, 석기용 옮김, 황금거북, 2022)

결국 잘되는 사람들의 태도

초판 1쇄 발행 2025년 1월 3일

지은이 앤드루 매코널
옮긴이 안종설

발행인 강수진
편집장 유소연
편집 이여경
마케팅 이진희
디자인 [★]규
주소 (04075) 서울시 마포구 독막로 92 공감빌딩 6층
전화 마케팅 02-332-4804 편집 02-332-4809
팩스 02-332-4807
이메일 mavenbook@naver.com
홈페이지 www.mavenbook.co.kr
발행처 메이븐
출판등록 2017년 2월 1일 제2017-000064

Korean translation copyright ⓒ 2025 Maven
ISBN 979-11-90538-74-9 (03190)